本书为国家社会科学基金一般项目"'一带一路'
建设及其区域空间效应研究"（项目编号：18BJY1

"一带一路"
国际物流通道联通及其
区域经济效应

范月娇◎著

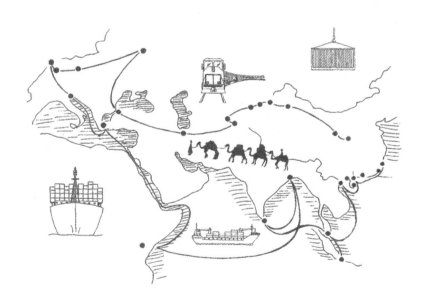

INTERNATIONAL LOGISTICS CORRIDOR CONNECTIVITY OF
THE "BELT AND ROAD" AND
ITS REGIONAL ECONOMIC EFFECTS

经济管理出版社
ECONOMY & MANAGEMENT PUBLISHING HOUSE

图书在版编目（CIP）数据

"一带一路"国际物流通道联通及其区域经济效应 / 范月娇著. -- 北京 ：经济管理出版社，2024. -- ISBN 978-7-5096-9804-4

Ⅰ. F259.1；F125

中国国家版本馆 CIP 数据核字第 2024BY1830 号

组稿编辑：王玉林
责任编辑：高　娅　王玉林
责任印制：张莉琼
责任校对：陈　颖

出版发行：经济管理出版社
　　　　　（北京市海淀区北蜂窝 8 号中雅大厦 A 座 11 层　　100038）
网　　　址：www.E-mp.com.cn
电　　　话：（010）51915602
印　　　刷：唐山昊达印刷有限公司
经　　　销：新华书店
开　　　本：720mm×1000mm/16
印　　　张：17.5
字　　　数：322 千字
版　　　次：2024 年 9 月第 1 版　　2024 年 9 月第 1 次印刷
书　　　号：ISBN 978-7-5096-9804-4
定　　　价：88.00 元

前　言

　　中国提出共建"一带一路"倡议赋予了古丝绸之路新的内涵，是为了深化与"一带一路"沿线国家建立平等均衡的新型发展伙伴关系，也是中国为继续扩大对外开放和深度融入全球经济一体化新发展格局做出的重要战略部署。共建"一带一路"倡议在遵循"共商共建共享"原则下，以政策沟通、设施联通、贸易畅通、资金融通和民心相通为重点合作领域，旨在与沿线国家和地区打造政治互信、经济融合、文化包容的利益共同体、命运共同体和责任共同体。共建"一带一路"倡议提出 10 年来得到了国际社会的广泛认可，多国或组织积极参与。截至 2023 年 6 月，中国已经同 152 个国家和 32 个国际组织签署了 200 多份共建"一带一路"合作文件。

　　设施联通是共建"一带一路"倡议中"五通"的重要内容之一和优先建设领域。目前，中国在与各国、各地区及相关组织的政策沟通、合作机制推动下，"六廊六路多国多港"的互联互通架构已经基本形成。其中，"六路"主要指铁路、公路、航运、航空、管道、空间综合信息网络；"多港"是指若干保障海上运输大通道安全畅通的合作港口。"六廊""六路""多港"在多国的积极参与下逐渐推进了国际物流通道的联通，为"一带一路"建设奠定了重要基础和发挥了先行作用，也为推动沿线国家和地区间国际贸易流通成本的降低、促进跨区域资源要素的有序流动等发挥了重要作用。现有文献主要将单一的交通运输线路、通信基础设施或多个基础设施同时纳入模型等作为变量研究其对"一带一路"沿线区域的经济效应，但鲜有研究将支撑"一带一路"沿线国家和地区国际贸易流通的动脉系统——国际物流通道作为一个由货运通道、信息通道和通关服务通道构成的骨干综合物流服务系统及沿线区域空间经济系统的重要组成要素和物流系统子系统进行相关研究。随着共建"一带一路"合作的推进，"一带一路"国际物流通道的建设状况、物流运作效率、联通性水平及其对沿线区域可能产生的经济效应等值得关注和深入研究。本书不仅是对共建"一带一路"在国际物流通道联通建设方面的系统总结，也是对推进"一带一路"建设及其对沿线区域经济发展带来成效的检验，更是对共建"一带一路"倡议的"共商共建共享"原则的充分印证。

基于此，本书聚焦在共建"一带一路"倡议的政策沟通下，国际物流通道联通对沿线国家贸易畅通及其沿线区域经济发展的影响研究。基于《推动共建丝绸之路经济带和21世纪海上丝绸之路的愿景与行动》、《"一带一路"建设海上合作设想》及"十四五"规划中高质量建设"空中丝绸之路"等政策文件，按所处的地理空间将国际物流通道划分为陆上丝绸之路（以下简称陆丝）、海上丝绸之路（以下简称海丝）、空中丝绸之路（以下简称空丝）三类。本书以这三类国际物流通道及其沿线国家和地区为研究对象，在查阅和梳理大量相关研究、实地调研和广泛收集中国与沿线国家及国际组织公开的相关资料数据的基础上，主要做了理论、现状和实证三个层面的研究，全书包含上篇、中篇、下篇三部分，共七章内容。

第一部分，上篇：理论研究。本部分明确国际物流通道的内涵、功能及其区域经济效应影响机制等，为后续实证研究奠定理论基础。包括两章内容：①第一章以运输通道理论为基础，总结了物流通道的概念、内涵和类型。一般意义上的物流通道主要是贯通本国内的不同区域，而国际物流通道不仅是物流通道在地理空间上的延伸，而且是跨国（境）以联通不同的国家和地区。因此，国际物流通道是通过沿线各国和地区之间的政策沟通及合作推进机制，在交通与通信及通关等设施互联互通的基础上联通而形成的。以此为基础，本书概括了国际物流通道的概念、功能与基本构成等，最后深入分析了物流通道的形成过程及国际物流通道联通的主要动因。②第二章基于交通区位论、通道经济相关理论（包括增长极理论、生长轴理论、点—轴系统理论、交通经济带理论）和区域经济一体化理论，深入探讨了国际物流通道联通可能对沿线国家和地区的国际贸易效应、区域经济增长及其空间溢出效应、区域经济一体化的影响机制。

第二部分，中篇：现状研究。本部分主要围绕"一带一路"国际物流通道建设及沿线国家概况、通道效率评价、联通性测度等展开研究。包括两章内容：①第三章明确交通设施联通在共建"一带一路"中独特地位的基础上，概括了"一带一路"国际物流通道的概念和类型，研究发现，在"一带一路"的陆丝、海丝和空丝"三位一体"的国际物流通道建设和推进中，随着陆海新通道、中巴经济走廊与瓜达尔港、中欧陆海快线逐步建设分别在中国、南亚、欧洲对接了

"一带"和"一路",正在推进"一带一路"国际物流通道互联互通大通道体系的形成;这一章进一步依托"一带"的六大经济走廊和"一路"的三条蓝色经济通道将国际物流通道细分为六条陆丝和三条海丝国际物流通道,围绕政策沟通和合作推进机制以及各条国际物流通道在交通运输干线、物流节点、通信、通关方面的建设状况做了详细的梳理和分析,并对各条国际物流通道沿线国家和地区的基本现状做了比较分析。②国际物流通道互联互通是贸易畅通的前提,第四章根据国际物流通道的内涵和相关研究,以货运通道、信息通道和通关服务通道为一级指标分别建立了中国与陆丝、海丝沿线国家的国际物流通道联通指数评价指标体系,利用秩和比法(RSR 法)测度了三条陆丝和三条海丝沿线国家与中国的国际物流通道联通指数,以反映这些国家与中国的国际物流通道联通性水平,并进一步做了分级比较分析。结论是,国际物流通道联通性水平时空差异大,但总体呈现出在研究期内联通性水平普遍有所提升,且共建"一带一路"合作对其联通性水平提升有明显的推动作用。

第三部分,下篇:实证研究。本部分基于国际物流通道联通的区域经济效应影响机制,围绕"一带一路"国际物流通道联通的双边贸易效应、空间溢出效应、区域经济一体化三个层面展开实证检验。考虑到海运在国际经贸流通中的重要地位以及数据的可获性,实证研究部分均以"21 世纪海上丝绸之路"的重点方向——中欧海丝国际物流通道为对象。包括三章内容:①第五章为"一带一路"国际物流通道联通的双边贸易效应验证。该章在经典多边贸易阻力模型中引入国际物流通道联通指数及其一级指标联通指数、沿线国家与中国是否签订共建"一带一路"合作协议的虚拟变量与各联通指数交互项作为核心解释变量,验证了中欧海丝国际物流通道联通对沿线国家与中国的双边贸易效应。结果表明:海丝国际物流通道的联通显著促进了沿线国家与中国的双边贸易,且沿线国家加入共建"一带一路"合作显著改善了其国际物流通道的联通性并促进了双边贸易;海丝沿线国家与中国的货运通道与信息通道联通为正向双边贸易效应,而通关服务通道联通为负效应,沿线国家加入共建"一带一路"合作显著改善了货运通道和信息通道的联通性并促进了双边贸易;东南亚、南亚—西亚、西亚—非洲—欧洲三个分区域沿线国家与中国的国际物流通道联通均为正向双边贸易效应,但其沿线国家加入共建"一带一路"合作后对不同区域的影响各异。②第六章为"一带一路"国际物流通道联通的空间溢出效应验证。该章在多维变量协同控制下,通过模型检验与识别,在时间和国家双固定效应下利用 SDM 面板数据模型验证了中欧海丝国际物流通道联通对沿线国家经济发展的影响及其空间溢出效应。结果表明：海丝国际物流通道联通水平总体上促进了沿线国家经济发展且具有显著的正向空间溢出效应，表明国际物流通道联通不仅促进了本国经济发展，同时带动了沿线相关国家的经济发展；沿线国家加入共建"一带一路"合作有助于提升海丝国际物流通道联通水平进而促进沿线国家经济发展；国际物流通道联通水平对中国—东南亚、南亚—西亚、西亚—西非—欧洲三个区域沿线国家经济发展及其空间溢出效应具有明显的异质性。③第七章为"一带一路"国际物流通道联通与区域经济一体化验证。基于现有相关研究中用贸易流来衡量区域经济一体化和用边界效应测度区域经济一体化的基本思路，同时鉴于现有研究中重视交通基础设施对区域经济一体化的贡献，这一章将国际物流通道联通指数引入引力—边界效应模型，验证了中欧海丝国际物流通道联通对沿线国家国际贸易流通和区域经济一体化的影响。结果表明：中国与海丝沿线国家进行共建"一带一路"合作有利于促进区域经济一体化，并以共建"一带一路"的提出时间为界划分为两个时段、以收入水平为据划分为不同区域分别检验了时空异质性；验证还表明，海丝国际物流通道联通可以改善边界中介效应，从而有利于中国与共建"一带一路"合作的海丝沿线国家进行进口贸易和推进区域经济一体化，但也存在明显的时空分异；验证发现货运通道、信息通道和通关服务通道的联通均对国际贸易流有积极的影响并促进了海丝区域经济一体化；此外，验证还显示信息通道的联通在贸易流通和区域经济一体化的推进中发挥了更大的作用。由此可见，信息基础设施联通对保证信息流在货物流通中发挥的协调、控制及支撑作用不容忽视。最后基于三个层面的验证结论，该章分别提出了相应的政策建议，也总结了各层面研究的不足之处。

本书是笔者主持的国家社会科学基金一般项目"'一带一路'倡议下国际物流通道建设及其区域空间效应研究"的最终研究成果，是在本项目团队成员的共同努力下、在与同行专家的沟通指导下、在前人相关理论研究的支撑下和在学者们丰硕的研究成果支持下完成的，在此一并表示诚挚的感谢。本书涉及的"一带一路"共建国家多、范围广、指标多，由于能力和精力有限，加之项目研究期间受新冠疫情对调研工作的严重影响，研究中大量的数据来源于相关机构的公共数据库、主流媒体的网站和报刊上的相关报道，以此为据进行了相关现状分析和实证研究，研究工作难免有很多疏漏和不足之处，恳请专家、学者和读者批评指正，也期待与学界同仁共同总结和验证共建"一带一路"在"五通"建设方面的成效。

目　录

上篇：理论研究

中篇：现状研究

下篇：实证研究

第五章　"一带一路"国际物流通道联通的双边贸易效应

上篇

理论研究

第一章 物流通道的基本理论

物流通道是基于运输通道形成的,二者都是服务于区域经济流通过程中的产物,但其范畴和内涵有所不同。运输通道是国家或区域间客流和物流的动脉,而物流通道主要支撑国家或区域间的货物流通,前者侧重于支撑交通运输服务的实现,而后者不仅包含在其运输干线上完成运输服务,还应该在通道沿线物流节点上实现包装、储存、流通加工、分拣、配送及信息服务等一系列物流功能。基于此,本章在总结运输通道基础理论的基础上,梳理了物流通道的概念与内涵、分类以及国际物流通道的概念、功能和构成要素,然后分析了物流通道的形成过程、国际物流通道的联通及动因。

第一节 运输通道与物流通道的理论认知

一、运输通道的概念与基本特征

(一)运输通道的基本概念

20世纪60年代,美国等发达国家的交通运输发展到综合运输阶段,学者在交通运输系统的思想和理论指导下,综合系统科学、交通运输经济学等学科提出了运输通道理论。该理论主要研究交通运输及交通流形成的经济地理基础、运输网络和交通枢纽的合理布局,特别关注交通运输密集带交通运输结构的合理配置(杨浩等,1995)。运输通道在国内的相关文献中也称为交通运输走廊或运输走廊,但到目前还未形成统一的定义。

国外相关研究较早但对运输通道的定义研究较少，本书参考我国交通运输系统专家张国伍教授在《交通运输系统分析》一书中的相关总结：国际公共运输联盟和原联邦德国公共运输企业联盟主编的《公共运输词典》中指出，运输通道是指具有共同流向、有多种运输方式可供选择并连接主要交通流发源地的宽阔地带，既是客货密集带，也是运运的骨干线路；美国交通工程专家 Hay 认为，运输通道是指在水路等自然资源分布、社会经济和政治环境的影响下形成的客货流密集地带，由多种运输方式提供服务；美国学者 Garrison 提出，运输通道是指运输量需求大、交通流密集，并以不同运输方式提供服务的交通运输投资集中的延伸地带。

中国对运输通道的关注和研究始于 20 世纪 60 年代末到 70 年代初，基于国外学者对运输通道的相关解释，中国学者开始进行较多的研究。张国伍是中国最早对交通运输通道的概念、类型及其研究意义做出明确阐述的学者，他认为，交通运输通道是在两区域间为了承担强大的交通流（包括单向和双向）而建设的交通运输线路集合。江小群（1991）认为，运输通道是在经济轴线上引导区域生产力布局和城镇体系空间扩展的具体体现，是客货运输中的国家骨干运输线路，主要负责区域间的客流和物流。黄承锋（2001）提出运输通道是客货流的流经地、线路、运载工具及管理系统的综合。张文尝（2001）将运输通道定义为联结不同区域的一种或多种运输干线的组合。王建伟（2004）提出运输通道一般是由方向一致的不同运输方式组成的运输带状地区，是具有一定综合运输能力的客货流主动脉，并强调了运输通道不仅包括运输线路、运输工具，还应该包含枢纽设施，是相对完整的特定时空域上的运输系统。毛敏（2005）认为，交通运输走廊多称为"运输通道"，提出狭义的运输通道强调的是其构成的实体要素，是发达的运输基础设施，并限定在交通运输空间范围内；而广义的运输通道是在经济地理和区域经济领域中强调其所依托空间范围为交通运输走廊两端所联系的地域，由多条走向基本平行的运输线路所经过的狭长地带。荆新轩（2009）提出运输通道是由一种或几种运输方式构成的，承载车流、客货流、信息流的交通运输系统，并认为运输通道包括沿线地带、交通运输线路、运输能力、载运工具、运输对象，以及由运输组织的软、硬件构成的综合体系。李红启等（2014）认为，运输通道是指连接主要的运输需求发源地，流向一致且有多种运输方式可供选择的宽阔地带。戢晓峰等（2015）将运输通道定义为在一定区域内连接主要经济点、重要城市与交通枢纽，具有一定规模的稳定客货流量和综合运输能力的运输线路集合。吴颖（2018）提出，综合运输通道是由区域之间的路段组成的运输路径，每条运输路径均由多种运输方式组成，运输通道上的运输资源集中且运输量明显高于周边。

上述国内外学者对运输通道定义的描述是随着时间推进的，经历了由笼统到具体，由局部化到广域化及系统化逐渐完善的过程，但每个学者都是从自己观察和研究的领域或视角给出的定义。丁金学（2018）总结了现有运输通道的定义和解释，认为运输通道有一些共同要素：交通运输线路、枢纽、运输工具及受交通运输影响的客货流比较密集的带状区域。因此，综合运输通道是在某一区域范围内，在两个或多个重要节点之间，由发达的、线路走向基本一致的高效率交通干线组成的、与周边土地利用存在密切联系的廊道地域空间系统。

（二）运输通道的基本特征

在有关运输通道基本理论的研究中，张文尝在《运输通道系统分析》一文中对运输通道的概念、构成要素、特征、类型及其作用进行了系统分析，为研究运输通道理论打下了良好的基础。此研究提出运输通道具有五大基本特征：运输骨干性、运量集中性、技术先进性、层次性和扩展性，即认为运输通道是交通运输网的骨干，是否畅通对于运输网整体的效益和区际运输联系起决定性作用，运输通道主要承担区际交流大宗运量，应采用相对先进的技术、设备和管理方式，而且运输通道按通道中提供的交通干线运输方式多少可以分为高层次（多种运输方式组成）和低层次（单一方式或以某一方式为主），也强调了运输通道不仅直接联系经过的区域，也会通过对运量的吸引而扩展到非相邻区域。

丁金学（2018）在上述研究的基础上也总结出综合运输通道的基本特征：统领性、集聚性、扩展性和层次性，这些特征是在张文尝（2001）提出的运输通道特征基础上的进一步总结，强调综合运输通道作为交通运输系统的骨干，在整个区域交通运输网中体现的全局意义，相较于交通运输网络中的普通运输线路具有运输能力大、成本低、技术先进、管理水平高等优点。此外，丁金学还提出运输通道具有开放性、生命周期性的特征，强调运输系统是区域空间系统的组成部分，只有在服务区域系统经济流通中不断进行物质、能量和信息的交换，才可以促进运输通道进入相对有序的状态，并向高层次发展。综合运输通道作为社会经济有机体，是运输通道和经济活动在空间相互作用中经过长期演化而形成的，因此具有生命周期性。

二、物流通道的概念与内涵

从上述关于运输通道的概念界定中可以看出：其一，运输通道的载体包括客和货，而在实际的研究中关注较多的是货物运输；其二，运输通道的构成要素中除了强调交通运输干线，部分研究提出了交通运输枢纽的重要性，但主要业务是为运输所在区域空间提供运输服务，并未明显涉及在交通枢纽等节点进行其他物流活动。近年来，随着物流行业向专业化、现代化发展，区域经济流通活动不再仅仅需要单一的运输服务，而是需要包括运输、仓储、装卸搬运、包装、分拣、流通加工、物流配送、物流信息处理等基本功能的有机结合以及各环节之间的协调和无缝连接才能提供高效率、低成本、全程的综合性物流服务。因此，随着运输通道及其理论研究的完善，物流通道的相关研究得到了进一步推进。

(一) 物流通道的概念

学者对物流通道的研究相对较晚，而且主要集中在国内相关领域。比较有代表性的研究有：赵放（2007）认为，物流通道是由多种运输线路和物流节点构成的基础物流平台，在物流服务组织、供应链搭建等的支持下，逐步形成低成本、高效率物流运作系统。傅志妍（2009）和赵放（2007）的认识基本一致，同时强调了物流通道应由相应主管部门对整个服务过程进行调控与监督。杨鹏（2012）认为，物流通道是一个地区发展的重要物质基础，它是提升区域整体竞争力的重要因素，是一个"物流"与"通道"融合的理念。刘洁（2012）认为，物流通道是一个综合物流系统，网络性是其中一个基本特性，物流通道基础设施网络、经营组织网络和信息网络，这三层网络特性对通道运作质量和效果产生重要影响。在上述研究中，学者的研究视角各不相同而且各有侧重，概括起来包含以下三层意思：第一，都基本站在系统论的角度，认为物流通道是一个由多种要素组成的物流运作系统或综合物流系统；第二，有观点认为物流通道是一个以运输线路和物流节点为物质基础、服务于区域经济流通的通道；第三，物流通道是应该包括监督机构等在内的服务系统。其中，第一种观点用系统论思想研究物流通道，是符合实际的；第二种观点中的大部分忽视了干线线路，将其与物流网络中的所有交通运输线路等同起来，这不符合"通道"的本意；对于第三种观点，本书认为它将物流通道的内涵有所扩大，在一定程度上将物流通道与物流系统等同起来，这是有失偏颇的。基于前人的相关研究成果，范月娇（2015，2019）、范月娇和王健（2016）总结了物流通道的基本概念：物流通道是指在一定的区域空间中，为提供全程物流服务，将一种或多种运输方式以及方向一致的干线运输线路、物流节点、物流设备及物流信息线路等在相关物流服务机构的有效管理下实现有机结合的综合物流服务系统，物流通道是在服务于区域经济流通过程中逐渐形成的。

（二）物流通道的内涵

基于对物流通道基本概念的认识，范月娇（2019）总结出物流通道的基本内涵。

第一，物流通道是由多种要素组成的综合物流服务系统。首先，物流通道不仅是由铁、公、水、空、管等方向一致的运输干线构成，由于在此线路上仅完成了物流服务的功能之一——运输，大量的物流服务功能需要在物流节点（如港口、机场、货场、物流中心和物流园区等）内完成，因此运输干线和物流节点也共同构成了物流通道的基础设施系统。其次，在物流通道上，货流还需要货车、飞机、轮船、集装箱、装卸与搬运等物流设备以及这些设备之间的有机协调才可以完成。最后，物流通道中各要素之间以及与被服务对象之间的无缝衔接主要依靠物流信息通道实时传递的信息进行调控，因此物流信息通道也是物流通道的重要组成部分。从这个层面上理解，物流通道是由物流实物与信息通道等共同构成的综合性物流服务系统。

第二，物流通道是区域空间系统重要组成要素和区域物流系统的子系统。物流通道产生并存在于一定的区域经济流通的区域空间中，它是以提供物流服务为目的，在干线运输线路上由一种或多种方向一致的运输方式互相补充、共同连接起该区域并贯穿于区域之间的实体物流服务系统，它不断地与被服务区域内各经济主体、生产要素相互联系、相互作用从而形成特定的区域空间实体。从这个意义上讲，物流通道是区域空间系统的重要组成要素，也是区域物流系统的一个子系统。

第三，物流通道是一个"大道"系统。"大道定理"是指占运输网络线路里程较小比例的干道承担着较大比例的交通量，是一个寻求经济长期增长最优路线的重要理论。在物流领域，"大道"是指货物运输干线，随着干线技术水平的提升，物流通道的物流服务水平也会随之提高，从而改善物流通道沿线区域经济流通效率（Mamedov and Pehlivan，2001；毛敏，2005）。因此，根据"大道定理"，当时间价值较高时，都愿意选择距离最短的"大道"，即通过物流通道实现物流活动，从而使物流通道承担区域物流网络中比例较高的物流量，成为输送密集货物物流的"大道"。因此，物流通道系统实质上是区域空间中的"大道"系统。

（三）运输通道与物流通道的区别与联系

物流通道是一个从运输到综合运输再到现代一体化物流服务的动态发展的产物。因此，从物流通道概念的提出、发展和形成过程中可以看出，物流通道既与交通、物流基础设施相关，也与运输通道相关，但又存在一定的区别。具体来讲，运输通道与物流通道既有共同点又有区别（刘杰，2012；范月娇，2019）。

第一，从实现货物运输的角度来看，货物运输通道承担了物流通道的运输服务功能，而物流通道不仅可以实现运输功能，还提供包括储存、分拣、流通加工、配送、信息管理等一系列物流服务，从这个层面来看，运输通道是物流通道的一部分。

第二，运输通道承担了货物运输和旅客输送，而物流通道只从事货物流通的服务工作，从服务对象来看，运输通道包含了物流通道。

第三，运输通道主要注重交通运输技术、信息化技术水平的提升以提高运输效率，而物流通道需要实现全程一体化物流服务，不仅需要交通运输技术现代化，还需要以物流信息高效流通协调控制全程物流活动的物流信息通道支撑。

综上可以发现，相较于运输通道，物流通道在要素构成、服务内容、通道系统等方面更为复杂。在经济全球化和区域经济一体化的大经济环境下，物流通道作为区域空间经济流通中的动脉系统，在区域经济发展中占据非常重要的地位，值得重视和深入探究。

三、物流通道的基本类型

结合实际运作环境和相关研究，依据不同的标准，可以将物流通道划分为不同的类型（范月娇，2019），具体如表 1-1 所示。

表 1-1　物流通道的类型

划分依据	类型	含义
通道流体性质	实体物流通道	指在通道上传递有形的、实物产品的物理性物流通道，这也是我们一般意义上所提及的物流通道
	虚拟物流通道	指在通道上传递无形、虚拟的物流产品或服务，一般包括两种：一种是指在网络环境下实现的电子产品或其他服务传递的虚拟物流产品通道；另一种是指为物流通道上全程物流活动的指挥、协调和控制而进行物流信息传递的物流信息通道，该通道对实体物流通道的运作起着重要的引导和协调作用，对提高实体物流通道效率具有积极作用

划分依据	类型	含义
运输方式	单一运输方式的物流通道（低层次通道）	指利用公、铁、水、管、空等中的一种运输干线单独或以其为主完成物流通道上的运输功能和在沿线物流节点内实现其他物流服务功能。基于张文尝（2001）对运输通道特征的描述，此类为低层次物流通道，物流服务能力、服务效率等方面相对较低
	综合运输方式的物流通道（高层次通道）	指利用公、铁、水、管、空等中的两种或两种以上的运输干线的有机配合或相互协调实现物流通道上的运输功能，并在沿线物流节点内实现其他物流服务功能。由于多种方向基本一致的运输方式既有竞争又有合作，不仅可以提升沿线的物流服务能力，也可以有效降低物流成本，促进区域经济有效流通，属于高层次物流通道，也是未来发展的主要方向
研究层面	微观物流通道	指对物流通道本身的规划、布局、资源合理配置等方面从局部的、微观层面进行的研究，如物流干线线路的优化、通道线路选择、重要物流节点布局规划及功能设置等
	宏观物流通道	指将物流通道置身于区域经济运行系统下，作为一个区域经济系统的组成要素和区域物流系统子系统，研究物流通道服务于国家、地方政府和区域经济流通及其在沿线区域经济发展、产业结构优化调整、区域经济一体化等方面产生的宏观层面影响等
流体类型	普通物流通道	指以实现对生活及部分生产资料、生活用品等普通货物的输送和相关物流服务为主的物流通道，是最普遍的一类物流通道
	专用物流通道	指为煤炭、石油、粮食等大宗生产资料或生活资料转移而建设专用型物流通道，该通道具有一定的资源导向性
	特殊物流通道	指在特殊环境或突发状况下构建的临时性物资供应通道，如救灾物资输送等应急性物流通道
联通的空间尺度	国内物流通道	指在一国范围内，服务于不同区域跨度的物流通道。按其跨度可以细分为区际物流通道（含省际物流通道）、城际物流通道等
	国际物流通道	指在不同国家之间、不同经济合作组织之间开展全程及跨境物流服务的物流通道

第二节　国际物流通道的概念、功能与基本构成

一、国际物流通道的概念

相较于物流通道，近些年随着经济全球化、资源配置全球化和贸易自由化的推动，国际物流通道的重要性引起人们的重视，特别是中国提出共建"一带一路"倡议以来，在报纸和杂志上分析和探讨经济走廊国际物流通道、海丝国际物流通道、中欧班列国际物流通道等的文献较多，以国际物流通道+"一带一路"、中欧班列等为主题词在中国知网、维普等库搜索可以看到近百篇相关文献。然而，这些有关国际物流通道的相关文献绝大多数以分析其重要性及其如何规划或建设为主，专门将国际物流通道看作一个综合跨境物流服务系统进行研究的甚少，对其概念的界定更少。其中，王春芝（2004）认为国际物流通道系统是以运输通道和国际物流节点为支撑的基础设施平台，国际物流通道应由国际货运通道和物流节点构成。姚言伟（2011）认为，国际物流通道是指承担国际贸易对物流功能需求的通道，由国际间的运输通道及枢纽节点构成。胡天勇（2019）提出，国际物流大通道是在融入了物理通道和以资金流、信息流等为主的虚拟通道等因素基础上服务于不同国家和地区的物流活动，其物品跨越了国家及地区等的边界。

本书认为国际物流通道本质上是物流通道，只因其服务的区域跨度、区域体制等环境的不同，相较于物流通道具有一定的特殊性和复杂性。基于前文对物流通道概念、内涵和类型的描述及研究目的，本书概括出国际物流通道的基本概念：国际物流通道是跨国（境）的区域空间系统的组成要素和物流系统的子系统，为向沿线国家和地区经贸流通提供全程物流服务，将一种或多种运输方式且方向一致的干线运输线路、重要物流节点、物流设备及物流信息线路、通关服务等在相关物流服务机构的有效管理下实现有机结合的跨国（境）骨干综合物流服务系统。

基于对上述国际物流通道概念的认知，国际物流通道和一般意义上物流通道一样，是由多种要素组成的骨干综合物流服务系统，是区域空间经济系统的重要

组成要素和物流系统子系统，也是一个"大道"系统。但国际物流通道的内涵有所不同，主要体现在：

（1）国际物流通道是一个跨国（境）物流系统的子系统。要在为沿线国家和地区提供国际贸易流通服务中实现全程物流服务需要过境或通关服务，因此国际物流通道是全程跨多个不同关境、不同体制、不同物流设施标准（如因部分国家铁路轨距不同而需要换装、转运等）联通而成的骨干综合性物流服务系统，在实施上具有较大难度和复杂性，因此国际物流通道的联通性受通关、国际贸易政策等影响较大。

（2）国际物流通道是一个"大道"系统，但依托的交通运输干线相对较为单一。由于其跨度、物流距离、建设投入和规模经济的约束，陆上国际物流通道的运输干线以陆桥（铁路）为主、干线公路为辅，或形成公铁联运；海上国际物流通道运输干线以远洋海运、跨国水运线路为主，也会有区域性的铁海联运；空中国际物流通道则以国际空运航线为干线，但相较于陆上和海上国际物流通道的物流能力，空中国际物流通道当前承担物流服务量相对少很多。

（3）国际物流通道沿线的物流节点的物流服务更加多功能化。国际物流通道沿线的物流节点主要有物流园区或中心、保税物流园区或中心、货运站、港口、机场等，是货物进口的疏散中心和货物出口的集聚中心，除提供临时存储、包装、装卸搬运、分拣、流通加工、信息处理等常规性物流服务外，还要完成海关查验、检验检疫、国际货代、保税仓储、出口监管、集装箱业务等延伸性和增值性物流服务（董千里，2012）。

二、国际物流通道的功能

张文尝等（2002）认为，有时候运输通道的政治意义可能超过经济意义，它对加强中央与地方、发达与不发达地区的政治、经济、文化交流有重要意义。物流通道作为联通区域经济流通的动脉，承担了货物全程（包括运输在内的）的所有物流服务功能，它的合理规划、布局和良好运作对区域经济的发展起着重要作用（范月娇，2019）。国际物流通道作为跨更广区域的、联通不同国家和地区的对外经贸流通动脉，具有重要的经济服务功能，但也不能忽视其承担的社会服务功能。

（一）物流通道的经济服务功能

金凤君（2012）指出，基础设施是经济发展的必要条件，是营造经济发展环境不可或缺的基本条件，是现代化经济发展的必要条件。以跨区域（境）骨干交通基础设施为基础的国际物流通道同样具备重要的经济服务功能。

第一，国际物流通道具有提供沿线国家和地区经贸流通活动所需的物流服务功能。国际物流通道作为连接沿线国家和地区之间的"大道"系统，不仅为实现沿线国家和地区货物流通提供运输服务，而且在沿线重要物流园区或中心、保税物流园区或中心、货运站、港口、机场等重要物流节点提供仓储、流通加工、装卸搬运、换装、集装、分装、转运及信息处理等一系列基础物流服务，并提供海关查验、检验检疫、国际货代、保税仓储、出口监管、集装箱业务等延伸性和增值性物流服务，通过专业化、综合化、全程化的综合物流服务保证沿线国家和地区的国际贸易畅通。

第二，国际物流通道对沿线国家和地区经济发展具有一定引导功能。"点—轴"系统理论强调社会经济要素在空间上的组织形态要重视主要交通干线（轴）的作用，指出经济集聚与扩散往往是沿着阻力最小的方向，即沿轴线进行的（陆大道，1995；张文尝等，2002）。国际物流通道是开放的区域空间子系统，作为一个主干物流服务系统，为其沿线国家和地区提供综合物流服务，便利的物流条件促使沿线生产要素、经济主体沿国际物流通道形成集聚态势，并且随着国际物流通道在物流技术、通信技术、通关服务效率等方面不断完善和提升，其联通性水平、综合物流服务能力及服务范围等方面都得以不断提高和拓展，从而促进沿线国家和地区的社会经济要素沿通道集聚与扩散，不仅促进本国经济发展，同时通过空间溢出作用带动沿线相关国家或地区的经济发展。因此，国际物流通道对沿线国家或地区经济规模具有引导和反馈作用，可以带动沿线国家和地区的经济发展。

第三，国际物流通道具有促进沿线区域经济一体化的功能。国家之间边界效应的存在会影响国际贸易，并且影响区域经济一体化（McCallum，1995），且交通基础设施建设的不足会使运输成本变高，从而会在一定程度上阻碍区域经济一体化发展（Venables and Limão，2002），因此拥有更好的交通基础设施的国家会由于交通运输成本降低而取得更大的国际贸易流量，不同的交通基础设施、不同的互联互通程度可能通过边界屏蔽效应抑制或通过边界中介效应促进区域经济一体化（Behrens，2011；梁双陆和张梅，2016；刘勇，2020；郭鹏飞和胡歆韵，

2021）。国际物流通道作为贯通沿线国家和地区的骨干综合物流服务系统，其良好的联通水平可以在一定程度上降低沿线国家和地区的边界屏蔽效应，通过提升其边界中介效应促进沿线区域经济一体化发展。

（二）国际物流通道的社会服务功能

国际物流通道一般是在既定的区域空间经贸流通过程中对物流服务需求的情况下产生和不断发展完善的产物，如从我国古代陆上丝绸之路与海上丝绸之路到如今共建"丝绸之路经济带"和"21世纪海上丝绸之路"（"一带一路"）倡议的提出和推进建设。但是，国际物流通道的建设往往无法脱离一些政策沟通和合作推进机制。例如，共建"一带一路"以"共商共建共享"为原则和在最后实现"共赢"的政策沟通下，引导沿线国家、地区和组织与中国签订共建"一带一路"合作机制，通过基础设施互联互通先行的战略，促使"六廊六路多国多港"的互联互通架构基本形成①。其中，"六路"主要指铁路、公路、航运、航空、管道、空间综合信息网络；"多港"是指若干保障海上运输大通道安全畅通的合作港口，可在一定程度上实现"一带一路"国际物流通道的联通。从这个角度讲，国际物流通道是为支持全球经贸流通而形成的，也是为了实现某种特定的社会经济发展需求而形成的，不仅可以带动沿线国家和地区的经贸流通，同时可以为整个沿线区域搭建一条繁荣昌盛的通道，体现了良好的社会服务价值。

三、国际物流通道的基本构成

国际物流通道不同于小区域或国内跨区域物流通道，不仅具有跨度大、距离长、贯通沿线国家和地区多等特征，同时主要以单一运输方式为主干线和沿线多级物流节点共同构成，而且要将沿线国家和地区的良好的通信服务和通关服务作为支撑。基于此，本章在表1-1的基础上，进一步将国际物流通道按其依托的主要运输方式进行分类，同时概述其基本构成（见表1-2）。

---

① 高质量共建"一带一路"［N］. 人民日报，2019-04-28.

表 1-2　国际物流通道的基本构成

类型	货运通道		信息服务通道	通关服务通道
	交通运输干线	物流节点		
陆上国际物流通道	以跨境铁路、部分国际干线公路或者公铁联运等为主要运输干线承运跨境货物	陆上口岸及物流节点（主要包括货物通关节点、换装节点、物流园区、物流中心、保税物流园区或中心等），以及铁路货站、港口（公铁水联运陆上节点）等实现物流相关功能	以光缆、光纤等通信线路为基础设施，实现电话、互联网、移动互联网等通信设施的互联互通，以实现全程跨境物流信息实时传递与沟通、协调与控制	以支撑通关服务畅通和高效通关全流程的设施、设备及电子报关系统等为基础设施，实现货物跨境的进出口通关服务的通道
海上国际物流通道	以跨境海运或水运线路为主要运输干线，以连接港口的干线公路、铁路为辅形成公铁海或公铁水多式联运货物	港口、临港物流园区或中心、港口保税物流园区或中心、码头、堆场等完成物流相关功能		
空中国际物流通道	以跨境航空线为主要运输干线，以连接机场的干线公路、铁路为辅衔接联运货物	机场、临空物流园区或中心、机场保税物流中心等实现物流相关功能		
地下国际物流通道	跨境的地下管道承运液体、气体等特殊货物	燃油、液化气等油站（库）等专用型物流节点实现专门的物流相关功能		

第三节　物流通道的形成过程与国际物流通道联通

一、物流通道的形成过程

物流通道的形成过程受所处区域经济、社会政治及自然环境等因素的综合影响，往往呈现一定的阶段性。Taffe 等（1963）将运输通道的形成和演进过程大致分为四个阶段：以点为主阶段、成线阶段、成网阶段和通道阶段（藤田昌久和蒂斯，2004；金凤君，2012；王良举和陈甫军，2014）。张文尝等（2002）结合Taffe 等的运输通道理论，在对交通网络扩展和区域空间结构演变关系的研究中，总结出运输通道的形成过程，如图 1-1 所示。

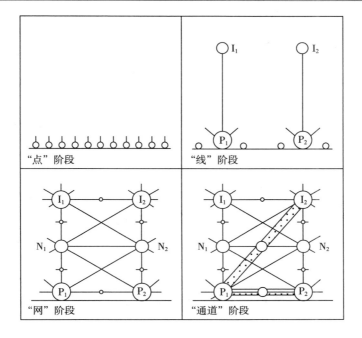

图 1-1　运输通道的形成过程

资料来源：张文尝等（2002）的研究。

李国旗等（2015）在研究物流枢纽形成的驱动力与演化机理时指出，通道的时空压缩效应将会改变原有物流节点连接关系，将物流节点的融合推向两个方向，如图 1-2 所示。其中，一个方向是将具有业务联系的相同类型的物流节点整合成一个更高等级的物流节点（如高等级物流园区），并在保持服务时间不减少的情形下扩大服务范围；另一个方向是将原有仅服务于一个区域的物流节点辐射范围不断扩大，与周边区域的相关物流节点建立密切的物流联系，整合成更高等级的节点，同时为两个乃至多个城市提供服务，从而互联互通形成物流通道。

基于上述研究可知，物流通道是在运输通道基础上发展起来的，因此其形成是以点、线等单一运输功能为基础，向综合化方向发展，功能向全面化过渡，最终形成了物流通道。区域空间联系不仅决定于运输联系，而且围绕物流服务需求在物流通道沿线区域的物流节点中进行流通加工、储存、分拣、配送、物流相关信息处理等物流活动而建立了互联互通的物流通道，以实现区域内外经济流通。因此，借鉴张文尝等（2002）和李国旗等（2015）的研究思路和成果，范月娇

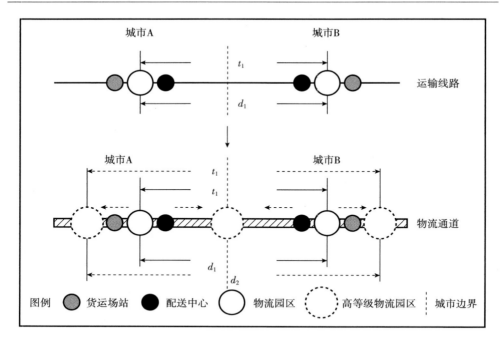

图1-2 时空压缩效应下物流集群设施的形成过程

资料来源：李国旗等（2015）的研究。

（2019）提出了物流通道的形成过程（见图1-3），并从物流通道的运输干线、物流节点的演变及其演变过程中物流技术的发展和物流信息服务通道形成等方面进行了具体分析。

（1）区域中孤立分散的物流节点［见图1-3（a）］。在区域经济发展初期，人类社会以游牧业、农业和手工业为主，过着自给自足的生活，同时由于几乎没有道路等交通运输基础设施，较远距离的通行主要依赖水路运输方式，少量的农产品、手工业品等的交易活动往往以居民居住地为中心在有限的范围内进行。人类社会经济活动往往在有利于交易的优势区位率先开展，如方便出行或人流量集中的地区，这便促进了最早的码头、城镇内商业中心等流通节点产生与形成。这一时期基本只有小区域范围内的少量商品流通，连接区域内外的交通运输干线还没有形成，单一的物流节点分散、孤立地分布在各区域空间中；物流技术还未发展，主要是靠人力方式操作，只有简单人力车等运输设备和原始的仓储设施与设备。

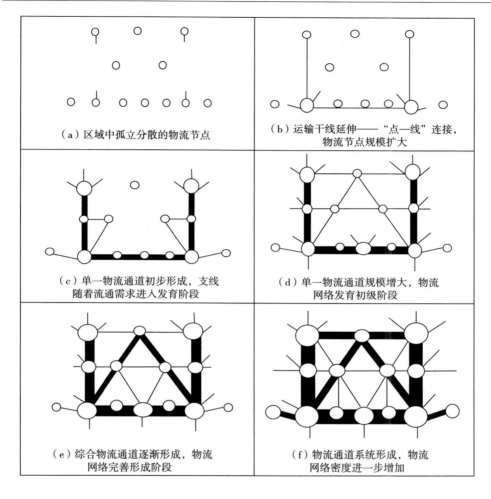

（a）区域中孤立分散的物流节点

（b）运输干线延伸——"点—线"连接，物流节点规模扩大

（c）单一物流通道初步形成，支线随着流通需求进入发育阶段

（d）单一物流通道规模增大，物流网络发育初级阶段

（e）综合物流通道逐渐形成，物流网络完善形成阶段

（f）物流通道系统形成，物流网络密度进一步增加

图 1-3　物流通道的形成过程

注：图中线的粗细和圆的大小的变化表示运输干线线路的流量增大、运输方式的综合化发展、各类物流节点的规模扩大的过程。

资料来源：范月娇（2019）的研究。

（2）运输干线延伸——"点—线"连接，物流节点规模扩大［见图 1-3（b）］。随着工业化的初步发展，在能源、原材料、工业品等大宗货物和产品的远距离流通需求下，河流及人工运河开凿、火车发明及铁路局部性建设，可以初步满足一定区域内长距离运输的需求；同时港口、铁路货站等物流节点规模开始扩大，为运输干线沿线区域提供仓储或集货服务。在本阶段，开始使用火车、轮船等运输工具，运输技术开始有所提升，但在物流节点的装卸搬运及仓储设备基本还是人工的、较原始的。

（3）单一物流通道初步形成，支线随着流通需求进入发育阶段［见图1-3（c）］。随着工业化发展的进一步深入，区域内外经济流通需求量快速增大，河流、铁路、公路等运输干线的建设规模加大，同时由于外部环境等限制，呈以一种运输干线为主、其他运输线路为辅的单一物流通道状态；港口、铁路货站等物流节点的规模进一步扩大，而由于区域经济流通需要出现了专业化仓库等物流节点，但这一阶段的物流节点以相对单一的仓储功能为主；远程运输逐渐依赖火车、轮船等规模化运输工具；区域内短距离运输及仓库与港口、铁路货站等之间的转运等主要依赖汽车等运输工具，现代化仓储设施和设备初步开始使用。

（4）单一物流通道规模增大，物流网络发育初级阶段［见图1-3（d）］。流量和物流能力的需求，促使交通运输基础设施建设等进一步投入，如拓宽道路、提升道路等级和技术标准、增加运输线路复线和支线；物流节点规模和数量随着区域经济发展和线路的建设，依托产业和物流需求等分别进一步扩大和增加；在区域内物流网络初步发育，同时随着物流实物和信息技术的发展以及对物流效率的追求，开始重视物流节点的机械化、自动化设施的投入。

（5）综合物流通道逐渐形成，物流网络完善形成阶段［见图1-3（e）］。区域经济的快速发展产生大量物流服务需求，促使区域之间多种运输干线建设并重，逐渐形成方向基本一致的由多种运输方式组成的综合运输干线束；除了港口、货站、仓库等物流节点不断发展，物流园区、物流中心、配送中心等专业化、综合性物流节点也开始出现，物流节点由单一的仓储功能向仓储、分拣、装卸搬运、流通加工、包装等多功能化过渡；在综合物流通道逐步形成的同时，物流网络随之完善，运输设备的电子化、集装化等能力增强，物流节点中的自动立体化仓库等设施开始布置，自动化分拣设备、机械化装卸搬运设备的使用，使物流通道服务效率有了大幅度的提高。

（6）物流通道系统形成，物流网络密度进一步增加［见图1-3（f）］。在信息时代，随着信息技术的普遍应用、区际分工及贸易的快速发展，原材料、能源、工业品等大宗货物的流通需求增强，远距离的运输需要降低运输成本、提高物流节点效率和全程物流服务效率，除促使物流通道运输干线的进一步规划和建设外，也使沿线区域各类物流节点的规模在不断扩大、密度在不断增加，特别是进入21世纪以来，物流中心、物流园区等建设速度和规模都得到了空前的发展，物流实体通道规模、路况等级得到了提升；同时，信息技术的投入和使用形成了物流信息通道，物流中心开始建立信息处理中心，各物流节点既是货物集中处理中心，也是信息集结、传输和交流中心，物流通道枢纽显现。物流实体通道和物流信息通道对物流资源集中和信息共享后形成物流通道系统。在物流通道系统的带动下，以物流通道为干线依托、以支线为支撑的区域现代化、智慧化物流网络系统形成了。

二、国际物流通道的联通及动因分析

产业（工业）的集聚、区际产业分工及贸易联系（张文尝等，2002）、运量集中化规律（陈航，2000）等动因不断促使物流通道产生、发展和完善（范月娇，2019）。从地域空间上看，国际物流通道是一般区域物流通道在更广范围内的延伸。因此，国际物流通道形成过程与一般意义上的物流通道类似，也经历了节点—干线联通—单一物流通道—综合物流通道—物流通道系统的形成与发展过程。然而，区域或国内物流通道仅是在一个国家或一个政体区域内的物流通道，要形成跨国（境）的国际物流通道，必须是在各国或地区内物流通道建设和完善基础上，通过各国和地区之间的政策沟通与合作机制推进、基础设施互联互通等措施的基础上联通而成。因此，国际物流通道的联通是在一定动因下促成的。

第一，国际物流通道联通是沿线国家和地区产业分工、联系与国际贸易畅通的需求。世界各国和地区的产业分布比较优势在经济全球化、资源配置全球化等环境下促进了国际、区际间产业分工，而产业分工也是促进国际、区际运输及物流联系的重要因素。随着产业分工和经济全球化的发展、国际物流通道的初步形成和工业化的实现，分布在不同区域的产业分工更加细化，并需要物流服务规模化、贸易国际化和货运远距离化，从而推动国际货运通道、信息服务通道、通关服务通道的建设与互联互通。因此，交通基础设施、物流通道的互联互通对国际贸易的重要性早已被充分重视。例如，Bougheas等（1999）在李嘉图贸易模型基础上将运输成本和基础设施内生化，验证了其对国际贸易规模具有正向影响。良好的交通基础设施显著影响运输成本，同时运输成本又对贸易量有显著影响（Limão and Venables，2001）。如果说完备的交通基础设施、标准化的信息通信系统、充足的货源可以提升路网的通达性，那么物流通道则可以依托该通达的载体有效服务于国际国内贸易，实现货畅其流（龚英和饶光明，2021）。

由此可见，联通性良好的国际物流通道是运力资源集中、运输量大的骨干综合物流服务系统，不仅可以满足国际贸易远距离、大规模的全程物流服务需求，而且可以通过信息服务通道有效协调各环节物流活动，通过通关服务通道有效实现报检通关活动，从而提高物流效率、缩短贸易时间距离、降低物流成本和国际贸易成本。因此，国际物流通道联通是实现沿线国家和地区贸易畅通的重要动脉。

第二，国际物流通道联通是沿线国家和地区经济发展的需求。西方学者早在20世纪中期就开始开展运输通道对区域经济及产业布局的影响相关研究。例如，Taffe 等（1963）提出了著名的交通线与区域发展模型。Poul（2000）认为，在经济全球化发展中，全球物流通道发挥着重要作用，对非洲经济发展产生了积极的影响。张文尝等（2002）在张国伍（1991）的交通经济带基础上，探讨了运输通道的区域经济聚散作用。董锁成等（2014）、古璇等（2018）以"丝绸之路经济带"和新亚欧大陆桥为研究对象，关注了其国际运输通道通过集聚经济、规模经济、开放型经济推进沿线经济带的形成。由此可见，国际物流通道的联通为其沿线国家和地区提供了便利的物流条件，有利于促进沿线国家和地区的社会经济要素沿通道产生聚散效应，不仅促进了本国和本地区经济发展，同时通过空间溢出带动沿线相关国家和地区的经济发展。

第三，国际物流通道联通是沿线区域经济一体化发展的需求。区域经济一体化是指一定区域范围内的不同地区间通过建立共同的协调机制，制定统一的经济贸易政策、消除贸易壁垒，以实现区域内资源的优化配置，进而促进区域经济协调发展。如前文所述，拥有良好交通基础设施的国家会因为交通运输成本降低而取得更大的国际贸易流量，交通基础设施互联互通程度不同可能通过边界屏蔽效应和边界中介效应分别抑制和促进区域经济一体化（Behrens，2001；梁双陆和张梅，2016；刘勇，2020；郭鹏飞和胡歆韵，2021）。由此可见，国际物流通道作为贯通沿线国家和地区的骨干综合物流服务系统，其良好的联通性必然成为降低或消除贸易壁垒的重要因素，从而有力促进区域经济一体化发展。

第二章 国际物流通道联通的区域经济效应理论

第一节 相关基础理论

一、交通区位论

区位论是研究人类经济活动空间选择及空间内人类经济活动的组合，是一种探索人类经济活动的一般空间法则的理论。产业革命后，人们经过对人类农业、工业、商业等经济活动的空间法则和空间秩序的研究形成了古典区位理论。在古典区位论中，如杜能的农业区位论、韦伯的工业区位论等都将交通运输变量视为决定区位选择的唯一变量，体现了交通在区位论研究中的重要性。Beckman（1952）认为，没有运输成本就不会有区位的问题，运输成本和规模经济是一个同质区域区位格局的决定因素，而资源分布和自然运输障碍与运输通道的布局会影响区位格局的产生。

最早专门研究交通区位的是德国地理学家 Kohl 于 1841 年出版的《人类交通居住与地形的关系》一书，其发现交通发展与人口集中、聚落的形成存在相互补充的密切关系，认为交通和聚落是在防御需求、利益追求、群聚行为的作用下形成的，而其中在利益追求作用下形成了商业性交通；同时，Kohl 提出交通区位形态可由几何图形表示，该思想开创了交通区位理论研究的先河。德国学者 Kautz 在 1934 年发表的《海港区位论》中提出，理想的海港区位应该把从腹地经陆路到达海港，再经海上到达海外诸港口的总运费压缩到最低。该理论追求海港建设的最优位置，强调自然条件的区位作用，考虑了海港和腹地的联通性或通达性。美国空间经济学家 Hoover 在 1948 年出版的《经济活动的区位》中提出了运输区位论，认为运输费用由装卸费用和线路营运费用两部分组成，不同运输方式都存在着不同技术特征的运输费用递减现象，因此运输区位论也被称为运输费用结构理论；同时，Hoover 考察了在中转运输、回空运输与便于运输的各种情形下运费率的变化，为在港口和交通枢纽转换点发展工业提供了理论依据；此外，Hoover 还指出运输距离、运输方向、运输量等其他交通运输条件的变化往往会引起经济活动区位选择的变化。Hoover 的运输区位论应用在许多国家指导产业布局，取得了显著的经济效益和社会效益。

进入 21 世纪后，中国学者基于区位论、运输区位论对交通区位论进行了深入的研究。管楚度（2000）在继承各种范式的区位论思想基础上，提出了交通区位论，指出交通区位是由具有本体特征的地理因素贡献的交通网络格局构成的，它是交通现象在地理上的高发场所，也是为了实现某经济目标将交通线或站点等项目设置在能达到目标的一定范围内的地理位置。该理论强调了交通线和站点等交通基础设施在地理上持久的高发性和达到某种经济目标的有效性。张文忠（2000）指出，交通区位不能离开经济实体的分析，即地域间的经济联系、社会和文化交流可以通过交通方式来实现，并将交通方式分为点、线和网，认为这三种交通方式的空间形态只有通过空间实体"人和物的移动"的联系才有意义。在此理念下，该研究详细分析了交通节点、交通线路与交通网络的区位以及交通与经济活动区位等相关理论。荣朝和（2006）认为，交通区位是交通线路或运输通道形成的交通区位线和场站或枢纽，进而形成交通区位点，是交通行为与交通资源的集聚地和交通活动大量集聚的区位空间。姚影（2009）则指出，交通区位中交通网络都有"输送和集散"功能，交通网络中的干线完成输送功能，而在其节点上实现集散功能，突出了交通网络的干线运输服务规模性和节点聚散的吸引性。

交通区位理论研究表明，交通干线和交通节点对区域经济空间布局和沿线区域经济发展有重要的作用。这为以跨境交通运输干线和沿线物流节点为主体构成的国际物流通道在跨境区域空间中可能产生的区域经济效应研究奠定了重要的理论基础。

二、通道经济相关理论

（一）"增长极"理论

20世纪50年代，法国经济学家Perroux将物理学中的"磁极"概念引申后提出了著名"增长极"理论，该理论被认为是西方区域经济学中经济区域观念的基石。"增长极"理论以经济空间为出发点，其基本思想是，增长在每个地区是以不同的速度进行的，某些具有创新能力的行业增长速度超过经济平均增长速度就会在空间上集聚，从而形成一些人口、技术和资本、生产要素等资源集中，同时通过外部经济作用和自身增长动力对邻近地区产生强大的辐射作用，最后形成地区或城市的经济中心，经济发展的这种区域极化被称为"增长极"。Friedmann（1966）认为，"增长极"已被"增长中心"这一概念取代，指出在市场作用下或在经济政策引导下所形成的地理空间（如城镇或港口等交通枢纽）的集聚点是增长中心，经济增长从这些增长中心开始逐步向周围整个空间扩散，这是"增长极"理论的进一步丰富和发展，且在许多国家已以此为理论依据将其转化为具体经济政策而被采纳。可以看出，"增长极"和"增长中心"本身就是一种经济活动空间分异现象的表现，"增长极"和"增长中心"作为一种"节点"与其外围地区的关系便构成了一种极核区域空间结构形态（陆大道，1995；陆玉麟，1998）。

（二）"生长轴"理论

20世纪60年代初，德国学者Sombart提出了"生长轴"理论，该理论直接把交通运输与区域经济发展结合起来，并强调交通干线建设对经济活动的引导和促进作用，即交通干线为"生长轴"。"生长轴"理论认为，连接中心城市的重要交通干线（铁路、公路等）建设会方便货物、人口等流动而形成新的有利区位，可以通过降低运输费用进而降低产品及流通成本。因此，一个区域往往会依托"生长轴"吸引和聚集生产要素和经济主体等要素，进一步在沿线产生新的工业区和居民点，从而对区域空间结构形成和区域经济发展有促进作用，使沿线区域获得更好的发展。"生长轴"本身也是经济活动空间分异的轴状表现，是区域空间结构形成的新阶段。因此，线状的交通基础设施是"生长轴"的骨干部分，基础设施串联一个个中心城市或区域，可以形成以交通干线为"主轴"的产业带，促进了区域经济一体化发展（张文尝等，2002；聂华林和赵超，2008）。

（三）"点—轴系统"理论

1984年，中国科学院院士陆大道以"增长极"理论和"生长轴"理论为基础，将二者有机地结合并提出了"点—轴"渐进式扩散模式，被称为社会经济空间结构的"点—轴系统"理论。该理论认为，任何经济个体都要与其他个体由于社会交往和基础设施的共享发生联系并会在一个"点"（中心城镇等区域中心）上聚集而产生集聚效应；"轴"是在一定方向上连接不同"点"而形成资源和其他经济要素密集的产业带或人口带，由于"轴"沿线有较强的经济实力和发展潜力，所以被称为区域经济发展轴，该发展轴是以线状基础设施为依托形成的沿线地带。实践中，工业、交通运输业及其他第三产业等都为了集聚效应集聚于"点"上，并由"轴"联结若干不同级别区域中心而形成相对密集的产业带（区域）。而集聚于各级"点"上的产业和人口、资源等由于集聚规模过大，就会产生如交通拥堵、资源紧张、生态恶化等负效应，从而促使聚集区向外进行渐进式扩散以取得社会经济运行的动力，即形成扩散。一般地，沿主要"轴"线的扩散辐射强度最大，从而引起或加强在该方向上较大规模的集聚（陆大道，1995）。

"点—轴系统"理论强调的是社会经济要素在空间组织中的"点"与"点"之间、"点"与"轴"之间的关系，是地域规划建设和生产力布局的重要理论。该理论重视了交通干线（轴）的作用，对我国交通干线基础设施的区域空间布局起到了非常重要的指导作用。基于此，陆大道（1995）进一步将发展轴分为沿海岸发展轴、铁路干线沿线发展轴、大河河岸发展轴、复合型发展轴，由此可以看出，发展轴的形成是以单一或方向一致的综合性交通运输干线为基础的。沿海岸发展轴如中国沿海发展轴、"21世纪海上丝绸之路"推动下的"蓝色经济通道"；铁路干线沿线发展轴如依托中欧和中亚班列的"新亚欧大陆桥经济走廊"、"中国—中亚—西亚经济走廊"；大河河岸发展轴如中国的长江经济带等；复合型发展轴如中国的京港澳通道、欧盟的莱茵河通道等。

（四）交通经济带理论

18世纪末到19世纪初，随着工业化和初步运输化的发展，一些学者注意到促使交通运输沿线经济带形成的若干事实，并试图从理论上加以论证。例如，Weber的工业区位论、Kautz的海港区位论等，使交通经济带的概念初具雏形。但二战以后，这一新型地域组织现象才得到学者的重视和研究。最早开始研究交通经济带的是法国地理学家Gottman，他在1942年和1957年先后两次到美国东部沿海地带考察新罕布什尔州的Hillsbrough地区和弗吉尼亚州的Fairfax地区，发现该地带内城市沿主要交通干线连绵600千米，城市间联系紧密，产业聚集达到巨大规模，他将此类区域作为空间地理单元命名为大都市带。

张国伍（1991）在参考国外相关研究的基础上，在国内首次提出了交通经济带的概念，并主张将交通建设与沿线经济开发相结合。张文尝等（1992）在其国家自然基金项目"交通经济带发展机理及其模式研究"中对有关交通经济带等问题进行了系统、全面的总结和创新，认为交通经济带的发展演变与运输化的发展格局相互对应。杨荫凯和韩增林（1999）、韩增林等（2000）、张文尝等（2002）系统研究了交通经济带的内涵、类型及时空演进机理，这些研究的学者总体上对交通经济带的解释理念一致，认为交通经济带是以交通干线或综合运输通道为发展主轴，以轴上或其吸引范围内大中城市为依托，以发达产业特别是第二、第三产业为主体的发达带状经济区域。由该概念可以发现形成交通经济带要有三个基本要素：交通运输干线或综合运输通道、以工业和商贸业为主的三次产业、沿线分布的经济中心和大中城市，这三个要素相辅相成、相互作用形成多环正反馈作用机制才会形成交通经济带。从依托的交通运输干线来看，主要有沿海型、沿江（河）型、沿路型（铁路和公路）及综合运输通道型交通经济带。

　　交通经济带是一个由产业、人口、资源、信息、城镇、客货流要素等集聚而成的具有耗散结构的带状空间经济系统，通过内部要素的相互作用和与外部系统的物质、能量、信息的频繁交换维持自身的存在，并在一定条件下形成新的、稳定的有序结构（古璇等，2018）。因此，交通经济带在横向和纵向联系中随着工业化和运输化的逐步发展而相应演进，其发展始终伴随着人口、产业、城镇、信息等要素在空间上沿交通干线、综合运输通道的大规模集聚和扩散，不断体现出对沿线区域经济系统的影响和作用。

　　综上所述，"增长极"理论告诉我们，区域经济的最初发展过程是依托于"节点"的集聚与扩散效应由点到面、由局部到全局的拓展过程；"生长轴"理论充分肯定了合理布局的交通干线对区域经济发展的引导作用，为交通与区域经济发展相关研究提供了路径和思路；"点—轴系统"理论表明"点"和"轴"的合理布局和建设有利于促进沿线区域或国际经济要素的聚散，带动沿线区域贸易流通和经济发展；交通经济带充分体现了交通干线、综合运输通道的大规模集聚和扩散对沿线区域经济发展的影响。以跨境交通运输干线为主要依托，并联通沿线多国、多经济中心、多个物流节点的国际物流通道给沿线国家与地区的经济活动及各要素的空间活动提供了最方便、快捷的通路和载体，不仅可以降低物流成本、提升物流效率以支撑各国贸易流通，还可以带动沿线国家经济增长，进而促使要素的空间活动沿通道的方向以更高效率进行并在沿线形成更大规模的聚散效应，最终必然形成依托国际物流通道的经济带。因此，上述相关通道经济理论为本书研究国际物流通道联通对沿线国家经济发展、国际贸易流通等影响奠定了良好的理论基础。

三、区域经济一体化理论

经济学家普遍认为，任何旨在减少国家间贸易壁垒的政策设计所涵盖的经济空间都可以被称为区域，因此贸易协定或关税同盟所限定的范围决定了区域的边界（王珏和陈雯，2013）。1954 年，荷兰经济学家 Tinbergen 提出了区域经济一体化的概念，认为区域经济一体化是地区之间弱化和消除阻碍资源和要素自由流动的各种人为障碍，以实现区域的协调发展。Balassa（1961）提出区域经济一体化既是消除各国之间经济差别待遇措施的过程，也是上述差别待遇消失的一种状态，并将其过程分为贸易一体化、要素一体化、政策一体化和完全一体化四个阶段。罗布森（2001）则以地理范围为依据将经济一体化分为国家经济一体化、国际经济一体化和世界经济一体化三个不同层次，但区域经济一体化并未形成统一的定义。后续学者基于前人研究总结出区域经济一体化的概念，即区域经济一体化是指地理位置邻近的两个或两个以上地区（国家），以获取区域内地区间的经济集聚效应和互补效应为宗旨，通过建立共同的协调机制，制定统一的经济贸易政策，消除相互之间的贸易壁垒，逐步实现区域内资源的优化配置，并最终促进区域经济协调、可持续发展。区域经济一体化的实质是降低区域内交易成本，使产品、要素自由流动，并在市场作用下形成资源的最优配置（黄森，2014；孙久文和姚鹏，2015）。

关于区域经济一体化的理论研究开始于 20 世纪 50 年代，到 20 世纪末相关成果已经颇为丰富。梁双陆和程小军（2007）将关税同盟理论、自由贸易区理论、共同市场理论、协议性国际分工原理和综合发展战略理论作为国际区域经济一体化的代表性理论，这些理论的研究也反映了区域经济一体化的推进程度。其中，Viner（1950）指出，关税同盟一定可以增加成员国的福利，任何形式的区域经济一体化对于成员国和集团外国家都将产生一定的影响，这就是区域经济一体化效应，并提出了用"贸易创造"和"贸易转移"效应判断区域经济一体化是否成功。Robson（1984）将关税同盟理论应用于自由贸易区，提出了专门的自由贸易区理论，自由贸易区也可以产生贸易创造效应和贸易转移效应。Robson 等从发展中国家的实际情况出发提出了专门适用于南南型国际区域经济一体化的模型，刘力和宋少华（2002）基于此模型分析了亚洲、非洲和拉丁美洲等地区南南型国际区域经济一体化状况，发现南南型国际区域经济一体化的绩效是"糟糕的纪录"。共同市场理论主要是在关税同盟的基础上探讨消除生产要素自由流动的障碍以后成员国所获得的经济效应，当区域经济一体化演进到共同市场之后，区内不仅实现了贸易自由化，而且其要素可以在区内自由流动，从而形成一种超越国界的大市场，如欧盟（梁双陆和程小军，2007）。国际区域经济一体化的目的是通过大市场化实现规模经济，实际上是长期成本递减的问题，小岛清（1987）为了说明此问题提出了协议性国际分工原理，并证明了协议各国都享受到了规模经济。在国际区域经济一体化的推进中，发展中国家和谁实行经济一体化以及如何实行经济一体化受到关注，最具代表性的是 Cizelj（1983）提出的"综合发展战略理论"，即把发展中国家的国际区域经济一体化视为一种发展战略，它不限于市场的统一，并认为生产和基础设施是其区域经济一体化的基本领域，应通过区域工业化来加强相互依存性，并强调有效的政府干预，把区域经济一体化看作集体自力更生的手段和按照新秩序逐渐变革世界经济的要素。

区域经济一体化理论中的"综合发展战略理论"强调了基础设施在国际区域经济一体化中的作用。实际上，区域经济一体化是多种因素综合影响的结果，如地理距离、经济规模、资源要素禀赋差异等经济因素会对一国的贸易产生影响，从而影响两经济体之间的区域经济一体化（Baier and Bergstrand，2004），还有国家之间的边界、政策的稳定性、邻近国家数量及进口关税等也会影响国际区域经济一体化（Jayathilaka and Keembiyahetti，2009）。其中，重视交通基础设施对国际区域经济一体化重要性的最早研究是 Venables 和 Limão（2002），研究发现，交通基础设施建设的不足使发展中国家在贸易中面临较高的运输成本，会在一定程度上阻碍区域经济一体化发展。Behrens（2011）认为，一个国家的基础设施会对区域经济一体化及其区域经济不平等产生影响，一个拥有更好交通基础设施的国家会因为交通运输成本降低而取得更大的国际贸易流量，从而更容易取得区域经济的均衡发展和实现区域经济一体化。

由此可见，互联互通的国际物流通道可以降低物流成本、提升物流效率，不仅可以支撑沿线各国贸易流通，带动沿线国家经济增长，而且可以降低国家之间的边界屏蔽效应并提升其中介作用，促进各经济要素流通而增强沿线各国之间的紧密联系，从而推进沿线国际区域经济一体化。

第二节　国际物流通道联通的区域经济效应影响机制

前文分析了在国际或区际产业分工、联系、国际贸易畅通、大规模干线物流及远程物流服务等因素的共同影响下，为了实现国际货运、提升全程跨境物流服务效率，推动了国际货运通道、信息服务通道、通关服务通道的互联互通，最终相互作用、相互影响促进了国际物流通道的联通。本书明确了国际物流通道是一个跨国（境）综合物流服务系统和"大道"系统，也是区域空间经济系统的重要组成要素和物流系统的子系统。因此，本书将国际物流通道置于区域经济空间的宏观视角，深入关注和研究跨国（境）的大区域经济空间系统中骨干物流服务系统对沿线区域经济发展产生的影响。基于此，本书基于交通区位论、通道经济相关理论及区域经济一体化理论中交通运输通道等基础设施的作用，概括出国际物流通道联通的区域经济效应的影响机制，如图 2-1 所示。

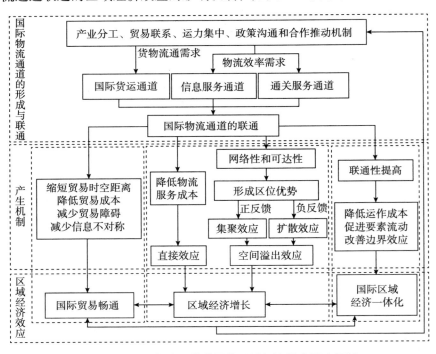

图 2-1　国际物流通道联通的区域经济效应影响机制

一、国际物流通道联通的国际贸易效应影响机制

国际贸易畅通涉及的环节和主体多，因此其影响因素众多，但国际物流通道无疑是实现沿线国家国际贸易流通的重要依托。本书定义的国际物流通道是一个由国际货运通道、信息服务通道和通关服务通道相互作用形成的骨干综合物流服务系统。

第一，国际物流通道联通改善运力水平和服务时效，缩短贸易时空距离。国际物流通道作为沿线国家和地区之间经贸联系的骨干综合物流服务系统，其互联互通是建立在沿线不同国家和地区的物流节点与物流节点之间、物流节点与运输干线之间在贸易政策沟通、关税壁垒降低等基础上的。因此，随着干线资源的集中和运力的增强，国际物流通道不仅可以满足全程大规模的货运需求，而且可以在沿线各国和地区的重要物流节点完成各项物流服务功能，而各环节之间的作业及各项事务通过通信网络实现实时的物流信息协调、指挥和控制而完成，同时借助于高效的通关服务效率，可以大大降低时间成本和有效缩短货物贸易在途的时空距离，从而降低贸易成本，加速国际贸易畅通。

第二，国际物流通道联通增加贸易便利化，降低国际贸易成本。贸易便利化的本质在于简化海关程序和减少通关时间、降低交易成本、加快贸易要素的跨境流动，促进国际贸易发展。为测度国家贸易便利化水平，学者构建了相应的指标体系，其中以 Wilson 等（2003）建立的指标体系最具代表性，该指标体系包括口岸效率、关税环境、基础设施及服务、信息和通信技术、商务环境五个一级指标。由该指标体系可以看出，口岸效率、基础设施及服务、信息和通信技术均为衡量国际物流通道联通水平的重要指标，因此国际物流通道联通有利于促进沿线国家之间的通达性，提高物流服务效率，减少物流时间并降低运输成本和贸易成本，增加贸易便利化和国际贸易流通量。

第三，国际物流通道联通优化贸易基础设施环境，减少贸易障碍。互联互通的国际物流通道有助于沿线国家和地区对外干线通道的打通，同时有助于沿线国家和地区联通干线通道的集疏运体系的布局和完善、信息基础设施的投入和建设、通关条件的改善等，即从多个领域优化了沿线国家和地区的贸易环境，进而可以有效地减少贸易过程中从支线到物流节点、从物流节点到干线物流通道之间如转运、集装、通关等各环节的贸易障碍，即国际物流通道的联通在国际贸易中发挥了"润滑剂"的作用。此外，前文已经分析过，联通性良好的国际物流通道不仅可以提高全程物流效率，缩短时空距离，降低贸易中的不确定性，同时还可以保证物流服务质量，有效降低物流过程中的破损率，减少贸易双方的争议、误解和贸易摩擦，从而促进国际贸易畅通。

第四，国际物流通道联通实现全程信息跟踪，减少物流及贸易信息不对称。通信技术、网络信息技术的发展，使现代物流运作具有信息化、网络化的等基本特征。因此，国际物流通道联通是建立在信息通道联通基础上的，即沿线国家各类通信线路联通是保障信息流畅通的前提，也是实现国际物流全程服务中在途和在物流节点各项物流活动信息跟踪以及各物流环节之间实现无缝衔接的协调控制的基本保障。由此可见，在国际物流通道支撑下国际贸易畅通过程中不仅可以实现物流信息的实时传递，而且通过各环节的信息共享，积极消除贸易双方的信息不对称问题，有助于避免贸易过程中可能存在的风险，使贸易合作更易达成，进而推动了国际贸易繁荣发展。

综上所述，联通性良好的国际物流通道能够降低沿线国际物流时间、提高物流效率、缩短贸易时空距离、增强贸易便利化、降低贸易成本，优化贸易基础设施环境、减少贸易障碍，并通过信息通道建设和物流信息化、网络化实现全程物流信息跟踪、贸易信息共享，减少了信息的不对称，从而有效地促进了国际物流通道沿线国家和地区的国际贸易畅通（施震凯，2018）。

二、国际物流通道联通对区域经济增长的影响机制

早在 20 世纪 40 年代，经济学家就开始重视交通基础设施对经济发展的作用，认为交通运输基础设施是一种先行社会资本，必须优先发展，也是实现"经济起飞"的一个重要前提条件（Rosenstein－Rodan，1943；Rostow，1960）。因此，交通基础设施先行建设是促进区域经济流通和发展的前提，包括基础设施投资的短期乘数效应和挤出效应、长期建设带来的直接效应和间接效应。同时交通区位论、"增长极"、"生长轴"和"点—轴系统"等通道经济理论充分重视并论证了干线交通基础设施、运输通道、物流通道对沿线区域经济发展的重要性，且主要注重长期效应的分析。基于此，本章从长期效应的角度关注国际物流通道对区域经济发展的影响，即关注国际物流通道联通可能对沿线区域经济增长产生的直接效应和间接（空间溢出）效应。

（一）国际物流通道联通对区域经济增长的直接效应

国际物流通道是贯通沿线国家的骨干综合物流服务系统，是通过互联互通的交通运输、通信、通关等基础设施投资和建设后形成的，不仅可以集中承运沿线大量的货物，而且可以在沿线主要物流节点上完成各项物流基本功能，并实现信息处理及通关服务等增值性物流服务功能，促进各环节之间的有效衔接，从而提高全程物流服务效率和降低物流服务成本。

第一，从微观层面来看，国际物流通道本身是一种公共基础设施，联通性良好的国际物流通道成为沿线国家和地区经贸流通的动脉，高效的物流服务使商品、生产要素等流动成本降低，从而降低企业运营成本、国际贸易流通成本，扩大企业生产、贸易的利润空间，直接促进本国或本地区域经济增长。

第二，从宏观层面来看，国际物流通道是贯通沿线国家的骨干综合物流服务系统，不仅综合物流服务能力强，同时具有长距离、大规模物流运作的优势，从而带来规模经济效应，降低物流服务成本，对沿线国家经济发展起到积极的推动作用。

（二）国际物流通道联通对区域经济增长的间接（空间溢出）效应

从国际物流通道的属性来看，与交通、通信基础设施一样，国际物流通道具有网络性。前文中关于物流通道的形成过程表明，物流通道发展到一定阶段，物流通道与沿线交通运输支线交汇，在区域空间中形成物流网络，借助该网络将各个区域的经济活动连成一个整体。国际物流通道是贯通沿线国家的骨干综合物流服务系统，该骨干系统通过与各国和地区、各主要物流节点联通形成更完善的、服务于沿线国家的区域物流网络系统，不仅可以实现各国之间的贸易畅通，而且通过区域物流网络系统提升了干线物流和集疏运效率，从而改变了沿线区域物流服务的可达性。

基于交通区位论和通道经济相关理论，国际物流通道的联通可以改善全程物流服务通达性，加强沿线物流、信息、商流及相关经济活动的凝聚力，甚至改变沿线经济行为主体的经济区位选择，从而形成区位优势，有利于促进产业分工、贸易流通及其专业化发展，进一步促成资源整合、经济集聚的形成，使该沿线区域经济发展快于其他区域，即国际物流通道成为增长轴会带动沿线各类要素的不断集聚，正反馈产生集聚效应，从而对本地产生空间溢出效应，进一步提升沿线国家经济发展水平。但集聚效应和溢出效应强化本国或本区域经济发展的同时，因为产业和人口、资源等集聚规模过大，就会产生交通拥堵、资源紧张、空间发展受限等问题，从而促使聚集区向外进行渐进式扩散以取得社会经济运行的动力，即负反馈产生扩散效应。国际物流通道联通性水平越高，越有利于各类生产要素向沿线其他国家和地区扩散，从而对沿线国家和地区产生正向溢出效应，带动沿线相关国家和地区的经济增长。因此，国际物流通道联通对区域经济增长的空间溢出效应是一个长期的过程，会呈现先集聚再扩散，最终实现动态均衡的变化规律，其集聚效应和扩散效应最终会共同决定国际物流通道联通的空间溢出效应（刘晓雷，2016；胡煜，2016）。

然而，联通性良好的国际物流通道不一定能保证沿线落后国家和地区一定能吸收发达国家和地区的扩散效应。国际物流通道的联通可能在一定时期内无法发挥增长轴的扩散效应，因此国际物流通道联通可能对沿线落后国家和地区经济增长起到负向空间溢出效应（张学良，2012）。

此外，以交通干线、物流节点和通信基础设施为基础的国际物流通道与一般公共基础设施一样，都属于公共物品，因此具有外部性和非排他性。当国际物流通道联通后，不仅会为本国、本地经贸流通服务，也会为沿线其他相关国家和地区提供物流服务，这也是国际物流通道联通产生空间溢出效应的基础之一。因此，作为公共服务设施的国际物流通道联通同样通过改善通达性并发挥区位优势来实现集聚的外部性，即产生正向空间溢出效应。但大型国际物流通道建设也可能短期会破坏当地的自然环境和人文环境，从而对本国或本地产生负向溢出效应。因此，国际物流通道联通可能同时存在正外部性和负外部性（刘玉海，2012；范月娇，2018）。

三、国际物流通道联通对区域经济一体化的影响机制

国际物流通道的联通是在国际货运通道、信息通道和通关服务通道联通的相互作用下形成的一个联通沿线国家和地区的骨干综合物流服务系统，不仅可以缩短时空距离，即压缩运输时间、打破国家间的地理阻隔，从而降低物流运作成本和贸易成本，增强沿线国际贸易流通的可达性，扩大贸易规模，加强了沿线国家和地区之间的有效联系，有助于国际区域经济一体化发展。

第一，国际物流通道联通性的提高有助于降低整体运作成本，促进区域经济一体化。一方面，从国际物流通道本身来看，骨干综合物流服务系统是通过联通的通信网络实时传递物流信息及相关事务信息，以协调、指挥和控制全程各环节之间的物流作业活动有效衔接，同时借助于高效的通关服务效率，可以大大降低物流全程运作时间，提交物流服务效率，降低物流成本，有利于国际贸易活动依托于该通道获取高效流通服务。因此，国际物流通道联通为区域经济一体化发展

提供了必要的物质基础和支撑（董锁成等，2014）。另一方面，从国际物流通道联通对沿线区域影响的角度来看，干线物流通道不仅可以提升物流服务效率、降低物流成本，而且可以产生规模效应，降低沿线国家和地区的国际贸易成本。一个国际物流通道联通性良好的国家和地区会因为物流成本、贸易成本的降低而取得更大的国际贸易流和更多的国际贸易联系，从而有助于取得区域经济的均衡发展和实现区域经济一体化（Behrens，2011）

　　第二，国际物流通道联通可以降低要素的流动成本，促进要素流动，改善边界效应，增强国家间有效联系，有助于推动国际区域经济一体化。如上所述，国际物流成本下降会降低要素的流动成本，提高国家间在地域空间上联系的便利性。基于"点—轴系统"理论，国际物流通道联通性的提高可以改善区位优势，促使各生产要素沿通道形成集聚效应和扩散效应，使产品及相关技术、信息等资源要素的流动障碍减少，沿着国际物流通道的沿线带状区域扩散，打破国家之间的地理空间阻隔和贸易壁垒，从而降低边界屏蔽效应，提升边界中介效应（梁双陆和张梅，2016），有利于实现要素和信息的共享，在强化各自区位优势的同时可以实现优势互补，加强沿线国家之间经贸上的合作和交流，最终促进区域经济一体化。

中篇

现状研究

第三章 "一带一路"国际物流通道建设及沿线国家概况

第一节 共建"一带一路"下的基础设施互联互通

一、共建"一带一路"倡议的提出

德国近代地貌学创始人、地理学家、地质学家李希霍芬于 1868~1872 年对中国进行了详尽的地理考察，并在 1877 年出版了巨著——《中国》。该著作将中国与中亚、中国与印度在公元前 114 年至公元 127 年以丝绸贸易为媒介建立的联系通道称为"丝绸之路"，即首次提出了"丝绸之路"一词。1910 年，德国东洋历史学家赫尔曼在考察的基础上出版了《中国与叙利亚之间的古代丝绸之路》一书，该书将李希霍芬提出的"丝绸之路"范围延伸到地中海西岸和小亚细亚，拓展了古代"丝绸之路"的贯通范围。直到 1938 年，瑞典探险家斯文·赫定撰写了名为《丝绸之路》的著作，使"丝绸之路"的名字广为人知。上述研究表明，"丝绸之路"是中国古代经中亚通往南亚、西亚，以及欧洲、北非的货物贸易通道（徐照林等，2016；毛保华，2018；刘进宝，2018）。从货物贸易依托的路径和运输方式来看，古代丝绸之路主要分为陆上丝绸之路和海上丝绸之路。

陆上丝绸之路始于先秦、兴于汉代、盛于唐代，延续两千余年，以长安（今西安）为起点，经甘肃、新疆到中亚、西亚，由东往西延伸并连接地中海，成为贯通亚欧大陆的陆上通道；后经拓展形成东线、中线和西线三条陆上通道，使当时世界陆地面积 1/3 的亚欧大陆实现了贸易互通。在隋唐以前，发端于秦汉时期的海上丝绸之路基本是陆上丝绸之路的一种补充。但随着战乱、陆上自然环境恶化的阻隔和海上贸易的兴起，特别是唐宋时代造船、航海技术的迅速发展，商船远航能力大为增强，便有了明代中国航海家郑和率领庞大商船队七下西洋的盛况。自此，海上丝绸之路逐步取代了陆上丝绸之路进入繁盛时期，也促使了当时中国的经济重心南移至广州、泉州、宁波等地。海上丝绸之路主要有东向（东海丝路）和西向（南海丝路）两条航线，东海丝路是从中国东北部沿海出发，经渤海或黄海或东海到达朝鲜，再渡朝鲜海峡，最终抵达日本的贸易航线；南海丝路是从中国东南沿海出发，经南海、印度洋至西亚、非洲的贸易航线，是当时中国对外交往的主要通道，广州、泉州、宁波、杭州港为当时的世界级对外港口。古代丝绸之路将东西方两大文明联系在一起，是以输出中国丝绸而得名的古代重要商道。千百年来，从丝绸之路上输出的不仅有丝绸等丝织品，还有当时中国盛产的漆器、瓷器、铁器、茶叶等，中国古代四大发明造纸、指南针、火药、印刷术也是由此路传入欧洲的；由西方输入中国的主要有皮毛、亚棉花、葡萄、石榴、胡桃、芝麻、黄瓜、大蒜、胡萝卜、无花果和大宛马等农产品和特色牲畜，宝石、玻璃等工业产品，以及文化方面的佛教、乐器等。因此，古代丝绸之路是当时绵延数千公里、连接中国对外的重要贸易通道。但到了清代末期，由于战乱、外强入侵、海禁政策等，严重制约了丝绸之路的发展，也使海上丝绸之路从此衰落（国家文物局，2014）。

自古代丝绸之路衰落之后，重振丝绸之路成为诸多丝绸之路沿线国家的共同愿望。联合国计划开发署（UNDP）较早提出了建设欧亚大陆桥铁路通道，将欧洲与亚洲陆上与海上运输联结起来的"丝绸之路"复兴计划。此后，还有日本的"丝绸之路外交"战略、美国的"新丝绸之路"计划、俄罗斯的"新丝绸之路"、伊朗的"铁路丝绸之路"及哈萨克斯坦的"新丝绸之路"项目等（王义桅，2017）。斯文·赫定在《丝绸之路》一书中描述："这条交通干线是穿越整个旧世界的最长的路，从文化和历史的观点看，这是联结地球上存在过的各民族和各大陆的最重要的纽带……中国政府如能将丝绸之路复苏，并使用现代交通手段，必将对人类有所贡献，同时也为自己树起一座丰碑。"这是非常有远见的，也是中国国家主席习近平提出的"中华民族伟大复兴的中国梦"之一，中国重新开通丝绸之路之时便是这个古老民族的复兴之始。因此，习近平主席于2013 年 9 月 7 日在哈萨克斯坦发表了题为《弘扬人民友谊共创美好未来》的重要演讲，并倡议共同建设"丝绸之路经济带"；紧接着于 2013 年 10 月 3 日在印度尼西亚国会发表了题为《携手建设中国—东盟命运共同体》的重要演讲，倡议筹建亚洲基础设施投资银行，与东盟国家共同建设"21 世纪海上丝绸之路"。"丝绸之路经济带"和"21 世纪海上丝绸之路"合称为"一带一路"。

中国提出共建"一带一路"是基于古代丝绸之路的历史符号，为古已有之的陆上丝绸之路和海上丝绸之路赋予全新的意义，是在历史纽带和传统友谊的基础上，为实现多元、自主、平衡和可持续发展而提出的中国方案（王义桅，2017）。为深化与沿线国家各国建立平等均衡的新型发展伙伴关系，为世界经济复苏、发展与稳定、和平合作夯实基础，致力于维护全球自由贸易体系和开放型世界经济。因此，共建"一带一路"倡议及其核心理念得到了国际社会的认可。例如，上海合作组织于 2015 年 7 月发表了支持建设"丝绸之路经济带"倡议的《上海合作组织成员国元首乌法宣言》；2016 年 9 月，20 国领导人峰会通过了关于建立"全球基础设施互联互通联盟"倡议①；2016 年 11 月，联合国 193 个会员国协商一致通过欢迎共建"一带一路"等经济合作倡议的决议，并呼吁国际社会为"一带一路"建设提供安全保障环境；联合国安理会于 2017 年 3 月一致通过了第 2344 号决议，呼吁国际社会通过"一带一路"建设加强区域经济合作；2018 年，《关于"一带一路"倡议的特别声明》、《中阿合作共建"一带一路"行动宣言》和《关于构建更加紧密的中非命运共同体的北京宣言》等重要成果文件②相继通过。截至 2023 年 6 月，中国已经同 152 个国家和 32 个国际组织签署了 200 余份共建"一带一路"合作文件③。国际上的认可将有力推动"一带一路"建设向高质量快速迈进。

二、共建"一带一路"与基础设施互联互通

（一）共建"一带一路"的原则与框架

2015 年 3 月，国家发展改革委、外交部、商务部联合发布了《推动共建丝绸之路经济带和 21 世纪海上丝绸之路的愿景与行动》（以下简称《愿景与行

---

① G20 为撬动全球基础设施投资做出新贡献 [EB/OL]. [2016-08-31]. https://www.gov.cn/xinwen/2016-08/31/content_5103959.htm.

② 共建"一带一路"倡议：进展、贡献与展望 [EB/OL]. [2019-04-22]. https://www.yidaiyilu.gov.cn/p/86708.html.

③ 我国已与 152 个国家、32 个国际组织签署共建"一带一路"合作文件 [EB/OL]. [2023-09-28]. https://baijiahao.baidu.com/s?id=1775177397232097767&wfr=spider&for=pc.

动》）以推进共建"一带一路"倡议建设，让古代丝绸之路复兴并以新的形式联通亚欧非，使沿线各国互利合作迈向新的历史高度。《愿景与行动》明确提出了中国共建"一带一路"倡议遵循"共商共建共享"的原则，秉持和平合作、开放包容、互学互鉴、互利共赢的理念，全方位推进务实合作，打造政治互信、经济融合、文化包容的利益共同体、命运共同体和责任共同体。

基于但不限于古代丝绸之路开辟的通道所延伸的地理空间范围，《愿景与行动》确定了"一带一路"建设的框架思路和主要走向："一带"即丝绸之路经济带，重点畅通三个主要走向——中国经中亚、俄罗斯至欧洲（波罗的海）、中国经中亚、西亚至波斯湾、地中海，中国至东南亚、南亚、印度洋；"一路"即21世纪海上丝绸之路，重点畅通两个走向——从中国沿海港口过南海到印度洋，延伸至欧洲，以及从中国沿海港口到南太平洋。由此可见，"一带一路"贯通亚非欧大陆，连接了活跃的东亚经济圈和发达的欧洲经济圈，中间跨越了经济发展潜力巨大的广大腹地国家，被认为是世界上最长、最具发展潜力的通道。在共建"一带一路"倡议下，陆上依托国际大通道，以沿线中心城市为支撑，以重点经贸产业园区为合作平台，共同打造新亚欧大陆桥、中蒙俄、中国—中亚—西亚、中国—中南半岛、孟中印缅和中巴六条国际经济合作走廊；海上以重点港口为节点，共同建设通畅安全高效的运输大通道（国家发展改革委等，2015）。

（二）设施联通是共建"一带一路"合作重点及优先建设领域

《愿景与行动》提出共建"一带一路"合作重点内容为"五通"，即政策沟通、设施联通、贸易畅通、资金融通和民心相通。其中，设施互联互通是共建"一带一路"合作的重要内容之一和优先建设领域，设施联通主要包括交通、通信和能源设施，而其中交通设施联通是贸易畅通的前提基础。因此，《愿景与行动》提出，在尊重相关国家主权和安全关切的基础上，沿线国家宜共同推动国际骨干通道建设，逐步形成连接亚洲各次区域、亚非欧之间的基础设施网络，抓住交通基础设施的关键通道、关键节点和重点工程，优先打通缺失路段，畅通瓶颈路段，提升道路通道水平；推进建立统一的全程运输协调机制，促进国际通关、换装、多式联运有机衔接，逐步实现国际运输便利化；推动口岸基础设施建设，畅通水路联运通道，推进港口合作建设，增加海上航线和班次，加强海上物流信息化合作；拓展建立民航全面合作的平台和机制，加快提升航空基础设施水平。由此可见，《愿景与行动》中明确，为了促进"一带一路"沿线国家和地区的"互联互通"，应优先畅通海陆空国际物流通道，提升物流服务水平，从而实现沿线国家的贸易便利化。同时,《愿景与行动》还提出能源基础设施和通信基础设施也是"互联互通"的重要基础设施,其中共同推进跨境光缆等通信干线网络的建设,提升国际通信互联互通水平,畅通信息丝绸之路,不仅可以提升"一带一路"沿线国家之间各层面的信息流通与共享,同时可以支持国际物流服务通关电子化和网络化,并协调物流各环节之间实现衔接的无缝化(国家发展改革委等,2015)。

共建"一带一路"倡议提出以"五通"为倡议合作的主要内容,目前已经形成与多国(地区或组织)共商共建共享的合作局面。要实现共建"一带一路"合作和国际贸易畅通,交通基础设施的建设与互联互通是实现"六廊六路多国多港"主体框架联通的动脉。2019 年 4 月 26 日,习近平在第二届"一带一路"国际合作高峰论坛中指出在各方共同的努力下"六廊六路多国多港"的互联互通架构基本形成①,其中"六路"主要指公路、铁路、航运、航空、管道、空间综合信息网络的互联互通,"多港"是指与沿线国家共建一批重要港口,开通《上合组织成员国政府间国际道路运输便利化协定》规定的 6 条线路,推动实施《国际公路运输公约》(以下简称《TIR 公约》)。以共建"一带一路"为合作平台,目前,我国已与 19 个国家签署了 22 项国际道路运输便利化协定;与 66 个国家和地区签署了 70 个双边和区域海运协定,海运服务已覆盖沿线所有沿海国家,同时参与了希腊比雷埃夫斯港、斯里兰卡科伦坡港、巴基斯坦瓜达尔港等 34 个国家 42 座港口的建设和运营②;与 100 个国家签订双边政府间航空运输协定,与其中 54 个国家保持定期客货运通航,与东盟、欧盟签订区域性航空运输协定,与 22 个国家签署邮政合作文件。"六廊""六路""多港"在"多国"的参与下逐渐促进了共商共建共享的国际物流通道联通,为"一带一路"建设发挥了重要的基础和先行作用,为推动国家或区域间国际贸易、降低流动成本,以及促进跨域资源要素的有序流动和优化配置发挥了重要作用。

(三)共建"一带一路"倡议下设施互联互通的意义

第一,设施互联互通有助于提升沿线设施的比较优势和服务能力。刘卫东和刘志高(2016)提出共建"一带一路"需要实现海陆运输的空间组织,认为"一带一路"建设的一个突出特征是货物贸易的运输组织优化。近百年来,由于

① 高质量共建"一带一路"[N]. 人民日报,2019-04-28.
② "一带一路"交通互联互通稳步推进[N]. 人民日报,2021-12-03.

海运技术的不断发展，国际贸易主要是依托海上运输通道来完成的。海运的方便程度和成本优势是其他运输方式无法比拟的，但其缺陷是运输的时间成本高。从中国沿海港口到欧洲的海运时间一般在 30 天以上，而陆桥（铁路）运输的价格和时间成本介于海运和航空运输之间，但是要通过多个主权国家的海关，国际铁路运输往往手续烦琐。因此，"一带一路"建设中设施互联互通及贸易便利化等共建工作将有利于提高陆桥（铁路）运输通道的比较优势。同时，基础设施是许多"一带一路"沿线国家的短板，通过基础设施的投资建设和联通，有助于提升沿线国家基础设施的供给能力和服务水平（国务院发展研究中心"一带一路"课题组，2017）。

第二，设施联通有助于改善沿线区域经贸环境，促进经济要素跨境流动。"一带一路"沿线跨度大，联通的中亚、西亚有丰富的自然资源，东南亚、南亚及非洲有明显的劳动力资源和低成本优势，欧洲发达国家则有先进的技术及优势产品，而中国不仅拥有完备的产业体系，还拥有广阔的消费市场。因此，"一带一路"设施联通可以有效促进沿线不同国家和地区的资源、生产和市场实现相互对接，有助于沿线内陆国家破除"内陆锁定"和沿海国家拓展经济腹地。《第二届"一带一路"国际合作高峰论坛圆桌峰会联合公报》指出："为促进联动增长，我们支持构建全方位、复合型的基础设施互联互通，通过基础设施投资促进经济增长，改善民生；我们支持帮助陆锁国成为陆联国的政策措施，包括在过境安排及基础设施方面促进联通并加强合作。"因此，设施联通对改善沿线区域经贸环境，推动贸易流通和沿线区域经济的发展有重要意义。

第三，设施联通有助于加快国际区域经济一体化进程，促进全球治理体系改革。"一带一路"贯通沿线不同经济发展水平、不同基础设施条件及其社会环境各异的多个国家和地区，对于设施联通这样一个庞大的系统工程，需要参与"一带一路"建设的各国和地区进行战略对接和政策沟通，在规划设计、技术标准、组织管理、融资机制、利益分享等方面建立常态化的沟通机制，以保障交通运输与物流、通信、通关等方面基础设施的联通和高效运行。这必然对加快国际区域经济一体化进程，完善区域和全球治理体系产生积极的影响（国务院发展研究中心"一带一路"课题组，2017）。

第四，交通基础设施的互联互通对沿线国家和地区的经贸流通意义重大。交通基础设施的互联互通是"一带一路"建设的基础支撑和重要保障，具有"先行官"的作用。因此，《第二届"一带一路"国际合作高峰论坛圆桌峰会联合公报》强调应鼓励各国通过发展相互兼容和复合型的交通等设施建设，开发相互兼容的基础设施，增强各国在海陆空交通运输的联通，重视并开发跨区域交通和物流通道以促进沿线国家和地区的交流。同时，《共建"一带一路"倡议：进展、贡献与展望》指出，在尊重相关国家主权和安全关切的基础上，在"一带一路"共建国家共同努力下，以铁路、公路、航运、航空、管道、空间综合信息网络等为核心的全方位、多层次、复合型交通基础设施网络正在加快形成，区域间商品、资金、信息、技术等交易成本大大降低，畅通国际贸易，有效促进跨区域资源要素的有序流动和优化配置，实现了互利合作、共赢发展。

第二节　共建"一带一路"下国际物流通道的建设状况

一、共建"一带一路"下国际物流通道的概念与类型

（一）"一带一路"国际物流通道的概念

基于前文对物流通道、国际物流通道概念的认知，交通、通信及通关等基础设施的互联互通是国际物流通道联通的基础。"一带一路"国际物流通道是指随着经济和贸易全球化的发展、中国共建"一带一路"倡议的推进，以"一带一路"沿线的骨干铁路、公路、海运线路、航空线路等方向一致的运输干线及其沿线的物流园区或中心、保税物流园区或中心、铁路货运站、公路港、枢纽港口、空港等主要物流节点、物流设备等为主要要素构成的国际货运通道，以沿线通信线路为基础的信息通道和以效率化通关设施设备为基础通关服务通道等，在相关物流服务机构的有效管理下实现有机结合的"一带一路"沿线的跨国（境）综合物流服务系统。

因此，"一带一路"国际物流通道是一个陆上主要依托铁路和公路干线、海上主要依托航运干线、空中依托航空干线的具有时空距离和规模优势的"大道"系统，不仅依托"一带一路"互联互通的交通运输干线完成大规模的货物跨国（境）运输服务，同时通过沿线主要物流节点实现货物集散、存储、包装、装卸搬运、分拣、流通加工、信息处理等常规物流服务，同时完成海关查验、检验检

疫、国际货代、保税仓储、出口监管、集装箱业务等延伸性和增值性物流服务。"一带一路"国际物流通道联通对于提升沿线国家国际贸易的物流综合能力和服务水平、改善沿线区域经贸环境并促进经济要素跨境流动、加强沿线国家贸易联系与流通、促使沿线区域经济一体化发展都有重要作用。因此,"一带一路"国际物流通道既是一个骨干综合物流服务系统,也是服务于沿线带状区域经济空间的重要组成要素和物流系统的子系统。

(二)共建"一带一路"倡议下国际物流通道的划分

本书基于《愿景与行动》、《"一带一路"建设海上合作设想》及"十四五"规划中高质量建设"空中丝绸之路"等政策文件,并根据国际物流通道所处的地理空间位置,将其划分为陆丝国际物流通道、海丝国际物流通道和空丝国际物流通道,以期研究共建"一带一路"倡议下主要国际物流通道的建设及其发展。

1. 陆丝国际物流通道

《愿景与行动》指出,根据"一带一路"走向,陆上依托国际大通道,以沿线中心城市为支撑,与重点经贸产业园区位合作平台,共同打造新亚欧大陆桥、中蒙俄、中国—中亚—西亚、中国—中南半岛、中巴、孟中印缅六大国际经济合作走廊。本书以此为依据,将陆丝国际物流通道划分为新亚欧大陆桥国际物流通道、中蒙俄国际物流通道、中国—中亚—西亚国际物流通道、中国—中南半岛国际物流通道、中巴国际物流通道、孟中印缅国际物流通道六条进行进一步研究。

2. 海丝国际物流通道

《愿景与行动》中指出,海上丝绸之路走向是以重点港口为节点,从中国沿海过南海到印度洋再延伸到欧洲,以及从中国沿海过南海到南太平洋,共同建设畅通、安全、高效的运输大通道。为进一步与沿海国家加强战略对接与共同行动,推动建立全方位、多层次、宽领域的蓝色伙伴关系,共筑和繁荣 21 世纪海上丝绸之路,实现人海和谐、共同发展、共同增进的海洋福祉,2017 年国家发展改革委与国家海洋局联合制定并发布了《"一带一路"建设海上合作设想》。该合作设想以中国沿海经济带为支撑,在《愿景与行动》的基础上提出了建设三条蓝色经济通道:连接中国—中南半岛经济走廊、经南海向西进入印度洋、衔接中巴和孟中印缅经济走廊,共建中国—印度洋—非洲—地中海蓝色经济通道;经南海向南进入太平洋,共建中国—大洋洲—南太平洋蓝色经济通道;积极推动共建经北冰洋连接欧洲的蓝色经济通道。据此,本书将海丝国际物流通道划分为中欧海丝国际物流通道、中国—南太平洋海丝国际物流通道、中国—东北亚海丝国际物流通道三条进行研究，其中中国—东北亚海丝国际物流通道是冰上丝绸之路常年通航的一段。

3. 空丝国际物流通道

2013 年，河南省文化产业发展研究院向河南省委提交《依托"丝绸之路经济带"创意开拓"空中丝绸之路"》的建议。2017 年 6 月 14 日，习近平主席在会见卢森堡首相贝泰尔时表示中方支持建设郑州—卢森堡"空中丝绸之路"，这标志着郑州—卢森堡"双枢纽"合作模式由河南方案正式上升为国家战略，首次明确了"空中丝绸之路"的概念。自此，以国际航空线路和枢纽机场为依托的"空中丝绸之路"建设提上了议程，2022 年 2 月 6 日习近平主席会见卢森堡大公亨利时再次强调做大做强中卢货运航线"空中丝绸之路"，"十四五"规划中明确优化完善航空枢纽格局、加强航线网络互联互通、加强政策对接和标准联通、建立健全合作机制推动高质量建设"空中丝绸之路"①，目前，空丝国际物流通道正在积极推进和建设中。

由此可见，随着经济走廊、蓝色经济通道、空中丝绸之路的建设和推进，贯通经济走廊、蓝色经济通道和空中丝绸之路的国际物流通道的先行建设与互联互通，正在或即将成为服务于沿线国家和地区经济的流通动脉系统，使世界经贸流通的基础设施互联互通达到新水平和沿线各国经贸联系更加紧密，逐步形成覆盖亚非欧乃至全世界的海、陆、空"三位一体"的国际物流大通道体系。

二、"一带一路"国际物流通道的总体建设状况

共建"一带一路"倡议在政策沟通铺路、设施联通先行下推动贸易畅通。因此，"一带一路"国际物流通道的建设与发展离不开与共建国家的合作与相关政策沟通和推进机制的建设。为此，本书围绕共建"一带一路""五通"中的政策沟通、设施联通和贸易畅通，重点梳理设施联通中在政策沟通的影响下，以交通干线、重要物流节点以及通信和通关等要素为基础构成的"一带一路"国际物流通道的总体建设情况。

（一）陆丝国际物流通道的建设

陆丝国际物流通道是以铁路干线为主、公路为辅或公铁联运，以及铁路货

---

①　两部门发文推进"空中丝绸之路"建设高质量发展明确八方面任务 [EB/OL]．[2022-05-07]．https：//baijiahao．baidu．com/s？id=1732144971090336173&wfr=spider&for=pc．

站、（保税）物流园区或中心等为主体构成的"丝绸之路经济带"国际物流通道体系。自共建"一带一路"倡议提出以来，"丝绸之路经济带"的"六廊"在原有的沿线各国和地区干线交通基础设施建设基础上，与我国合作进行了"六廊"国际物流通道的联通性建设，主要通过铁路和公路干线联通沿线国家和地区以实现运输，并在沿线建设物流节点（铁路货站、物流园区、物流中心、保税物流园区或中心等）进行除运输以外的其他物流活动，支持沿线区域贸易流通。

1. 干线铁路联通的政策推动与建设状况

第一，中欧班列的开通促进了新亚欧大陆桥、中蒙俄经济走廊的重要国际物流流通。2015 年 3 月发布的《愿景与行动》提出了建立中欧通道铁路运输、口岸通关协调机制，打造"中欧班列"品牌，同年 7 月铁路合作组织公布修订的《国际铁路货物联运协定》取消了关于禁止铁路运送邮包专运物品的条款，这为中欧班列常态化运营消除了规章制度方面的限制。2016 年 10 月，推进"一带一路"建设工作领导小组办公室印发《中欧班列建设发展规划（2016—2020 年）》，历史上首次成立了中欧班列运输联合工作组以倡导和推动成立国际铁路合作机制；2017 年 4 月，中国、白俄罗斯、德国、哈萨克斯坦、蒙古国、波兰、俄罗斯七国铁路部门签署《关于深化中欧班列合作协议》，意味着中欧班列开行得到了认可和有力推动；2019 年，中欧班列运营企业共同签署《推进中欧班列高质量发展公约》，且中国于 2021 年出台了中欧班列发展政策体系，共同推进了中欧班列不同路线的陆续开通，成为中亚欧国家之间联通的骨干国际物流通道系统①。《中欧班列发展报告（2021）》显示，到 2021 年底，中欧班列已通达欧洲 23 个国家 180 个城市，累计开行 4.9 万列，运输货物 443.2 万标箱，已成为沿线国家广泛认同的国际公共物流产品（推进"一带一路"建设工作领导小组办公室，2022）。且在 2022 年，中欧班列又取得了令人瞩目的成绩，据统计，截至 2022 年底，中欧班列已通达欧洲 25 个国家 208 个城市，这些班列联通了中国境内 108 个城市，累计开行 6.5 万列，运送货物达 604 万标箱②。

第二，中亚班列也是目前中国联通中亚、西亚和南亚国家的重要铁路通道。中亚班列主要是通过连接中亚、西亚的阿拉山口、霍尔果斯口岸，连接蒙古国的

① 共建"一带一路"九周年成绩单［EB/OL］.［2022-10-01］. https：//www. yidaiyilu. gov. cn/p/281310. html.

② 十年来中欧班列已通达欧洲 208 个城市，累计开行突破 6.5 万列［N/OL］. 新京报，2023-03-17.

· 46 ·

二连浩特口岸，以及连接南亚的山腰、凭祥口岸，使从中国或经中国发往中亚五国以及西亚、南亚等国家的快速集装箱直达班列，为中国—中亚—西亚、中蒙俄、中国—中南半岛国际物流通道的主要干线铁路①。此外，中亚班列还承载经日本、韩国、东南亚等国过境中国的过境货物。截至2022年底，中国境内开通中亚班列的城市已超过30个，其中整箱业务的线路主要有：过阿拉山口口岸，往返中国各城市和哈萨克斯坦、乌兹别克斯坦、吉尔吉斯斯坦、塔吉克斯坦、土库曼斯坦、伊朗、阿富汗等中亚各国之间的中亚班列；过霍尔果斯口岸，往返中国各城市和哈萨克斯坦、里海、阿塞拜疆、格鲁吉亚、土耳其，直通部分欧洲国家的中亚班列；过凭祥口岸，往返于中国和越南河内之间的中亚班列等。

第三，与中国合作建设的部分国家的铁路干线已有明显成效。例如，中老铁路、中泰铁路、匈塞铁路干线等建设取得重大进展，泛亚铁路东线、巴基斯坦1号铁路干线、中吉乌铁路、中尼跨境铁路已得到积极推进②。实际上，共建"一带一路"倡议下交通基础设施互联互通的推进成效显著。例如，共建"一带一路"的标志性工程——中老铁路已于2021年底全线贯通，这条起于云南昆明止于老挝万象的国际铁路成了连接中国与东南亚的重要通道之一③；匈塞铁路作为中国与中东欧国家铁路快速通道的一部分，其贝诺段也于2022年3月开通④；中泰铁路项目持续推进，一期、二期工程建设完工后，将实现与中老铁路衔接⑤；中巴双方一致同意启动巴基斯坦1号铁路干线（ML-1）项目，建设卡拉奇至白沙瓦铁路线⑥；2022年9月中旬，中国、吉尔吉斯斯坦和乌兹别克斯坦签署了《关于中吉乌铁路建设项目（吉境内段）合作的谅解备忘录》，中吉乌铁路（吉境内段）于2023年秋季开建⑦。以上铁路都将成为各大经济走廊国际物流通道联通的组成部分，并将在其中发挥重要的作用。

① 胡晓蓉，刘昊亮．中亚班列为"一带一路"建设添动力［N］．云南日报，2021-01-17.
② 共建"一带一路"倡议：进展、贡献与展望［N］．人民日报，2019-04-23.
③ 中老铁路：高效便捷的国际物流"黄金通道"［N］．新华社，2022-09-22.
④ 匈塞铁路塞尔维亚境内贝诺段开通运营［EB/OL］．［2022-03-20］．https：//baijiahao. baidu. com/s？id=1727752518617758896&wfr=spider&for=pc.
⑤ 中泰铁路建设取得新进展，松嫩特大桥架设工作完成［EB/OL］．［2022-07-10］．https：// m. thepaper. cn/baijiahao_18953801.
⑥ 中巴经济走廊项目地图和项目概览政务［EB/OL］．［2021-07-15］．https：//m. thepaper. cn/bai-jiahao_13596907.
⑦ 中吉乌铁路贯通中亚新疆将形成新的发展格局［EB/OL］．［2022-10-08］．https：// baijiahao. baidu. com/s？id=1746094851129534605&wfr=spider&for=pc.

2. 公路联通的政策推动和建设状况

第一，为推进"一带一路"陆丝国际物流通道的联通，中国在国际公路运输便利化方面做了积极推动。我国于 2016 年 7 月加入联合国《TIR 公约》，应用此公约的跨境公路运输称为 TIR 运输，该公约于 2018 年 5 月正式在中国落地实施，使"丝绸之路经济带"陆上高效联通和贸易便利化迈出了重要的一步。获得 TIR 运输资质的企业凭一张单据，货物从发货仓库运输到目的地仓库，全程从装货、施封到拆封、卸货，沿途海关原则上不查验、不开箱，即可以在同样实施《TIR 公约》的 60 多个国家间畅通无阻，仅需要在始发地和目的地国家接受海关检查，这可大幅节省通关时间和运输成本①。随后，中国先后与蒙古国、哈萨克斯坦、老挝、白俄罗斯、格鲁吉亚等 19 个国家签署了 22 项双边、多边政府间国际道路运输便利化协定；分别与比利时、阿拉伯联合酋长国、法国签署机动车驾驶证互认换领双边协议；同尼泊尔签署过境运输议定书。《上合组织成员国政府间国际道路运输便利化协定》（以下简称《协定》）规划的中哈俄（两条线路）、中塔、中哈乌、吉塔俄、中吉 6 条国际道路运输线路已于 2020 年底如期正式开通②。

第二，在各项国际道路便利化协定的推动下，中蒙俄、中吉乌、中俄、中越国际道路直达运输陆续开通，合作建成白沙瓦—卡拉奇高速公路（苏库尔—木尔坦）、喀喇昆仑公路二期（赫韦利扬—塔科特）、昆曼公路、中俄黑河公路大桥等，公路建设与改造陆续成为"六廊"国际物流通道联通的公路干线。例如，中吉乌公路货运于 2018 年 2 月 25 日正式开始运行，该通道经吉尔吉斯斯坦共和国、乌兹别克斯坦共和国，总长 937 千米③；连接俄罗斯和中国、穿过蒙古国西部 745 千米的中蒙俄高速公路 AN-4 于 2022 年 10 月 31 日正式开通，进一步便利中蒙俄之间的陆路货物运输④，提升中蒙俄国际物流通道的联通性。

3. "六廊"沿线的主要物流节点也得到了快速推动和建设

第一，在国内，郑州、重庆、成都、西安和乌鲁木齐作为中欧班列的货物集散中心，在货源组织、运输组织及信息服务等方面先行，打造了服务优、效率高

① 国际公路运输为"一带一路"创造新活力［N］. 光明日报，2019-05-03.
② "一带一路"交通互联互通稳步推进［N］. 人民日报，2021-12-03.
③ 中吉乌国际公路货运正式运行——中亚再拓"一带一路"通道. 搜狗新闻［EB/OL］.［2018-02-27］. http://ydyl.china.com.cn/2018-02/27/content_50613736.htm.
④ 中蒙俄陆路通道建设再进一步［N］. 丝路新观察，2022-11-01.

且成本低的现代物流枢纽。

第二，在国外，位于欧洲中部的波兰是欧洲南北向和东西向运输的重要中转地——波兰铁路场站SPEDCONT是中欧沿线的物流集散枢纽，到罗兹的中欧班列货物可快速分拨到西欧各个国家；德国的汉诺威铁路物流枢纽组设了专门服务于集装箱列车的编组站，提升了西欧货物集散和转运能力。

第三，在中国共建"一带一路"倡议的推动下，中哈物流基地、莫斯科向日葵物流园区、乌兰察布七苏木中欧班列枢纽物流基地、满洲里综合保税区、广西靖西万生隆国际商贸物流中心、加尔各答国际物流基地、迪布鲁格尔物流园区等"六廊"沿线的枢纽型物流节点已陆续建成并部分投入运营，逐步推动实现"六廊"国际物流通道全程一体化物流服务（推进"一带一路"建设工作领导小组办公室，2022）。

（二）海丝国际物流通道的建设

海丝国际物流通道是以海运线路和港口为依托的"21世纪海上丝绸之路"国际物流通道体系。自共建"一带一路"倡议提出以来，"21世纪海上丝绸之路"的原有沿线各国和地区在海运交通基础设施建设基础上与我国合作，有力推进了海丝国际物流通道的联通性建设。此联通性建设主要通过海运干线联通沿线国家和地区以实现货物运输，并在沿海建设港口物流枢纽、保税物流节点等实现除运输以外的其他物流服务活动，支持沿线区域贸易流通。

1. 政策推动和海运航线建设状况

中国已与66个国家和地区签署70个双边和区域海运协定，目前海运服务覆盖沿线所有沿海国家，同时与26个国家（地区）签署单边或者双边承认船员证书协议，与新加坡签署电子证书谅解备忘录以便利船舶通关、引领和推进电子证书在全球航运业的应用进程①。此外，福建省作为"21世纪海上丝绸之路"的核心区，率先打造了以航运为主题的"一带一路"国际综合物流服务品牌和平台——"丝路海运"。"丝路海运"是由中远海运集团、福建港口集团共同倡议发起并于2018年12月成立的。2021年，《丝路海运通关及口岸服务标准》在"丝路海运"国际合作论坛上发布，该服务标准体系由船舶监管、港口作业、货物通关、政务与商事环境、信息化与无纸化、其他配套、海铁联运专项、疫情防控专项等指标组成，这是国际上首个对国际海运集装箱货物全程通关及口岸服务

---

① "一带一路"交通互联互通稳步推进［N］. 人民日报，2021-12-03.

状况进行系统、全面评估的指标体系，该标准的推行将有力推动丝路海运。据统计，截至 2022 年 9 月，以"丝路海运"命名的航线已达 94 条，覆盖了我国由北到南的天津港、大连港、青岛港、福州港、厦门港、广州港、钦州港 7 座港口，通达东北亚、东南亚、南亚、中东、非洲、欧洲的 31 个国家和地区的 108 座港口①，累计开行超过 9000 艘次，集装箱吞吐量已超过 1000 万标箱，"丝路海运"联盟成员单位超 250 家②。

2. 港口合作推动建设与运营状况

第一，在中国港口方面。截至 2022 年底，全球港口集装箱吞吐量前十位中，中国占 7 席，依次为上海港（4730 万 TEU）、宁波—舟山港（3335 万 TEU）、深圳港（3004 万 TEU）、青岛港（2567 万 TEU）、广州港（2486 万 TEU）、天津港（2102 万 TEU）、香港港（1657 万 TEU）。全球港口货物吞吐量前十位中，中国占了 8 席，依次为宁波—舟山港（122405 万吨）、上海港（76970 万吨）、唐山港（72240 万吨）、青岛港（63029 万吨）、广州港（62367 万吨）、苏州港（56590 万吨）、日照港（54117 万吨）、天津港（52954 万吨），并且全球 50 大港口中中国有 29 个③，中国港口货物吞吐量占据了全球港口的半壁江山，目前已经建成了环渤海、长江三角洲、东南沿海、珠江三角洲、西南沿海地区五大沿海港口群，中国已经连续六年保持世界第一货物贸易国的地位，与 100 多个国家和地区的主要港口建立了海运航线联系，成为全球海运连接度最高的国家④。同时，截至 2022 年底，我国已经建成全自动化集装箱码头 14 个，在建 10 余个，均居世界首位⑤，这标志着中国港口在向世界先进、一流港口迈进。

第二，中国参与了 34 个国家 42 个港口的建设经营，目前部分已开港运营，已遍布全球五大洲。中国参与投资建设或运营的主要港口或码头为：①在亚洲，东南亚主要有新加坡的中远—新港码头、马来西亚的关丹港和黄京港、文莱的摩

① "丝路海运"第十批命名航线发布 [EB/OL]. [2022－09－09]. https：//www. cnr. cn/fj/gstjfj/20220909/t20220909_526003531. shtml.

② 丝路海运：打造"陆海内外联动东西双向互济"的国际贸易新通道 [EB/OL]. [2022－12－08]. https：//ftz. fujian. gov. cn/article/index/gid/29/aid/20076. html.

③ 2022 年全球集装箱港口 50 强！中国占据近三分之一 [EB/OL]. [2023－01－16]. https：//baijiahao. baidu. com/s？id=1761116737176568824&wfr=spider&for=pc.

④ 我国水运基础设施总体规模保持世界第一 [EB/OL]. [2022－08－26]. https：//baijiahao. baidu. com/s？id=1742183346852184381&wfr=spider&for=pc.

⑤ 万盏灯亮中国｜从港口出发，与世界相连！全球港口吞吐量前十名中国占 8 席. [2023－03－02]. https：//baijiahao. baidu. com/s？id=1759272691509493318&wfr=spider&for=pc.

拉港，南亚有斯里兰卡的科伦坡港和汉班托塔港、缅甸的皎漂港、巴基斯坦的瓜达尔港，西亚有阿联酋的阿布扎比哈里法码头、土耳其的 Kumport 港、以色列的海法新港等；②在非洲，北非主要有吉布提的吉布提港、埃及的苏伊士运河码头、苏丹的苏丹港牲畜码头，西非有多哥洛美集装箱码头、尼日利亚庭堪国际集装箱码头、博凯矿业码头、喀麦隆克里比深水港集装箱泊位，东非有坦桑尼亚巴加莫约港等；③在欧洲，主要有希腊的比雷埃夫斯港、比利时的安特卫普港和泽布吕赫港、荷兰的鹿特丹港 Euromax 码头、意大利的瓦多码头、法国的 Terminal Link 码头、西班牙的 Noatum 港口等；④在大洋洲，主要有澳大利亚的墨尔本港、纽卡斯尔港和达尔文港；⑤在美洲，北美主要有西雅图码头，拉丁美洲有巴拿马玛格丽特岛港、巴西巴拉那瓜港和秘鲁钱凯码头等①。由此可见，"21 世纪海上丝绸之路"建设在中国政府的积极引导和企业主动参与下，取得了令人瞩目的成绩，为海丝国际物流通道联通奠定了良好的基础。例如，巴基斯坦的瓜达尔港已经开通集装箱定期班轮航线，港口配套设施已完工并吸引 30 多家企业入园；希腊的比雷埃夫斯港在中远海运对港口进行升级改造后，已成为亚洲、欧洲、非洲三大洲海运业务的枢纽和地中海第一大港；阿拉伯联合酋长国哈利法港二期集装箱码头已于 2018 年 12 月正式开港。其中，中国企业在海外港口建设和运营中发挥了非常重要的作用。例如，中远海运在"一带一路"沿线国家和地区已完成投资 642 亿元，投资建设了包括希腊比雷埃夫斯港等重要枢纽港在内的集装箱码头 20 个，铺设集装箱班轮航线 195 条，投入集装箱船舶运力 200 多万标准箱，占集团集装箱船队总运力的 68%，"一带一路"沿线国家和地区油品、干散货海运量每年分别在 6500 万吨和 4000 万吨以上②，为推动海丝国际物流通道互联互通奠定了基础。

（三）空丝国际物流通道的建设

空丝国际物流通道是以国际空中航线和机场、临港物流枢纽等为依托的"空中丝绸之路"国际物流通道体系。以航空物流产业发展为依托的"空中丝绸之路"是在陆上丝绸之路和海上丝绸之路基础上开创的，使"一带一路"不仅连接大陆与海洋，还在蔚蓝天空中架起时空距离更近的合作桥梁，为共建"一带一路"实现区域互联互通增添了新的动力。

---

① 2018 年以来我国海外港口建设的回顾及展望［EB/OL］．［2019-04-29］．http：//www. chinawuliu. com. cn/zixun/201904/29/340260. shtml.

② "一带一路"交通互联互通稳步推进［N］．人民日报，2021-12-03.

1. 空中航线开通和政策沟通状况

2013 年 3 月，郑州航空港实验区规划获国务院正式批复，要将其建设成为国际航空物流中心和以航空经济为引领的现代产业基地、内陆地区对外开放重要门户。同年，河南航投以 2.31 亿美元成功收购了欧洲最大、全球第九、拥有覆盖全球的航线网络的全货运航空公司——卢森堡货航，拥有卢森堡货航的 35% 股权，河南航投以收购卢森堡货航股权的方式开始布局搭建"空中丝绸之路"，率先构建以郑州机场为亚太物流中心、以卢森堡机场为欧美物流中心，覆盖 24 个国家、100 多个城市的全球性航空货运网络①。2017 年，《郑州—卢森堡"空中丝绸之路"建设专项规划（2017—2025 年）》和《推进郑州—卢森堡"空中丝绸之路"建设工作方案》②正式实施，使"空中丝绸之路"以河南为核心区获得了快速的建设和推进。河南"空中丝绸之路"实现了国际航线"大动脉"，搭建了中欧互联互通的空中桥梁，且新郑机场日益从一个区域性机场向全球性空中枢纽转型。截至 2022 年 6 月，郑州机场累计完成国际地区货邮吞吐量 220 万吨，全货机航线已达 48 条，目前郑州机场已形成横跨欧美亚三大经济区、覆盖全球主要经济体、多点支撑的国际货运航线网络，国际通航城市达 42 个，已在全球货运前 20 位国际枢纽机场中开通了 17 个航点③。

从国家层面来看，目前我国已与 128 个国家或地区签署双边航空运输协定，其中"一带一路"沿线国家 103 个，与"一带一路"沿线国家的航班量占了中国航班总量的 65.9%；与卢森堡、俄罗斯、亚美尼亚、印度尼西亚、柬埔寨、孟加拉、以色列、蒙古国、马来西亚、埃及等国家扩大了航权安排。自共建"一带一路"倡议提出以来，中国与沿线国家新增国际航线 1239 条，约占新开通国际航线总量的 69%，中外航空公司在中国通航的已达 64 个合作国家④。空中航线的开通成为"一带一路"国际物流通道体系的重要补充。

2. 机场建设状况

第一，中国国内机场建设。截至 2022 年，中国国内运输机场总数达 254 个，

① 郑州—卢森堡"空中丝路"开航八年：覆盖欧美亚 24 国百余城市［EB/OL］．［2022-11-08］．https://baijiahao.baidu.com/s? id=1748936779239887045&wfr=spider&for=pc.

② 郑州—卢森堡"空中丝绸之路"专项规划工作方案出台［EB/OL］．［2017-09-27］．https://www.henan.gov.cn/2017/09-27/262950.html.

③ "空中丝路"5 周年郑州机场 48 条全货机航线全球飞出"国际范"［EB/OL］．［2022-06-15］．https://baijiahao.baidu.com/s? id=1735691088730182377&wfr=spider&for=pc.

④ 共建"一带一路"倡议：进展、贡献与展望［N］．人民日报，2019-04-23.

通用机场数量达 399 个，京津冀、长三角、粤港澳大湾区和成渝四大世界级机场群建设已初具雏形①。我国各地依托枢纽机场，规划建设国家级的临空经济示范区共 17 个，全国 147 个综合保税区有 26 个布局在机场周边，105 个自由贸易试验区有 13 个覆盖在机场区域，中国航空枢纽机场逐渐成为全球经济体系核心节点②，但上述基本都是综合性机场。从"十三五"期间开始，民航局积极完善航空货运枢纽网络布局，提升航空物流信息化水平，优化航空货运营商环境③，于是建造了亚洲最大的专业货运、世界第四大货运机场——鄂州机场，已于 2022 年 7 月建成并投入运行④，随着国际航线的逐步开通，这个未来"空中出海口"必然成为"空中丝绸之路"重要货运枢纽之一。为了推进"空中丝绸之路"的高质量发展，民航局和国家发展改革委联合出台了《"十四五"时期推进"空中丝绸之路"建设高质量发展实施方案》，提出"十四五"时期优化完善航空枢纽格局，加强航线网络互联互通，推动"硬联通"迈向高质量发展⑤。

第二，中国对海外机场的投资和建设。截至 2021 年 6 月，航空工业已在"一带一路"国家和地区涉及项目 220 个，其中机场建设类项目多达 31 个。中资企业在非洲参与投资和建设机场相关项目较多，如埃塞俄比亚宝丽机场东区扩建项目，坦桑尼亚多多马姆萨拉托国际机场、多多马新国际机场、伊岭噶机场升级和桑给巴尔国际机场 3 号航站，刚果（金）总统机库项目和基桑加尼机场跑道及信标项目，津巴布韦哈拉雷国际机场改扩建，布基纳法索东山机场，尼日利亚埃基蒂州机场跑道，安哥拉姆班扎刚果新机场，南苏丹朱巴机场总统航站楼及停机坪，科摩罗莫罗尼国际机场消防站，肯尼亚蒙巴萨机场公路等；在亚洲的如巴基斯坦伊斯兰堡国际机场和瓜达尔新国际机场、伊拉克纳西里耶国际机场、孟加拉国海上机场跑道扩建、印尼谏义里国际机场连接路工程、柬埔寨吴哥国际机场、马尔代夫维拉纳国际机场水上飞机航站楼和维拉纳国际机场改扩建、斯里兰卡班

———————

① 我国运输机场总数达到 254 个 ［N］. 人民日报，2023-01-07.

② 民航局：我国与 53 个"一带一路"沿线国家保持通航 ［EB/OL］. ［2021-09-07］. http：// finance. people. com. cn/n1/2021/0907/c1004-32219829. html.

③ 国家发展改革委：将加大航空货运基建设首个货运机场已复工 ［EB/OL］. ［2020-03-30］. https：//baijiahao. baidu. com/s? id=1662553315153556801&wfr=spider&for=pc.

④ 静待风来，鄂州花湖机场明日启航 ［EB/OL］. ［2022-07-16］. http：//www. eznews. cn/D/ 62d28223a2b21249987a6aa8.

⑤ 民航局国家发展改革委联合印发《"十四五"时期推进"空中丝绸之路"建设高质量发展实施方案》［EB/OL］. 中国民航局. ［2022-05-08］. https：//www. gov. cn/xinwen/2022-05/08/content_568 9164. htm.

达拉奈克国际机场跑道工程等；在欧洲的投资和建设相对较少，如承建的阿尔及利亚阿尔及尔机场新航站等①②。上述机场建设工程大部分在推进建设过程中，未来也必然成为"空中丝绸之路"的重要物流枢纽。

第三，跨境电商的发展与需求，也推动了航空国际物流通道的发展。其中，如阿里巴巴依托国家智能物流骨干网（菜鸟网络）和国内外航空枢纽，通过在海外布局智慧物流枢纽（eHub）来推动菜鸟国际物流大通道建设，首批布局了六大eHub，除中国的杭州和香港外，其他四个分别在马来西亚的吉隆坡、阿拉伯联合酋长国的迪拜、俄罗斯的莫斯科和比利时的列日③，这些地区均为"一带一路"重要节点。截至 2022 年底，菜鸟智慧物流枢纽已有运营 300 多万平方米跨境物流仓库，每月有 240 多架包机用于干线运输，并与全球超过 50 个港口合作建立了智能清关系统，开始筑造高质量的全球物流网络④。其中，位于比利时列日、菜鸟欧洲最大的 eHub 于 2021 年 11 月 8 日正式投入使用，该 eHub 位于列日机场，一期投入使用场地 3 万平方米，主要包括 1.2 万平方米航空货站和 1.8 万平方米的分拨中心，分别用于空陆之间进出口货物的快速转运和对卸货、清关、分拣等进行集中处理，菜鸟每周通过列日数字物流中枢组织的约 18 架次货运航班，每天大量来自中国的包裹在这里通关、分拣、配送，其日均处理包裹量超过 180 万件，是 2017 年的 6 倍，物流时效平均缩短了 8~12 个小时⑤；此外，2022 年11 月 1 日，由菜鸟自主运营的吉隆坡 eHub 在试运一周年后也正式投入运营，该eHub 位于吉隆坡国际机场旁，面积超过 24 万平方米，其中物流仓储区域超过 10万平方米；2022 年 3 月已开通了从中国香港到东南亚通过菜鸟香港 eHub 处理包裹的货运航班，菜鸟通过 eHub 每周向菲律宾、马来西亚和泰国分别发出 3~7 次航班，有效提升了货物周转和处理的时效，使运往上述国家的交付时间最多缩短了60%⑥。由此可见，菜鸟全球智能物流枢纽的布局不仅助力了跨境电商的发展，

① 中企海外项目系列周报 [EB/OL]. https：//www. yidaiyilu. gov. cn/info/iList. jsp？cat_id=11432.

② "空中丝绸之路"为"一带一路"建设架起新桥梁 [EB/OL]. [2017 - 06 - 19] . http：//m. haiwainet. cn/middle/3541351/2017/0619/content_30975066_1. html.

③ 国家智能物流骨干网布局首批六大 eHub 菜鸟力推全球制造业升级 [N]. 经济观察报, 2018-06-07.

④ 菜鸟全球物流基础设施建设, 升级跨境电商物流"端到端"服务 [EB/OL]. [2022-12-08].https：//market. cainiao. com/cn_market/news33.

⑤ 民航局印发《海外航空货站建设运营指南》补齐航空物流短板推动中国制造出海 [N]. 中国邮政快递报, 2022-10-26.

⑥ 每周 5 班吉隆坡—杭州货运航班, 菜鸟国际依托 eHub 助力商家拓展全球市场 [EB/OL]. [2022-04-15] . http：//i. wshang. com/articledetail/268452.

同时也是"一带一路"上"空中丝绸之路"国际物流通道联通建设的有力补充。

（四）"一带一路"国际物流通道体系逐渐形成

在"一带"的六大经济走廊和"一路"的三条蓝色经济通道设施互联互通的建设和推进中，贯通亚非欧乃至全世界的"一带一路"国际物流通道体系正在逐步形成。除了围绕六大走廊和三条蓝色经济通道的国际物流通道建设，陆海新通道联通、中巴经济走廊通过瓜达尔港正在或将联通"一带"和"一路"，同时欧洲陆海快线的建设不仅提高中欧海上通行效率，还联通中欧和巴尔干地区，也成了联通欧洲地区的"一带"和"一路"重要通道。

1. 陆海新通道是中国境内"一带"和"一路"的陆海联动通道

陆海新通道起于中国西部地区腹地，北接"丝绸之路经济带"，南连"21世纪海上丝绸之路"，中间衔接长江经济带，最终抵达新加坡，在"一带一路"建设和国内、国际区域经济流通方面具有重要地位。对于该通道，最初是重庆、广西、贵州、甘肃4省份于2017年签署"南向通道"合作工作机制，后有青海和新疆加入，随后2018年11月，中国和新加坡正式签署《关于中新（重庆）战略性互联互通示范项目"国际陆海贸易新通道"建设合作谅解备忘录》，自此将"南向通道"正式更名为"陆海新通道"①。此后还有云南、宁夏、陕西、四川、西藏等省份加入陆海新通道合作机制，自此，中国西部各省份都加入了陆海新通道建设，此外还有海南、湖南怀化、广东湛江的加入，形成了13+2的陆海新通道共建新格局。国家发展改革委于2019年8月发布了《西部陆海新通道总体规划》，陆海新通道开始从国家层面推动建设。该总体规划建设三条西部陆海新通道的主通道：重庆—贵阳—南宁—北部湾出海口（包括北部湾港、洋浦港）、重庆—怀化—柳州—北部湾出海口、成都—泸州（宜宾）—百色至北部湾出海口，并充分发挥重庆位于"一带一路"和长江经济带交汇点的区位优势，建设通道物流运营与组织中心、发挥成都国家重要商贸物流中心作用，建设广西北部湾国际门户港和发挥海南洋浦的区域国际集装箱枢纽港作用，共同合作建设大能力主通道和衔接国际运输通道，进一步强化铁路、公路干线等交通基础设施，提升沿海港口功能②。2022年6月，中国和新加坡共同编制的《中新（重庆）战略性互

① 我国西部9省份合作共建"陆海新通道"[EB/OL].[2019-05-17]. https://baijiahao. baidu. com/s? id=1633675100048315940&wfr=spider&for=pc.

② 关于印发《西部陆海新通道总体规划》的通知（发改基础〔2019〕1333号）[A/OL].[2019-08-02]. https://www.ndrc.gov.cn/xxgk/zcfb/ghwb/201908/t20190815_962256.html.

联互通示范项目"国际陆海贸易新通道"合作规划》正式出台，旨在到 2025 年基本建成中国西部与东盟之间产业合作、具有竞争力的贸易物流高效便捷和开放畅通的陆海新通道。

陆海新通道从 2017 年 4 月首次启用至 2022 年底，班列累计开行已突破22000 多列。在国内，陆海新通道班列线路可以辐射中国 17 个省份及 60 个城市与 113 个站，并且在 13 个西部直属海关和湛江及海口 2 个沿海直属海关签署《区域海关共同支持"西部陆海新通道"建设合作备忘录》共同推进通关便利化①。在境外，陆海新通道可通达新加坡、日本、澳大利亚、德国等 113 个国家和地区的 338 个港口②③，以及抵达新加坡及东盟国家的主要物流节点，运行时间比经东部地区出海平均节约 10 天左右（龚英和饶光明，2021）。

因此，陆海新通道建设正在成为纵贯中国西部地区、有效衔接"一带"和"一路"的陆海联动通道，同时加强了中国—中南半岛、孟中印缅、新亚欧大陆桥、中国—中亚—西亚等国际经济走廊之间国际物流通道的联通，使陆海新通道成为"一带一路"建设的重要桥梁和纽带④。

2. 中巴经济走廊和瓜达尔港是贯通中国—南亚南北丝路的关键通道

中巴经济走廊是"丝绸之路经济带"六大走廊中率先推进的，起于中国新疆喀什，终于巴基斯坦的瓜达尔港。瓜达尔港既是"21 世纪海上丝绸之路"枢纽，也是中巴经济走廊的起始点，北接"丝绸之路经济带"、南连"21 世纪海上丝绸之路"，是贯通南北丝路关键通道⑤，也是一条包括公路、铁路、油气管道和光缆覆盖的"四位一体"国际物流通道和贸易走廊。经过近 10 年的中巴合作推动和建设，中巴国际物流通道互联互通取得了显著成效。

第一，在铁路和公路建设方面，如喀喇昆仑公路升级改造项目赫韦利扬至塔科特段于 2020 年 7 月全线通车，逐步推动将喀喇昆仑公路向巴基斯坦腹地延伸；

① 我国 15 个直属海关合作支持西部陆海新通道建设［EB/OL］.［2019 - 10 - 13］. https：//baijiahao. baidu. com/s？id = 1647352238518097731&wfr = spider&for = pc.

② 中国西北地区进口原糖物流贸易再添印度孟买新线路［EB/OL］.［2022 - 12 - 14］. https：//www. chinanews. com/cj/2022/12-14/9914993. shtml.

③ 4 年增长 33 倍！西部陆海新通道海铁联运班列突破 6000 列［EB/OL］.［2021 - 12 - 28］. https：//baijiahao. baidu. com/s？id = 1720368744147787450&wfr = spider&for = pc.

④ 国家发改委关于印发《西部陆海新通道总体规划》的通知（发改基础〔2019〕1333 号）［A/OL］.［2019 - 08 - 02］. https：//www. ndrc. gov. cn/xxgk/zcfb/ghwb/201908/t20190815_962256. html.

⑤ 中巴经济走廊："一带一路"推进的"示范区"［EB/OL］.［2015 - 04 - 19］. https：//world. huanqiu. com/article/9CaKrnJK7zi.

2020 年 12 月巴基斯坦 PKM 高速公路项目（苏库尔—木尔坦段）正式通车；巴基斯坦最重要的南北铁路干线、全长 1726 千米的 1 号铁路干线（ML1）于 2020 年 8 月升级改造启动，主要包括提速、信号系统和车站重建等，这是中巴经济走廊铁路干线联通的积极推进。这意味着中巴经济走廊上贯穿巴基斯坦南北、联通中巴的陆上交通干线联通向前推动了一大步，提升了中巴两国间及巴基斯坦国内道路交通"主干道"的通行能力和物流规模化服务能力。

第二，在通信设施建设方面，全长 820 千米的中巴跨境光缆已于 2018 年 7 月建成开通，这是连接中国与巴基斯坦的首条跨境直达陆地光缆，也是中巴经济走廊框架下中巴两国通信网络互联互通的重点建设项目，为中巴提高通信水平奠定了良好基础。

第三，在港口建设与运营方面，中国海外港口控股有限公司于 2013 年取得了瓜达尔港口及自由区运营权，并于 2015 年开始对瓜达尔港所有重要的组件进行翻新和升级电力系统，2016 年瓜达尔港正式开航①。

因此，中巴经济走廊和瓜达尔港的建设成为"一带一路"国际物流通道体系联通的重要纽带。

3. 中欧陆海快线成为联通欧洲地区"一带"和"一路"重要通道

2014 年，中国与匈牙利、塞尔维亚、马其顿共同宣布与希腊一起建设"中欧陆海快线"，其中包括陆上物流通道和海上物流通道。陆上中欧陆海快线南起"地中海明珠"希腊的比雷埃夫斯港，途经马其顿斯科普里和塞尔维亚贝尔格莱德，北至"欧洲心脏"匈牙利的首都布达佩斯；而海上中欧陆海快线东起中国沿海港口，途径黄海、东南、南海、马六甲海峡、印度洋、阿拉伯湾、红海、地中海，西抵希腊比雷埃夫斯港。

由此可以看出，希腊比雷埃夫斯港在中欧陆海快线的建设和运作中具有非常重要的枢纽地位。比雷埃夫斯港是地中海最大港口，2016 年由中远海运收购并控股经营，经过 5 年的运营使其在世界集装箱港口排名跃升至 29 位，也转型成为欧洲最大的轮渡港口、地中海重要的邮轮母港、运输汽车的船舶中转港，港区通过中欧海陆快线与中东欧腹地相连，成为"21 世纪海上丝绸之路"的重要门户。中欧海陆快线依托陆上以铁路为主的干支衔接和沿线场站、内陆港、专业化

① 中巴经济走廊项目地图和项目概览政务［EB/OL］.［2021-07-15］. https：//m. thepaper. cn/baijiahao_13596907.

物流园区等设施，与中欧班列对接，形成陆海联动、高效畅通的国际物流通道和中欧贸易畅通大通道。目前已覆盖匈牙利、捷克、斯洛伐克、奥地利、塞尔维亚、克罗地亚、保加利亚、罗马尼亚、西班牙等广大欧洲地区①，同时这条水陆联运的快速国际物流通道加强了与中国陆上新亚欧大陆桥经济走廊建设的互动，有效缩短了时空距离②，成为"一带一路"国际物流通道体系中的重要通道。

4. "一带一路"国际物流通道体系的信息通道建设也得到了推进

"一带一路"是21世纪的，网络空间的互联互通最能体现"一带一路"的时代特色（王义桅，2017）。因此，信息通道的建设与联通对"一带一路"沿线经贸流通效率、物流运作与协调都具有重要作用。

第一，中国在信息联通机制方面做了积极的推进。早在2014年国家互联网信息办公室就有了开始推进中国—东盟信息港的设想，2016年4月国务院批准了《中国—东盟信息港建设方案》，该方案将深化互联互通、增强信息协作为基本内容构成以广西为支点的中国—东盟信息枢纽③。2016年12月国务院发布的《"十三五"国家信息化规划》首次提出网上丝绸之路建设优先行动，并将中国—东盟信息港建设列入国家"十三五"规划内容。2017年12月由国家标准委发布的《标准联通共建"一带一路"行动计划（2018—2020年）》推动深化基础设施标准化合作，支撑设施联通网络建设，随后我国也与老挝邮电部签署《网络空间合作与发展谅解备忘录》（国务院发展研究中心"一带一路"课题组，2017）。2017年12月，中国还与埃及、沙特阿拉伯、塞尔维亚、土耳其、阿联酋、泰国和老挝等国家共同发起《"一带一路"数字经济国际合作倡议》，并与16个国家签署加强数字丝绸之路建设合作文件。2019年，中国与国际电信联盟签署《关于加强"一带一路"框架下电信和信息网络领域合作的意向书》，企业积极参与推进，如中国移动与新加坡、泰国等国企业在中国香港签署了"牵手计划"合作备忘录，积极推进通信互联互通（推进"一带一路"建设工作领导小组办公室，2019）。

第二，在通信基础设施方面的推进。除了依托"一带一路"沿线国家原有

---

① 中欧陆海快线新专列开通有利于进一步保障国际供应链［EB/OL］.［2022-06-28］. https：//m. gmw. cn/baijia/2022-06/28/1303018749. html.

② 推进中欧陆海快线发展加大软联通合作力度［N］. 中国交通报，2019-11-15.

③ 2020年：中国—东盟数字经济合作年共建数字丝绸之路［EB/OL］.［2019-10-23］. https：//baijiahao. baidu. com/s？id=1648141193314982630&wfr=spider&for=pc.

的通信网络开展沿线物流各环节之间的无缝衔接、通关电子化服务，我国也与信息化发展较弱的国家积极展开合作建设，如中缅、中巴、中吉、中俄跨境光缆信息通道建设取得明显进展。同时，由中国企业亨通集团主导建设的"信息高速公路"（Pakistan and East Africa Connect in Europe，PEACE），也被称为"和平光缆"项目，该光缆在陆上从中国出发，穿越巴基斯坦（该段已于2018年建成），然后经过海底抵达法国，全线约1.2万千米，2018年开工建设并于2021年底完工，将联通中国与非洲和欧洲之间的数据传输，具有传输能力巨大且延时最小的特征，光缆节点设在法国、马耳他、塞浦路斯、埃及、吉布提和肯尼亚等国，PEACE的联通将使欧洲、亚洲和非洲之间的通信将更加高效便捷，并在沿线国家的通信和经济流通服务中发挥重要作用。

综上所述，基于"一带"六大经济走廊的六条陆丝国际物流通道和基于"一路"蓝色经济通道的三条海丝国际物流通道、"空中丝绸之路"国际物流通道，在陆海新通道、中巴经济走廊和中欧陆海快线通道建设与推进中逐步或正在形成"一带"和"一路"国际物流通道互联互通大通道体系。由此，基于各通道建设过程的中通关、通信在政策与机制上的沟通以及通关、通信基础设施在物理上的互联互通，以国际货运通道、信息服务通道、通关服务通道为基础的海陆空"三位一体"的"一带一路"国际物流通道体系逐渐形成和联通，也将逐步从亚非欧通往全世界。"一带一路"国际物流通道体系的建设和完善未来必将有效促进沿线国家和地区经贸流通及其经济发展。据统计，从共建"一带一路"倡议提出的2013年到2022年，中国与"一带一路"沿线国家货物贸易额从1.04万亿美元扩大到2.07万亿美元，年均增长8%[①]。

需要说明的是，本书主要聚焦于陆丝和海丝国际物流通道的建设、联通及其对沿线国家和地区的经济效应。虽然随着中国与"一带一路"沿线国家之间国际航空航线的开辟，"空中丝绸之路"国际物流通道也逐步形成和联通，但就目前航空物流而言，由于受空运条件和成本等因素的影响，主要以高、精、生鲜及跨境电商等小包货物为主，从总量上占海陆物流的比重还比较小。但空丝国际物流通道在未来国际经贸环境、商贸模式、客户服务需求的改变下，也将会成为海陆空"三位一体"的国际物流通道体系的中重要组成部分，未来值得关注和研

---

① 我国与"一带一路"沿线国家货物贸易额十年年均增长8% ［EB/OL］.［2023-03-02］. https：// baijiahao. baidu. com/s？id=1759259745168890527&wfr=spider&for=pchttps：//baijiahao. baidu. com/s？id= 1759259745168890527&wfr=spider&for=pc.

究。而对于"冰上丝绸之路"的国际物流通道，从成本和时间距离优势的角度来看，是未来值得开辟和运行的重要通道，未来可期。由于其运行时间和航道环境的限制，仅有部分周期性通行，本书仅对其中常年运行的中国—东北亚海丝进行关注和研究。

第三节　陆丝国际物流通道及沿线国家基本概况

六大经济走廊是"一带一路"建设中"一带"的重要内容，而六条经济走廊国际物流通道联通是共建"一带一路"合作建设的优先领域之一。本节主要围绕"丝绸之路经济带"建设和推进的六大经济走廊国际物流通道建设政策沟通与合作推进机制、建设的基本现状及其沿线国家基本概况进行较详细的梳理和分析（注：本书研究的以下六条国际物流通道不分先后顺序）。

一、新亚欧大陆桥国际物流通道及沿线国家概况

（一）新亚欧大陆桥经济走廊基本概况

新亚欧大陆桥经济走廊是《愿景与行动》中提出的六大经济走廊之首，从中国东部沿海一路西行，横跨中国东、中、西部地区，从新疆霍尔果斯和阿拉山口出境，经部分中亚国家和俄罗斯抵达中东欧。新亚欧大陆桥经济走廊是依托中国、独联体、欧洲铁路联通的国际化铁路交通干线为陆上桥梁，其中国内段由陇海铁路和兰新铁路组成，在中国西部出境后与哈萨克斯坦、俄罗斯铁路网接轨，后联通欧洲铁路网抵达荷兰的鹿特丹港，贯通了太平洋、波罗的海、黑海及大西洋，全长约10900千米，沿线贯通近30个国家和地区，形成了亚欧以国际集装箱运输为主的陆上国际物流通道。该通道比西伯利亚大陆桥缩短了2000~5000千米，比绕道好望角的中非欧走向的海运路线缩短了约15000千米，比经苏伊士运河的中非欧走向海运线路缩短了约8000千米，且运输时间要比海运节省约一半①。

新亚欧大陆桥国际物流通道两端联通太平洋与大西洋两大经济中心，沿线的

---

① 共建"一带一路"：理念、实践与中国的贡献［EB/OL］．［2017-05-10］．http：//www. xinhua net. com/politics/2017-05/10/c_1120951928. htm.

中国中西部、中亚及中东地区等交通相对不够便利，但资源富集，包括农牧业产品、上百种矿产资源、能源等。因此，沿线国家和地区在经济上具有较强的相互依存性、互补性。新亚欧大陆桥国际物流通道联通必然成为沿线国家和地区促进互联互通、提升经贸合作水平的便捷重要通道。新亚欧大陆桥国际物流通道以中欧班列等现代化国际物流干线为依托，重点发展经贸和产能合作，拓展能源资源合作空间，以构建畅通高效的区域大市场。

（二）新亚欧大陆桥国际物流通道建设状况

1. 相关政策沟通与合作推进机制

为了推动新亚欧大陆桥经济走廊和设施互联互通的建设，中国政府积极与沿线国家和地区进行政策沟通，并推动建立有效的合作机制。例如，2015年5月，中俄两国元首签署了《中华人民共和国与俄罗斯联邦关于丝绸之路经济带建设和欧亚经济联盟建设对接合作的联合声明》以顺利推动双方在能源、交通、经贸等领域的合作项目；2015年12月，中国—中东欧国家合作16国制定和发布了《中国—中东欧国家合作中期规划》，该规划周期为2015~2020年，旨在推进关键通道、关键节点和重点工程的合作建设，并组建16+1物流合作联合会以推进中欧国际铁路集装箱班列建设及共建新亚欧大陆桥经济走廊，同时加强海关通关便利化和信息共享。在2016年的G20杭州峰会中，中哈两国签署了共建"一带一路"倡议提出以来首个双边合作规划——《"丝绸之路经济带"建设与"光明之路"新经济政策对接合作规划》；2017年和2018年，中国与中东欧分别签订了《中国—中东欧国家合作布达佩斯纲要》和《中国—中东欧国家合作索非亚纲要》；截至2018年7月，中国已与新亚欧大陆桥经济走廊沿线20多个国家签订了"一带一路"合作备忘录。

同时，中国在新亚欧大陆桥国际物流通道干线上以打造中欧班列畅通和常态化运行为目标，推动建立与沿线国家的铁路合作机制。例如，中国、白俄罗斯、德国、哈萨克斯坦、蒙古国、波兰、俄罗斯七国铁路部门在2017年4月签署了《关于深化中欧班列合作协议》，这是中国铁路首次与"一带一路"沿线国家铁路的合作协议，同时七个国家的铁路部门成立了中欧班列运输联合工作组，这不仅是对中欧班列在各国顺畅运行的机制保障，也加强了沿线各国的经贸紧密合作。与此同时，推进"一带一路"建设工作领导小组办公室于2016年10月发布了《中欧班列建设发展规划（2016—2020年）》，明确了中欧铁路运输通道、枢纽节点和运输线路的空间布局，并于2017年5月成立了中欧班列运输协调委员会，以推动形成布局合理、设施联通、运量规模化、高效便捷、安全畅通的新亚欧大陆桥综合物流服务系统。

2. 国际物流通道联通建设状况

新亚欧大陆桥国际物流通道主要是由陆上铁路、公路干线和沿线物流节点构成的货运通道，其中中欧班列在该通道的联通中具有举足轻重的地位。

《中欧班列建设发展规划（2016-2020 年）》布局了运输通道走向和枢纽节点。其中，运输通道有西、中、东三个走向：①西通道是从中国境内华南、华中、西南、西北等地区铁路货站出发，经陇海—兰新等铁路干线运输到新疆，从阿拉山口（或霍尔果斯）口岸出境，经哈萨克斯坦与俄罗斯西伯利亚铁路相连，再经白俄罗斯、波兰、德国等，最后通过公铁联运等方式到达欧洲其他各国。②中通道是从中国境内华南、华中、华北等地区铁路货站出发，经京广、集二等铁路干线运输至内蒙古二连浩特口岸出境，途经蒙古国，再与俄罗斯西伯利亚铁路相连后到达欧洲各国。③东通道是从中国华中、华东、东北等地区铁路货站出发，由内蒙古满洲里口岸出境，再接俄罗斯西伯利亚铁路后到达欧洲各国。

新亚欧大陆桥国际物流通道在走向上主要是西通道，即过阿拉山口或霍尔果斯口岸的中欧班列线路，其具体通行线路如表 3-1 所示。

自 2011 年中欧班列开通以来，中国首列中欧班列"渝新欧"经阿拉山口口岸出境通往欧洲各国，自此中欧班列西通道的"钢铁驼队"川流不息，到 2022 年，经霍尔果斯和阿拉山口口岸年内通行的中欧班列数达 10017 列，其中经阿拉山口口岸通行班列线路数累计 91 条，已通达 18 个国家；经霍尔果斯口岸通行班列线路数量累计达 70 条，已通达 18 个国家、45 个城市和地区，占全国各口岸通行班列数的 50% 以上。阿拉山口和霍尔果斯两大铁路口岸通过不断优化班列开行方案、提高班列通行效率、实施扩能改造工程等，目前阿拉山口口岸日均进出境班列达 17 列，最高达 24 列，2022 年以来该口岸返程班列数量位居全国第一；霍尔果斯口岸通过数字化建设，班列的整列待放时间由 3.5 小时压缩至 1 小时，通关效率大幅提高，日均通行中欧班列超过 19 列，最高可达 27 列[①②]，实现进出口运输货物品类达 200 余种，已然成为全天候、大运量、绿色低碳、畅通安全的中欧国际物流通道。

---

① 2022 年新疆双口岸通行中欧班列破万列 [N]. 人民融媒体，2022-10-07.
② 超五成中欧班列畅行新疆双口岸 [N]. 乌鲁木齐晚报（第 A05 版），2022-10-22.

表3-1　新亚欧大陆桥国际物流通道部分中欧班列的开行情况

中欧班列	途径国家	开行数量	运行时间（天）	运输里程（千米）	出口的主要货物品类	进口的主要货物品类
郑州—汉堡/慕尼黑	中国、哈萨克斯坦、俄罗斯、白俄罗斯、波兰、德国	6（列/周）	15	10245	纺织品、工程机械、医疗器械、电子产品、烟酒食品、生活用品等	汽车、零部件、机电装备、高档消费品、肉类、海鲜、奶粉、红酒等
成都—罗兹	中国、哈萨克斯坦、俄罗斯、白俄罗斯、波兰	3~4（列/周）	12	9826	农产品、机械设备、食品酒类、电气设备、汽车及零配件等	电子产品、家电电器、汽车配件、模具、服装鞋帽等
成都—纽伦堡	中国、哈萨克斯坦、俄罗斯、白俄罗斯、波兰、德国	1（列/周）	14	10546		
成都—蒂尔堡	中国、哈萨克斯坦、俄罗斯、白俄罗斯、波兰、德国、荷兰	2~3（列/周）	14	10858	电子设备、航空产品配件、日用百货、花卉、蔬果、服装鞋帽等	整车、汽车配件、设备原材料、工程装备、酒类等
武汉—罗兹/汉堡/杜伊斯堡	中国、哈萨克斯坦、俄罗斯、白俄罗斯、波兰、捷克、德国	4（列/周）	15	12000	电子产品、乘用车、光缆、轴件、服装、机械配件等	汽车配件、工艺品、酒类、食品、饮品、粮油等
重庆—杜伊斯堡	中国、哈萨克斯坦、俄罗斯、白俄罗斯、波兰、德国	15（列/周）	15	11179	笔记本电脑、机械、汽车配件、食品、服装、家具等	日用品、奶粉、化妆品、酒类等
义乌—马德里	中国、哈萨克斯坦、俄罗斯、白俄罗斯、波兰、德国、法国、西班牙	1（列/周）	18	13000	工艺品、饮品、空调、机械配件、服装布料、汽车配件、电动工具等	酒类、食品、食用油等

续表

中欧班列	途径国家	开行数量	运行时间（天）	运输里程（千米）	出口的主要货物品类	进口的主要货物品类
义乌—伦敦	中国、哈萨克斯坦、俄罗斯、白俄罗斯、波兰、德国、比利时、法国、英国	1（列/周）	18	12451	母婴用品、软饮料和维生素产品等	红酒、橄榄油、气泡水等
义乌—布拉格	中国、哈萨克斯坦、俄罗斯、白俄罗斯、波兰、捷克	—	16	—	布匹、服装鞋帽类、装饰用品等	水晶制品、汽车配件、啤酒等
西安—汉堡	中国、哈萨克斯坦、俄罗斯、白俄罗斯、波兰、德国	3（列/周）	16~18	9547	日用小商品等	食品、肉类、整车等
西安—布达佩斯	中国、哈萨克斯坦、俄罗斯、乌克兰、匈牙利	2（列/周）	13~15	8767	母婴用品、软饮料、维生素产品、服装、小电器、玩具、生活用品等	—
连云港—伊斯坦布尔	中国、哈萨克斯坦、阿塞拜疆、亚美尼亚、格鲁吉亚、土	1（列/周）	18	10000	显示器、扬声器等电子产品	—
长沙—汉堡	中国、哈萨克斯坦、俄罗斯、白俄罗斯、波兰、德国/蒙古国、俄罗斯、白俄罗斯、波兰、德国	4（列/周）	15	12000	电子产品、纺织品、五金用品等	—
厦门—汉堡	中国、哈萨克斯坦、俄罗斯、白俄罗斯、波兰	1（列/周）	16	11866	显示器、打印机、LED灯条、服装鞋帽、机械、日用品、食品、木制品等	—

注：根据冯芬玲编著的《"一带一路"与中欧班列》、夏杰长等著的《中欧班列与"一带一路"》及中国一带一路网等网站相关信息整理所得；运行时间和里程均为最长和最远的大约时间和里程；进口货物部分路线未搜集到相关具体信息；"—"为缺失数据或信息。

（三）新亚欧大陆桥国际物流通道沿线国家概况

根据《愿景与行动》中新亚欧大陆桥经济走廊的地理空间走向布局，中国一带一路网划分的新亚欧大陆桥经济走廊贯通亚欧大陆的 25 个国家，再依据中欧班列经过阿拉山口和霍尔果斯口岸直接通达的欧洲国家情况，开通中欧班列但不限于共建"一带一路"国家，有如中欧班列最早通达的德国，以后陆续开通的法国、西班牙等。本书将二者结合起来，梳理出新亚欧大陆桥国际物流通道贯通的 21 个国家（含中国，但未包含第一亚欧路桥通达的北欧等其他国家）。表 3-2 统计了 2019 年新亚欧大陆桥国际物流通道沿线国家的经贸、物流、通信及通关状况。特别说明：由于 2020 年开始的新冠疫情对全球经济运行冲击而出现的诸多非常态问题及本书相关指标的数据更新等问题，本章及后面验证部分的数据最新年份均为 2019 年。

表 3-2　2019 年新亚欧大陆桥国际物流通道沿线国家概况

概况	沿线国家	中国	哈萨克斯坦	俄罗斯	乌克兰	白俄罗斯	格鲁吉亚	阿塞拜疆
经贸	人均 GDP（美元）	8242.05	11518.52	12122.61	3224.56	6725.06	4977.51	5895.20
	贸易额/GDP（%）	35.84	64.86	49.44	90.41	130.85	118.60	85.82
物流	铁路里程（千米）	68141	16060.80	85494	21626	5459.00	1285.00	2139.87
	铁路货运量（百万吨千米）	3018200	289174	2602493	181844	48205	2935.10	5152.00
	航空货运量（百万吨千米）	25394.59	48.90	6620.70	75.62	2.88	0.63	47.17
	货柜码头吞吐量（万 TEU）	24203.00	—	505.97	134.04	—	27.71	—
	班轮联通指数	151.91	—	43.71	26.88	—	6.84	—
	物流服务能力和质量	3.59	2.58	2.75	2.84	2.64	2.26	2.14
通信	移动蜂窝电话订阅数（每百人）	121.79	138.63	164.39	130.63	123.01	134.66	106.99
	固定电话订购数（每百人）	13.32	16.56	18.97	9.96	47.11	13.01	16.65
	固定宽带互联网订阅数（每百人）	31.34	13.54	22.52	16.16	34.01	23.45	19.34
通关	海关与边境管理清关程序的效率	3.29	2.66	2.42	2.49	2.35	2.42	2.57
	进口中转时间（天）	6	3	5	2	2	2	2
	出口中转时间（天）	2	10	3	3	2	2	3

续表

概况 / 沿线国家		亚美尼亚	波兰	捷克	斯洛伐克	匈牙利	塞尔维亚	罗马尼亚
经贸	人均GDP（美元）	4732.07	17409.03	24260.01	21003.79	17579.84	7229.94	12079.55
	贸易额/GDP（%）	95.74	106.36	142.76	184.42	161.76	112.08	84.98
物流	铁路里程（千米）	698.40	18538.00	9396.00	3629.15	7587.70	3724.47	10759.00
	铁路货运量（百万吨千米）	860.00	54584.00	16179.68	8480.00	10624.91	2861.00	13312.00
	航空货运量（百万吨千米）	2133.00	317.87	22.73	—	—	13.31	3.33
	货柜码头吞吐量（万TEU）	—	304.64	—	—	—	—	66.47
	班轮联通指数	—	51.69	—	—	—	—	25.47
	物流服务能力和质量	2.50	3.58	3.72	3.14	3.21	2.70	3.07
通信	移动蜂窝电话订阅数（每百人）	122.35	127.73	122.57	135.60	106.07	122.05	117.07
	固定电话订购数（每百人）	15.27	15.95	13.98	12.37	31.48	37.04	17.45
	固定宽带互联网订阅数（每百人）	13.04	20.69	34.98	29.15	32.94	23.44	27.25
通关	海关与边境管理清关程序的效率	2.57	3.25	3.29	2.79	3.35	2.60	2.58
	进口中转时间（天）	3	1	5	3	3	2	1
	出口中转时间（天）	3	1	7	2	1	2	2

概况 / 沿线国家		保加利亚	奥地利	德国	荷兰	比利时	法国	西班牙
经贸	人均GDP（美元）	9058.74	50536.66	47469.48	55450.50	47611.91	44192.81	33352.33
	贸易额/GDP（%）	125.17	107.78	87.99	156.22	163.01	64.52	66.78
物流	铁路里程（千米）	4030.00	4877.00	33422.00	3200.00	3615.00	28157.00	15718.00
	铁路货运量（百万吨千米）	3901.60	21736.00	113114	7018.00	—	31829.00	10459.00
	航空货运量（百万吨千米）	1.26	320.04	7763.62	5656.44	1353.43	4522.59	1191.47
	货柜码头吞吐量（万TEU）	26.19	—	1959.64	1498.68	1357.08	587.11	1737.29
	班轮联通指数	7.25	—	82.83	88.03	88.35	72.55	84.21
	物流服务能力和质量	2.88	4.08	4.31	4.09	4.13	3.84	3.80
通信	移动蜂窝电话订阅数（每百人）	116.21	119.78	128.36	127.28	99.74	110.61	118.44
	固定电话订购数（每百人）	13.93	41.56	48.37	32.52	34.06	58.03	42.02
	固定宽带互联网订阅数（每百人）	28.78	28.13	42.14	43.62	39.78	45.69	33.41

续表

概况	沿线国家	保加利亚	奥地利	德国	荷兰	比利时	法国	西班牙
通关	海关与边境管理清关程序的效率	2.94	3.71	4.09	3.92	3.66	3.59	3.62
	进口中转时间（天）	2	3	2	1	3	3	3
	出口中转时间（天）	2	2	2	2	2	2	2

注：人均 GDP 为 2010 年不变价；集装箱单位 TEU 为 20 英尺当量单位；班轮联通指数基于 2004 年的最大值 = 100，该值越高表明班轮运输联通性越好；物流服务能力和质量、海关与边境管理清关程序的效率均为世界银行调查数据，其值为 1~5，1 表示很低，5 表示很高；"—" 为缺失数据或该国家没有该指标值。

资料来源：世界银行数据库，其中物流服务的能力和质量、海关与边境管理清关程序的效率、进出口中转时间均是 2010 年之后为双年份统计，因此这四个指标在本书中用 2018 年的数据替代。

表 3-2 显示了新亚欧大陆桥国际物流通道沿线 21 个国家在 2019 年各方面的基本状况。①在经贸方面，按照世界银行 2018 年的划分标准，人均 GDP 高于 12055 美元的国家属于高收入国家，从该通道沿线国家人均 GDP 的总平均值为 21174.86 美元来看，此区域属于高收入区域，但是高收入的国家主要是中欧和西欧发达国家，沿线包括中国在内的中亚、西亚大部分国家还低于高收入国家线；从开放程度来看，新亚欧大陆桥国际物流通道沿线国家的贸易额占 GDP 比重的平均值为 106.45%，也意味着大部分国家有较高的经贸流通需求。②在物流相关指标方面，陆上铁路基础设施和铁路货运在该通道有较高的优势，平均 16550.35 千米的铁路里程承担平均 322148.11 百万吨千米的货物运量，这一优势在中国、俄罗斯、德国、波兰、法国等国更明显；从航空货运来看，除了中国、俄罗斯、荷兰、法国，其余国家均低于平均值 2920.50 百万吨千米，而从绝对量上看，中国远高于通道沿线其他国家，是通道均值的近 9 倍；从海运来看，该条通道沿线部分为内陆国家，而中国无论是货柜码头吞吐量还是班轮联通指数都远高于其他国家；该通道的平均物流服务能力与质量为 3.23，属于中等偏上水平，较高的主要是西欧国家。③在通信方面，从该通道沿线各国平均值来看，每百人的移动蜂窝电话订阅数高于固定宽带互联网订阅数，固定电话订购数最低，意味着移动终端和互联网的建设相对较好，也有利于沿线信息互联互通。④在通关方面，从进口和出口中转天数来看，大部分国家在两天左右，相对较快，但中国、哈萨克斯坦、俄罗斯、亚美尼亚和捷克等国家的进出口中转天数偏高；海关与边境管理清关程序的效率均值为 3.06，属于中等略高水平，但俄罗斯、白俄罗斯、格鲁吉

亚等国家的清关效率低于中值，因此该通道的通关服务通道建设还有待提升。

二、中巴国际物流通道及沿线国家概况

（一）中巴经济走廊的基本概况

中巴经济走廊是指从中国新疆的喀什出发，经喀喇昆仑山口出境进入巴基斯坦，纵贯巴基斯坦境内直到南部出海口瓜达尔港，全程约 3000 千米。中巴经济走廊是一条包括公路、铁路、油气管道和光缆共建的"四位一体"国际物流通道和贸易走廊，也是共建"一带一路"的标志性项目。该走廊的建设对中巴两国发展及经贸联系具有强大推动作用，同时该通道北联"丝绸之路经济带"、南接"21 世纪海上丝绸之路"，成为联通"一带一路"的重要通道，也将是打通南亚、中亚、北非、海湾等国家和地区在经济、能源领域合作和便捷贸易的通道。

（二）中巴国际物流通道建设状况

1. 政策沟通与合作推进机制

早在 2006 年，即在未正式提出共建"一带一路"倡议之前，时任巴基斯坦总统的穆沙拉夫访华时就提出了建设中巴能源走廊的设想。2013 年 5 月，原总理李克强在访巴时达成了中巴共同研究制定中巴经济走廊远景规划的意愿，以推动中巴互联互通建设和促进中巴投资经贸合作更大发展；仅在两个月后，巴基斯坦总理访华时双方同意，在上述远景规划合作框架下，短期重点推进中巴跨境光缆项目、喀喇昆仑公路升级改造工程、沿线产业园区建设、无线宽带技术领域，以及其他能源、商业等的多领域的合作工作，旨在加强中巴之间交通、通信、能源等领域的合作，从而打造一条中巴之间贯通的经济流通大动脉。2015 年 5 月，《愿景与行动》将中巴经济走廊纳入共建"一带一路"倡议的总体规划；同年 4 月，习近平主席访问巴基斯坦并启动了 460 亿美元的投资计划，开始实质性共同推进修建纵贯新疆喀什到巴基斯坦西南的瓜达尔港的公路、铁路、油气管道及光缆覆盖"四位一体"通道的远景规划，两国铁道部门共同签署了《中华人民共和国国家铁路局与巴基斯坦伊斯兰共和国铁道部关于开展 1 号铁路干线（ML1）升级和哈维连陆港建设联合可行性研究的框架协议》，同时成立了"中巴经济走廊委员会"，这标志着中巴经济走廊建设的推进通过专门的推进组织走上了制度化的开发轨道。

2. 国际物流通道联通建设状况

中巴经济走廊经过近 10 年的合作推动和建设，中巴国际物流通道互联互通

取得了显著成效。

第一，交通、通信干线建设方面。喀喇昆仑公路、PKM 高速公路已经局部地实现了联通；巴基斯坦 1 号铁路干线已经升级改造启动；2017 年启动的由中国援助巴基斯坦的瓜达尔东湾快速路已于 2022 年 6 月 3 日通车，瓜达尔港区对外连接道路正式打通，该条快速路南起瓜达尔港、终点与巴基斯坦 10 号国道相连，对于港口货物运输、增强港口同其他区域的联通有重要作用；中巴跨境光缆是连接中国与巴基斯坦的首条跨境直达陆地光缆，已于 2018 年 7 月建成开通。交通运输干线和通信线路的建设和联通将为中巴国际物流通道的联通和贸易畅通奠定良好的基础。

第二，物流节点和产业园区建设方面。首先，瓜达尔港是中巴经济走廊建设的核心组成部分和重要物流节点，位于巴基斯坦西南部俾路支省，是连接中国西部与阿拉伯海的重要港口，不仅是中国新疆的出海通道，减少了中国对马六甲海和南海航线的依赖，也为中国从中东进口能源开辟了路线更短、时间更少、成本更低的便捷通道，还是印度洋航线上的重要中转点。2013 年中国企业取得了该港口的运营权并对重要的组件进行翻新和电力系统升级，2016 年 11 月首批中国商船从瓜达尔港出海；2016 年 3 月，中远海运集装箱运输有限公司开辟了瓜达尔中东快航，同年 8 月瓜达尔港第一期扩展项目已经完成[1]。目前，该港口不仅可以停泊更多的船只，其载重吨位也翻了数倍。其次，机场建设在中国参与下有了积极的推进。2019 年，中国援助巴基斯坦瓜达尔的占地约 18 平方千米的新国际机场开工建设，总投资近 17 亿元，这是中国对外无偿援助资金数额最大的项目，目前该项目正在快速推进建设[2]。最后，中巴国际物流通道的建设也推动了沿线经济园区的建设。例如，总占地面积约为 923 公顷的瓜达尔自由区于 2016 年由中国海外港口控股有限公司投资正式启动建设，并于 2018 年初开园服务[3]，已有 20 多家银行、金融租赁企业、物流企业、海外仓及加工企业、服务企业等中巴企业入住；2021 年 5 月，由中国路桥投资建设及运营管理的拉沙卡伊特别经济区

---

① 瓜达尔港——中巴经济走廊的璀璨明珠 ［EB/OL］. ［2018-08-26］. https：//baijiahao. baidu. com/s？id=1609864902362992607&wfr=spider&for=pc.

② 援巴基斯坦瓜达尔新国际机场项目新建机坪完成封仓 ［EB/OL］. ［2022-08-31］. https：// www. cacc-international. com/html/news/detail/1377. html.

③ 瓜达尔自由区即将开园 ［EB/OL］. ［2018-01-14］. http：//www. xinhuanet. com/politics/2018- 01/14/c_129790183. htm.

项目一期建设工程启动①。这些依托中巴国际物流通道干线或园区建设不仅有利于沿线货物集散，也将产生集聚经济效应，带动沿线区域经济发展。

（三）中巴经济走廊沿线国家基本概况

表 3-3 主要统计了 2019 年中国和巴基斯坦在经贸、物流、通信和通关方面的相关信息。从表 3-3 的信息可以看出，巴基斯坦是低收入国家，经贸流通亟待进一步推进；铁路基础设施建设有一定推进，但铁路、航空和港口物流量都相对较低，作为拥有印度洋北岸重要港口的国家，巴基斯坦的班轮联通指数也很低，其总体物流服务能力和质量也仅处于中等水平；巴基斯坦的每百人固定宽带互联网订阅数仅为 0.94，也会制约其信息流通服务水平的提升；海关与边境管理清关程序的效率低于中值，货物进出口中转天数也相对较长。因此，虽然中巴经济走廊推动建设和中巴国际物流通道联通经过十年的共同推动有了明显的成效，但对巴基斯坦而言，上述各领域的显著发展还有更长的路要走。

表 3-3　2019 年中巴国际物流通道上两国概况

概况		国家	中国	巴基斯坦
经贸	人均 GDP（美元）		8242.05	1185.46
	贸易额/GDP（%）		35.84	30.44
物流	铁路里程（千米）		68141	7791
	铁路货运量（百万吨千米）		3018200	8080
	航空货运量（百万吨千米）		25394.59	192.98
	货柜码头吞吐量（万 TEU）		24203	336.79
	班轮联通指数		151.91	34.06
	物流服务能力和质量		3.59	2.59
通信	移动蜂窝电话订阅数（每百人）		121.79	76.38
	固定电话订购数（每百人）		13.32	1.28
	固定宽带互联网订阅数（每百人）		31.34	0.94
通关	海关与边境管理清关程序的效率		3.29	2.12
	进口中转时间（天）		6	8
	出口中转时间（天）		2	4

注：相关指标说明和资料来源同表 3-2。

---

① 巴基斯坦总理出席拉沙卡伊特别经济区项目开工典礼 [EB/OL]. [2021-05-31]. https：//www.cccltd.cn/news/gsyw/202209/t20220909_197185. html.

三、中国—中亚—西亚国际物流通道及沿线国家概况

（一）中国—中亚—西亚经济走廊概况

中国—中亚—西亚经济走廊是指从中国新疆出发，经阿拉山口或霍尔果斯口岸出境，穿越中亚五国，抵达波斯湾、地中海沿岸和阿拉伯半岛。它是中国和中亚、部分西亚国家相互合作共建的一条走廊，是"丝绸之路经济带"的重要组成部分。

2013 年 9 月，国家主席习近平在哈萨克斯坦访问时提出了共同建设"丝绸之路经济带"设想，提出了以点带面、从线到片，逐步形成区域大合作的倡导思想①。2014 年 1 月，习近平主席在会见来华出席中国—海湾阿拉伯国家合作委员会峰会的代表团时提出，中方愿意同西亚国家共同努力推动"丝绸之路经济带"建设。2015 年 3 月的《愿景与行动》指出依托国家大通道，以沿线城市为支撑，以重点经贸产业园区为合作平台，共同打造中国—中亚—西亚国际经济合作走廊。中国—中亚—西亚经济走廊建设倡议在"共商共建共享"的原则下，沿线国家将自己国家的发展规划与经济走廊建设积极对接，如哈萨克斯坦的"光明之路"、塔吉克斯坦的"能源、交通、粮食三大兴国战略"、土库曼斯坦的"强盛幸福时代"规划、土耳其的"中间走廊"计划、阿拉伯联合酋长国的"重振丝绸之路"设想等（蔡昉等，2021），各国陆续与中国签署了对接协议或共建"一带一路"合作文件。截至 2022 年底，除了土库曼斯坦未与中国签订共建"一带一路"合作协议，其他国家也分别于 2014 年（哈萨克斯坦）、2015 年（乌兹别克斯坦、塔吉克斯坦、土耳其）、2017 年（伊朗、伊拉克）和 2018 年（吉尔吉斯斯坦）与中国签订了共建"一带一路"合作协议，陆续开通了中欧及中亚班列以推动其经贸往来。

中国—中亚—西亚经济走廊在中国境内与新亚欧大陆桥经济走廊基本重叠，在境外不仅是一条联通沿线国家经贸往来的国际物流通道，也是一条能源大通道，是中国—中亚石油管道和天然气管道的必经之地，沿线拥有土库曼斯坦直通中国的世界最长的天然气管道。因此，依托于中国—中亚—西亚经济走廊的建设与推进及向西亚、北非国家延伸，贯通亚非欧的另一条经济走廊及国际物流大通道必将逐步建成。

---

① 习近平的"一带一路"足迹［EB/OL］.［2016-09-06］. http：//cpc.people.cn/xuexi/n1/2016/0906/c385474-28694919.html？from=groupmessage.

（二）中国—中亚—西亚国际物流通道建设状况

1. 政策沟通与合作推进机制

在国际物流通道建设的推进中，相关政策如《中亚区域运输与贸易便利化战略（2020）》运输走廊建设中期规划的有序推进、《上合组织成员国政府间国际道路运输便利化协定》的签署、《中哈俄国际道路临时过境货物运输协议》的签订等对中国—中亚—西亚经济走廊及国际物流通道建设的推动意义重大①。中国以跨境交通基础建设和产能产业合作为突破口，投资并合作建设重要的物流干线与物流节点项目。例如，2006 年由中国铁道建筑总公司和中国机械进出口总公司合作建设的土耳其安卡拉—伊斯坦布尔高铁二期项目，已于 2014 年 1 月完成，在安全商业运营两年后移交给土耳其铁路总局②；由中铁隧道集团有限公司承建的乌兹别克斯坦的"安格连—帕普"铁路隧道于 2013 年 9 月开工，不到三年时间正式通车，被视为共建"一带一路"交通互联互通合作的示范性项目③；中国铁建在塔吉克斯坦承建的"瓦赫达特—亚湾"铁路项目于 2015 年 5 月开工建设，全长 48.65 千米，主要工程量包括隧道 3 座和桥梁 5 座，于 2016 年 8 月正式建成通车④，是连接中国—塔吉克斯坦—阿富汗—伊朗国际铁路的重要组成部分，对于中国—中亚—西亚国际物流通道互联互通具有重要意义。

2. 国际物流通道建设状况

中国—中亚—西亚经济走廊倡议推动了中亚班列的开通与运行。广义的中亚班列是指自中国或经中国发往中亚五国以及西亚、南亚等国家的快速集装箱直达班列。中亚班列主要通过五个口岸三个不同走向，即过阿拉山口和霍尔果斯口岸分别连接中亚—西亚、过二连浩特口岸连接蒙古国、过山腰和凭祥口岸连接南亚。中亚班列货物是中国通过上述五个口岸的进出口货物以及日韩、东南亚等国过境中国的过境货物。本节关注的中亚班列仅是指过阿拉山口或霍尔果斯口岸往来于中国、中亚各国，以及伊朗、土耳其等西亚国家的集装箱国际铁路联运班

① "一带一路"建设，交通运输要先行 ［EB/OL］. ［2017-07-05］. https：//www. zgjtb. com/2017-07/05/content_ 120027. html.

② 中国铁建承建土耳其安伊高铁二期主体完工 ［EB/OL］. ［2014-01-20］. https：//m. huanqiu. com/article/9CaKrnJE14I.

③ 最长的梦想隧道——记乌兹别克斯坦"安格连-帕普"铁路卡姆奇克隧道项目 ［EB/OL］. ［2016-06-28］. http：//www. xinhuanet. com/world/2016-06/28/c_1119128627. htm.

④ 一条路和一座桥——中国制造连通世界 ［EB/OL］. ［2016-12-22］. https：//news. cri. cn/baidunews-eco/20161222/ac429642-1cb4-6745-ead9-8bf54a7e1b50. html.

列，在中国境内主要是从西安、重庆、成都、兰州、义务、连云港、青岛、郑州等多个城市发出的班列，如表3-4所示。

表3-4 2019年中国—中亚—西亚国际物流通道沿线部分中亚班列运行状况

中亚班列	途径国家	开行数量	运行时间（天）	运输里程（千米）	出口的主要货物品类
义乌—海拉顿	中国、哈萨克斯坦、乌兹别克斯坦	1（列/周）	12	7500	服装、鞋帽、文具和小五金等
义乌—德黑兰	中国、哈萨克斯坦、土库曼斯坦、伊朗	按需开	14	10399	床上用品、五金、饰品等
西安—阿拉木图/塔什干	中国、哈萨克斯坦、乌兹别克斯坦	3（列/周）	14	6000	白糖、家具、布料等
郑州—塔什干	中国、哈萨克斯坦、乌兹别克斯坦	3（列/周）	3~5	5000	机械设备、配件，食品等
重庆—阿什哈巴德	中国、哈萨克斯坦、乌兹别克斯坦、土库曼斯坦	2（列/月）	9~11	—	工业机械设备、门窗家具、化工品、食品和服装鞋帽等
连云港—阿拉木图/塔什干	中国、哈萨克斯坦、乌兹别克斯坦	按需开	6~10	5500	轮胎、瓷砖、茶叶、汽车配件等
连云港—伊斯坦布尔	中国、哈萨克斯坦、阿塞拜疆、格鲁吉亚、土耳其	3（列/月）	15	—	机械设备、电子产品、日常生活用品、汽车配件、建材产品等
青岛—阿拉木图	中国、哈萨克斯坦、乌兹别克斯坦	3~4（列/周）	10	—	润滑油、铜制品、塑料、家具、轮胎等
济南—安集延	中国、哈萨克斯坦、乌兹别克斯坦	按需开	13	7300	精密加工设备、汽车配件、机械设备、工艺品、服装及小商品等

注：根据冯芬玲编著的《"一带一路"与中欧班列》和中国一带一路网等网站关于中亚班列的相关信息整理所得；运行时间和里程均为最长和最远的大约时间和里程；"—"表示未搜集到准确信息。

此外，共建"一带一路"倡议下中国—中亚—西亚国际物流通道互联互通建设的还有干线公路和地下管道。其一，如中国—吉尔吉斯斯坦—乌兹别克斯坦国际公路和中国—塔吉克斯坦—乌兹别克斯坦国际公路，分别简称为中吉乌公路和中塔乌公路。中吉乌公路起点为中国的喀什，过中国伊尔克什坦口岸，经吉尔吉斯斯坦的萨雷塔什和奥什、乌兹别克斯坦的安集延，终点为塔什干，全长937千米，已于2018年2月公路货运正式运行；中塔乌公路起点为中国喀什，过中国的卡拉苏口岸，经塔吉克斯坦的坦多斯提、杜尚别、霍罗格，抵达乌兹别克斯坦的铁尔梅兹，全长 1650 千米，已于 2019 年 8 月开始运行（蔡昉等，2021）。两条国际货运公路线路的运行成为联通中国—中亚—西亚国际物流通道的重要组成部分。其二，管道运输是中国—中亚—西亚经济走廊的重要能源建设和联通通道。中国—中亚天然气管道联通是该走廊合作建设的重要项目，中国—中亚天然气管道西起土库曼斯坦与乌兹别克斯坦边境，穿越乌兹别克斯坦中部和哈萨克斯坦南部，经中国新疆霍尔果斯口岸入境后与我国西气东输的二、三线管道相连，总长度 10000 多千米，在中国境内有 1833 千米，目前实现 ABC 三线并行（蔡昉等，2021）。截至 2022 年 11 月，该管道向中国输送天然气超 400 亿立方米，日输气量约为 1.2 亿立方米，保障了中国天然气管道沿线 5 亿多居民的用气①。

（三）中国—中亚—西亚国际物流通道沿线国家

按中国一带一路网划分，中国—中亚—西亚经济走廊贯通亚欧大陆 22 个国家，同时结合近年来中国开通的中亚班列经过霍尔果斯或阿拉山口口岸直接通达中亚和西亚国家的情况，本书主要关注中亚的 5 个国家和西亚的 3 个国家，各国 2019 年在经贸、物流、通信和通关方面的概况如表 3-5 所示。

表 3-5 显示了 2019 年中国—中亚—西亚国际物流通道沿线的 9 个国家在各方面的状况。①在经贸方面，该通道国家人均 GDP 仅为 6571.51 美元，属于低收入国家，沿线除土耳其为高收入国家外，特别是吉尔吉斯斯坦、塔吉克斯坦和乌兹别克斯坦三个中亚国家人均 GDP 均低于 2500 美元；从开放程度来看，中国—中亚—西亚国际物流通道沿线国家的贸易额占 GDP 比重的平均值为 61.07%，远低于新亚欧大陆桥沿线国家，因此积极促进该通道沿线国家经济发展和经贸流通是必要的。②在物流相关指标方面，中国—中亚—西亚通道和新亚欧大陆桥一样，依托陆上铁路实现规模运输，但除了中国，其他中亚和西亚国家中仅哈萨克斯有一定规模，其他国家的铁路基础设施和铁路货运还有待进一步发展；从航空货运量来看，除中国和土耳其外，其余国家均非常低；从海运量来看，该通道沿线一半以上为内陆国家，除了中国，伊朗、土耳其和伊拉克的平均海运量还不足 1500 万 TEU；该通道的平均物流服务能力与质量仅为 2.62，属于中等偏低水平，且除了中国和土耳其，其余国家均低于 3。因此，从物流上看，

---

① 中亚天然气管道今年向我国输气超 400 亿方 ［EB/OL］．［2022-11-28］．http：//www.news.cn/2022-11/28/c_1129167001.htm.

表 3-5 中国—中亚—西亚国际物流通道沿线国家基本概况

	国家	中国	哈萨克斯坦	吉尔吉斯斯坦	塔吉克斯坦	乌兹别克斯坦	土库曼斯坦	伊朗	土耳其	伊拉克
经贸	人均GDP（美元）	8242.05	11518.5	1117.48	1123.19	2464.48	8005.00	5922.53	15125.88	5624.42
	贸易额/GDP（%）	35.84	64.86	99.37	56.05	72.25	29.92	56.17	62.68	72.46
	铁路里程（千米）	68141	16060.8	424.00	620.00	4642.00	7680.00	9454.00	10378.00	—
物流	铁路货运量（百万吨千米）	3018200	289174	870.40	231.70	22860	13327	33645.7	14707.00	—
	航空货运量（百万吨千米）	25394.6	48.90	0.46	2.51	70.50	16.92	152.26	6815.51	16.20
	货柜码头吞吐量（万TEU）	24203	—	—	—	—	—	151.69	1167.91	93.27
	班轮联通指数	151.91	—	—	—	—	—	19.80	57.45	24.66
	物流服务能力和质量	3.59	2.58	2.36	2.33	2.59	2.31	2.84	3.05	1.91
通信	移动蜂窝电话订阅数（每百人）	121.79	138.63	134.39	117.96	101.21	157.81	142.39	96.84	94.70
	固定电话订阅数（每百人）	13.32	16.56	4.66	5.39	10.77	12.07	34.92	13.82	7.27
	固定宽带互联网订阅数（每百人）	31.34	13.54	4.19	0.06	13.94	0.13	10.40	17.06	11.60
通关	海关与边境管理清关程序的效率	3.29	2.66	2.75	1.92	2.10	2.35	2.62	2.71	1.84
	进口中转时间（天）	6	3	2	10	3	3	5	3	7
	出口中转时间（天）	2	10	1	14	16	3	3	3	12

注：相关指标说明和资料来源同表 3-2。

中国—中亚—西亚国际物流通道建设还需更深入地推进和建设。③在通信方面，从该通道沿线国家的平均值来看，每百人的移动蜂窝电话订阅数远高于固定宽带互联网订阅数和固定电话订购数，因此该通道互联网基础设施还很薄弱，还需进一步建设以便于通道信息联通。④在通关方面，从进口和出口中转天数来看，基本都在 5~7 天，其海关与边境管理清关程序的效率均值为 2.47，属于中等以下水平，由此表明该通道的通关服务通道建设还有待大力度投入和推进发展。

四、中蒙俄国际物流通道及沿线国家概况

（一）中蒙俄经济走廊概况

中国为了将"丝绸之路经济带"同俄罗斯的跨欧亚大路桥、蒙古国的草原之路进行对接，以加强各国之间铁路和公路等互联互通建设并推进通关和运输便利化，习近平主席在 2014 年 9 月出席三国元首会晤时提出了打造"中蒙俄经济走廊"的倡议，得到了俄罗斯、蒙古国两国的积极响应。于是 2015 年 3 月出台的《愿景与规划》提出发挥内蒙古联通俄罗斯的优势，完善黑龙江对俄铁路通道和区域铁路网，以及东北各省与俄远东地区陆海联运合作，推进构建北京到莫斯科的亚欧高速运输走廊，自此中蒙俄经济走廊便开始推进和建设。

中蒙俄经济走廊是指联通中国、蒙古国和俄罗斯的通道，主要有两条：一条是从华北出发过二连浩特口岸至蒙古国的乌兰巴托，最后抵达俄罗斯，并入远东铁路网；另一条是从东北出发过满洲里口岸抵达俄罗斯的赤塔。中蒙俄经济走廊联通了环渤海经济圈与欧洲经济圈，打通了亚欧之间的北方通道①。该走廊的联通具有运输成本低、时间短，途径国家少，海关通关成本低等优势，是一条潜力巨大的国际物流通道。

（二）中蒙俄国际物流通道建设概况

1. 政策构通与合作推进机制

为了推动中蒙俄经济走廊及其国际物流通道的建设，中、蒙、俄三国政府在政策沟通上做了很多努力。三国元首首先在 2015 年 7 月批准《中华人民共和国、俄罗斯联邦、蒙古国发展三方合作中期路线图》，并签署了《关于编制建设中蒙俄经济走廊规划纲要的谅解备忘录》，随后以此为基础于 2016 年 6 月正式签署了

---

① 中蒙俄经济走廊开辟东北开放新通道［EB/OL］．［2015-03-26］．https：//finance.ifeng.com/a/20150326/13582603_0.shtml.

《建设中蒙俄经济走廊规划纲要》，明确了三方合作主要内容，同时还签署了三国《中华人民共和国海关总署、蒙古国海关与税务总局和俄罗斯联邦海关总署关于特定商品海关监管结果互认的协定》等合作文件，为三国之间通关便利化提供了良好的政策保障。2016年底，中、蒙、俄完成了《沿亚洲公路网政府间国际道路运输协定》的签署工作，为国际物流通道联通保驾护航。2018年，三国又签署了《关于建立中蒙俄经济走廊联合推进机制的谅解备忘录》以完善中蒙俄经济走廊合作建设机制，并对《中蒙俄经济走廊规划纲要》在开发铁路、公路运输及能源等领域的合作项目推进进行再次磋商，并推进各项目落地实施（蔡昉等，2021）。2022年9月15日，习近平主席与俄、蒙两国总统在中俄蒙三国元首第六次会晤中确认了《建设中蒙俄经济走廊规划纲要》延期5年，并正式启动了中蒙俄经济走廊中线铁路升级改造及发展可行性研究，也开始商定积极推进中俄天然气管道过境蒙古国铺设项目[①]。

2. 国际物流通道建设状况

各项政策沟通和合作推进机制有力保障了中蒙俄经济走廊合作建设及国际物流通道的联通，当前已开通并基本实现常态化运营的"津满欧""苏满欧""粤满欧""沈满欧""中俄欧"等中欧班列促进了三国之间贸易畅通。联通中蒙俄国际物流通道的中欧班列主要指过二连浩特和满洲里口岸的国际运输班列，如表3-6所示。

表3-6 中蒙俄国际物流通道部分中欧班列的开行情况

中欧班列	途径国家	开行数量	运行时间（天）	运输里程（千米）	主要货物品类
郑州/武汉—汉堡	中国、蒙古国、俄罗斯、白俄罗斯、波兰、德国	2（列/周）	15		服饰、文体用品、工艺品、机械零件等
成都—莫斯科	中国、蒙古国、俄罗斯	4（列/月）	12	9572	蔬菜、水果、服装鞋帽等
重庆—杜伊斯堡	中国、蒙古国、俄罗斯、白俄罗斯、波兰、德国	15（列/周）	15	11179	化工品、食品、服装、家具、机电等
苏州—华沙	中国、蒙古国、俄罗斯、白俄罗斯、波兰	1（列/周）	12	11200	电子产品、汽车零部件等
沈阳—莫斯科	中国、蒙古国、俄罗斯	1（列/周）	12	8443	机械设备、汽车配件、电子产品等

① 习近平出席中俄蒙元首第六次会晤 [EB/OL].[2022-09-16].http://www.xinhuanet.com/world/2022-09/16/c_1129006286.htm.

续表

中欧班列	途径国家	开行数量	运行时间（天）	运输里程（千米）	主要货物品类
天津—莫斯科	中国、蒙古国、俄罗斯	3（列/周）	10~11	7800	机电设备、服装、纺织品、电子产品、家电、汽车配件等
乌兰察布—莫斯科	中国、蒙古国、俄罗斯	1（列/周）	5	5500	工程机械、汽车配件、服装鞋帽、草原特产、数码产品等
厦门—莫斯科	中国、蒙古国、俄罗斯	1（列/周）	13	10920	服装鞋帽、石材、机械、玩具、日用化工品、纺织品、建材等
长春—施瓦茨海德	中国、蒙古国、俄罗斯、白俄罗斯、波兰、德国	2（列/周）	13	9800	轮胎、木制品、工业机械、化工产品、金属制品等
广州—莫斯科	中国、俄罗斯	3（列/周）	14	11500	电子产品、鞋和玩具等
义乌—明斯克	中国、俄罗斯、白俄罗斯	1（列/周）	12	6578	日用小商品、服装、箱包、五金工具、电子产品等

注：根据冯芬玲编著的《"一带一路"与中欧班列》、夏杰长等著的《中欧班列与"一带一路"》及中国一带一路网等网站相关信息整理所得；运行时间和里程均为最长和最远的大约时间和里程。

在中蒙俄国际物流通道联通上，除中欧班列开通并常态化运行外，其他铁路、公路和边境口岸的跨国基础设施联通也有了实质性进展。首先，在铁路建设方面，主要有中俄间的滨洲铁路电气化改造并实现了与俄罗斯西伯利亚大铁路并网，莫斯科至喀山高铁建设项目、贝阿干线和跨西伯利亚大铁路改造都获得了俄政府投资和推动建设；中蒙间白阿铁路、长白铁路已如期贯通，一条中国通往境外的标准铁路——策克口岸跨境铁路通道项目已于2016年5月开工建设（蔡昉等，2021）。其次，在公路建设方面，在《沿亚洲公路网国际道路运输政府间协定》的推进下，乌兰巴托新国际机场高速公路于2018年10月全线贯通，巴彦洪格尔省公路于2017年6月开工，中俄黑河公路桥、同江铁路大桥于2019年5月合龙通车①。最后，口岸和产业园区的建设和推进对于跨境贸易便利化和物流通关效率化提升都具有重要作用。例如，中蒙二连浩特—扎门乌德经济合作区在2016年5月两国签署《二连浩特—扎门乌德中蒙跨境经济合作共同总体方案》的推动下，于2018年5月开工建设，2019年6月，中蒙两国正式签署了《中华

---

① 六大经济走廊建设面面观，一次获取超全资料！[EB/OL].[2019-04-26].https：//www.yidaiyilu.gov.cn/p/87694.html.

人民共和国政府和蒙古国政府关于建设中国蒙古二连浩特—扎门乌德经济合作区的协议》，积极推进该经济合作区的建设。此外，国务院在 2015 年 3 月批复设立的以现代物流、保税仓储、国际贸易和保税加工为重点的满洲里综合保税区，已于 2016 年底正式实现封关运营，成为中蒙之间重要的国际物流集散地；蒙古国于 2014 年 2 月同意开放乌力吉—查干德勒乌拉口岸，并在 2019 年与中国签署援建乌力吉—查干德勒乌拉口岸相关基础设施的协议，该口岸开通将是中蒙俄之间最便捷的陆上通道（蔡昉等，2021）。

（三）中蒙俄国际物流通道沿线国家概况

表 3-7 列出了 2019 年中蒙俄国际物流通道沿线的中国、蒙古国、俄罗斯在经济、物流、通信和通关方面的现状。①在经贸方面，中蒙俄通道中的俄罗斯人均 GDP 略高，蒙古国最低，也可看出蒙古国对外开放程度更高，需要畅通的国际物流通道支撑，同时中国和俄罗斯也需要深化对外开放力度，支持和推动国际物流通道的联通是必然的。②在物流相关指标方面，作为内陆国家的蒙古国，没有海运条件，其铁路基础设施、铁路货运量及航空货运量相比中国和俄罗斯差距较大，总体物流服务能力与质量仅为 2.21，还处于较低水平。因此，中蒙俄物流通道建设中蒙相关物流基础设施的建设还亟待提高。③在通信方面，中、蒙、俄三国的通信联通还有待进一步推进，特别是蒙古国在互联网基础设施上还需进一步建设，以便于通道信息联通。④在通关方面，从进口和出口中转天数来看，平均为 4 天左右，俄罗斯和蒙古国的海关与边境管理清关程序的效率都低于中值，分别为 2.42 和 2.22，即属于中等以下水平，中国则为中等偏上水平，由此表明该通道的通关服务通道还需要大力度推进建设。

表 3-7　2019 年中蒙俄国际物流通道沿线国家概况

概况	沿线国家	中国	蒙古国	俄罗斯
经济	人均 GDP（美元）	8242.05	4352.64	12122.61
	贸易额/GDP（%）	35.84	126.22	49.44
物流	铁路里程（千米）	68141	1814	85494
	铁路货运量（百万吨千米）	3018200	17384	2602493
	航空货运量（百万吨千米）	25394.59	7.37	6620.70
	货柜码头吞吐量（万 TEU）	24203	—	505.97
	班轮联通指数	151.91	—	43.71
	物流服务能力和质量	3.59	2.21	2.75

续表

概况	沿线国家	中国	蒙古国	俄罗斯
通信	移动蜂窝电话订阅数（每百人）	121.79	137.01	164.39
	固定电话订购数（每百人）	13.32	10.89	18.97
	固定宽带互联网订阅数（每百人）	31.34	9.84	22.52
通关	海关与边境管理清关程序的效率	3.29	2.22	2.42
	进口中转时间（天）	6	4	5
	出口中转时间（天）	2	4	3

注：相关指标说明和资料来源同表3-2。

五、中国—中南半岛国际物流通道及沿线国家概况

（一）中国—中南半岛经济走廊概况

中国—中南半岛经济走廊以中国广西南宁和云南昆明为起点，纵贯中南半岛六国，最终抵达新加坡，是中国连接中南半岛的重要通道，也是中国与东盟合作的跨国经济走廊①和中国共建“一带一路”倡议建设的六大经济走廊之一。

中国—中南半岛经济走廊以沿线中心城市为依托，主要以铁路和公路为载体和纽带，以实现客流、物流、资金流和信息流为基础，开拓新的战略通道，加快形成沿线各国优势互补、区域分工协同发展的区域经济体，促进中国—中南半岛沿线国家的共同繁荣发展，也有助于构建中国—东盟命运共同体。

（二）中国—中南半岛国际物流通道建设状况

1. 政策沟通和合作推动机制

中国积极与中南半岛各国在遵循“共商共建共享”原则基础上建立合作推动机制。2016年5月，第九届泛北部湾经济合作论坛暨中国—中南半岛经济走廊发展论坛发布《中国—中南半岛经济走廊倡议书》；2016年9月东盟国家发布了《东盟互联互通总体规划2025》，目标是打造在可持续基础设施、数字创新、无缝物流、卓越监管和人口流动性五个领域优先推进无缝连接的一体化东盟，该规划与共建“一带一路”“五通”建设的理念高度契合；2017年，中国与东盟签署

---

① 是物流通道也是产业融合走廊［EB/OL］．［2023-01-31］．https：//baijiahao. baidu. com/s？id=175650013434759591l&wfr=spider&for=pc.

了《中国—东盟关于进一步深化基础设施互联互通合作的联合声明》,进一步推动中国与东盟国家的基础设施建设及互联互通①;《大湄公河次区域交通发展战略规划(2006—2015)》的实施形成了九大交通走廊,2017年3月,《大湄公河次区域便利货物及人员跨境运输协定》启动实施,为该次区域的物流、贸易便利化搭建了有利桥梁②;2019年,中国分别与柬埔寨、老挝合作实施了《中柬构建命运共同体行动计划》《中国共产党和老挝人民革命党关于构建中老命运共同体行动计划》;《区域全面经济伙伴关系协定》已于2022年1月1日正式生效实施,除缅甸外,该走廊上的其他国家均已加入该协定,这为中国—中南半岛贸易便利化创造了更有利的条件。同时,中国在省域层面也做了积极的合作推动,如"中国云南—缅甸合作论坛""中国云南—老挝北部合作工作组""中国云南—泰国北部合作工作组""中国云南与越南河内—海防—老街—广宁五省市经济走廊合作会议""中国南宁—新加坡经济走廊"等常态化推动合作机制,对中国—中南半岛经济走廊建设和国际物流通道互联互通都具有良好的保障和推动作用(蔡昉等,2021)。

2.国际物流通道建设

随着中国—中南半岛经济走廊建设交通设施互联互通的不断完善,其国际物流大通道功能日益显现,逐步形成了跨境铁路、公路、航空等构成的三位一体的通道体系。

第一,铁路方面。中亚班列(中国广州、南宁、开远到越南河内、海防等)的跨境集装箱直通班列成功双向对开和常态化运行,已搭建起中越之间的主干物流通道;与中国—中南半岛经济走廊建设密切相关的西部陆海新通道开通,由中国西部地区一路向南,经广西北部湾出海通达东盟国家及世界各地,相较于走长江航道出海转运东盟等地,该通道大幅缩短了运输距离、缩短了运输时间,为中国和东盟之间提供了便捷的贸易通道;第一个以中方为主投资建设和共同运营的,且直接与中国铁路网联通的跨国铁路——中老铁路于2021年底开通,北起云南省昆明市,穿山(磨盘山、哀牢山)、跨江(元江、澜沧江)后,通过友谊隧道进入老挝北部,最后抵达其首都万象,全长1035千米,2022年5月10日中老班列启用进境"铁路快通"新模式抵达中国成都国际铁路港,中老之间进

---

① 第16次中国—东盟(10+1)经贸部长会议举行[N].经济日报,2017-09-12.

② 六大经济走廊建设面面观[N].丝路观察,2019-06-27.

入"铁路快通"时代。据统计，国内21个省份已先后开行了中老铁路跨境货物列车，货物运输已覆盖老挝、泰国、缅甸、马来西亚、柬埔寨、新加坡等国家和地区，运输货物的品类由开通初期的化肥、百货等扩展至电子、光伏、冷链水果等，从开通初期的100余种提升到1200余种①②，仅2022年1~10月经中老铁路进出口的就达115.9亿元，其中出口占近75%③，中老国际物流通道有效推动了中越两国乃至中国与中南半岛各国的贸易畅通；中缅铁路的中国段已通行，中国投资的中泰铁路一期工程已经进入全面建设阶段，中国高铁首次全系统、全要素、全产业链在海外落地的高速铁路项目——雅（雅加达）万（万隆）高铁即将开通。由此可见，中国与中南半岛之间的铁路干线以及中南半岛各国铁路建设，为该走廊的国际物流通道联通奠定了良好的基础。

第二，公路方面。与中南半岛毗邻的中国广西、云南目前已经建成了多条对接中南半岛的高速公路。其中已于2008年3月31日全线贯通的昆曼国际公路是一条中国陆路连接东南亚国家的一条重要交通大动脉，也是中国首条国际高速公路，这是中国—东盟自由贸易区和大湄公河次区域合作中的重点项目之一，该公路东起昆（明）玉（溪）高速公路入口处，过境老挝，止于泰国曼谷，全长1880多千米④，未来将接合到马来西亚与新加坡的公路网络，也将成为中国—中南半岛之间互联互通的又一大物流通道。

第三，中国—东盟信息港已于2015年9月正式挂牌，由中国和东盟国家共同建设，以深化网络互联、信息互通、合作互利为基本内容，面向东盟、服务中国西南—中南的国际通信大通道，形成区域性国际大数据资源应用服务枢纽，共筑的"信息丝绸之路"⑤，将为中国—中南半岛经济走廊的经贸流通和国际物流通道联通提供信息共享平台。

---

① 中老铁路：高效便捷的国际物流"黄金通道"［EB/OL］.［2022-09-22］. http：//www. xinhua-net. com/2022/09/22/c_1129024079. htm.

② 是物流通道也是产业融合走廊［EB/OL］.［2023-01-31］. https：//baijiahao. baidu. com/s? id = 1756500184470804503&wfr = spider&for = pc.

③ 中老铁路开行国际货运列车超2800列［EB/OL］.［2022-12-02］. https：//baijiahao. baidu. com/s? id = 1751085967327967974&wfr = spider&for = pc.

④ 中国最美公路—昆曼公路：横贯三国，镌刻繁华［EB/OL］.［2022-10-14］. https：//www. sohu. com/a/592717988_121124406.

⑤ 2020年：中国—东盟数字经济合作年共建数字丝绸之路［EB/OL］.［2019-10-23］. https：//baijiahao. baidu. com/s? id = 1648141193314982630&wfr = spider&for = pc.

（三）中国—中南半岛国际物流通道沿线国家概况

表 3-8 显示了 2019 年中国与中南半岛各国在经贸、物流、通信和通关方面的概况。①在经贸方面，该通道上的新加坡为高收入国家，其次为马来西亚，人均 GDP 相对较高，而越南、老挝、柬埔寨和缅甸的经济发展落后；该通道沿线的新加坡是外贸依赖最强的国家，其次是越南，无论是外贸良好还是有待对外深入开放的国家，互联互通的国际物流通道都是重要的支撑。②在物流相关指标方面，该通道上部分国家缺乏统计数据或者没有铁路，仅有的除了中国，越南和马来西亚的铁路及货运量都很低，因此该通道沿线特别是内陆国家的铁路基础设施亟待建设；航空货运量最低的是柬埔寨、老挝，甚至不足个位数；从海运来看，中国和新加坡的班轮联通指数均超过 100，遥遥领先于该通道其他国家，最低的柬埔寨和缅甸不足 10；而从各国整体的物流服务能力和质量来看，新加坡最高为 4.1，达到良好及以上水平，中等及以上水平的依次为中国、泰国和马来西亚，其余国家都在中等以下水平。由此可见，中国—中南半岛各国物流基础设施建设水平参差不齐，低水平国家还有待进一步投入和建设，以实现国际物流通道的互联互通。③在通信方面，该通道沿线各国的通信联通还都有提升的空间，特别是互联网订阅数在老挝、柬埔寨和缅甸每百人仅为 1 人左右，而互联网基础设施对通道信息联通至关重要。④在通关方面，从进口和出口中转天数来看，平均值分别为 3.5 天和 2.5 天左右，其中新加坡、马来西亚进出口中转较快；该通道沿线国家的海关与边境管理清关程序的平均效率值为 2.92，处于中等偏上水平，但柬埔寨和缅甸都低于中值，即为中等及以下水平，由此表明该通道的通关服务通道还需要不断推进建设。

表 3-8　2019 年中国—中南半岛国际物流通道沿线国家概况

概况	沿线国家	中国	越南	老挝	柬埔寨	泰国	缅甸	马来西亚	新加坡
经贸	人均 GDP（美元）	8242.05	2082.24	1854.68	1268.97	6505.72	1653.29	12486.67	59374.44
	贸易额/GDP（%）	35.84	210.40	64.45	123.56	109.63	52.04	123.00	323.52
物流	铁路里程（千米）	68141	2481	—	—	—	—	1655	—
	铁路货运量（百万吨千米）	3018200	3742.00	—	—	—	—	1141.59	—
	航空货运量（百万吨千米）	25394.59	1022.84	0.91	0.69	2234.04	8.31	1378.74	6411.99

续表

概况	沿线国家	中国	越南	老挝	柬埔寨	泰国	缅甸	马来西亚	新加坡
物流	货柜码头吞吐量（万 TEU）	24203.00	1365.89	—	77.92	1075.58	112.18	2621.51	3798.30
	班轮联通指数	151.91	66.51	—	8.00	52.92	8.47	93.80	108.08
	物流服务能力和质量	3.59	2.47	2.65	2.41	3.41	2.28	3.30	4.10
通信	移动蜂窝电话订阅数（每百人）	121.79	141.23	60.84	129.92	186.16	151.62	139.60	155.65
	固定电话订购数（每百人）	13.32	3.79	20.79	0.34	7.78	0.97	23.18	32.93
	固定宽带互联网订阅数（每百人）	31.34	15.35	1.06	1.12	14.52	0.90	9.28	25.91
通关	海关与边境管理清关程序的效率	3.29	2.95	2.61	2.37	3.14	2.17	2.90	3.89
	进口中转时间（天）	6	3	2	4	5	4	2	2
	出口中转时间（天）	2	2	2	3	4	3	2	2

注：相关指标说明和资料来源同表3-2。

六、孟中印缅国际物流通道及沿线国家概况

（一）孟中印缅经济走廊的概况

早在古代开辟的南方丝绸之路和茶马古道等就联通了中缅印、亚欧大陆而形成古老的跨境通道，"丝绸西去"和"佛陀东来"曾在中国与南亚、东南亚经贸流通和文化交流的历史上留下了浓墨重彩的一笔。基于历史互通的渊源，原总理李克强在 2013 年 5 月访问印度时发表了中印两国联合声明，以加强地区间互联互通，倡议建设孟中印缅经济走廊。因此，该经济走廊的提出略早于"丝绸之路经济带"倡议。2015 年 3 月我国发布的《愿景与行动》指出，孟中印缅经济走廊与"一带一路"建设关联紧密，成为共建"一带一路"的重要组成部分。

孟中印缅经济走廊以昆明、曼德勒、达卡、加尔各答等沿线重要城市为依托，连接东亚、南亚、东南亚三大次区域，沟通了太平洋与印度洋两大海域，是一条连接了当今世界上最多人口的经济走廊。特别是，该走廊联通中国珠三角经济圈与印度经济后对沿线国家的发展具有巨大的推动作用，将以铁路、公路、航

空、水运、电力、通信、油气管道等为纽带，形成中国走向南亚和印度洋区域大市场的最便捷、最具经济吸引力的国际大通道。

（二）孟中印缅国际物流通道建设状况

互联互通的基础设施建设是孟中印缅经济走廊的优先领域。2015 年 5 月，印度总理访华达成一系列合作协议推动孟中印缅经济走廊合作建设。与此同时，孟中印缅四国联合研究工作组在 2013 年 12 月、2014 年 12 月、2017 年 4 月先后三次会议的联合研究报告中就互联互通、能源、投融资、货物与服务贸易及投资便利化等重点领域的交流与合作达成了诸多共识。其中，四国在 2013 年 12 月的第一次联合工作组会议时达成共识：以交通干线或综合运输通道为发展主轴推动沿线区域经贸流通，以实现促进次区域国家和地区经济发展的国际区域经济带。

第一，铁路、海公铁联运在孟中印缅国际物流通道的建设进展相对较快。中缅国际铁路以中国云南昆明为起点、以缅甸仰光为终点，是泛亚铁路西线的重要路段，目前中国段的昆明至大理段已开通运营，大理至瑞丽段部分路段也已开通，但缅甸段进展不太顺利，还有待进一步推进；2018 年 10 月中缅代表签署了木姐—曼德勒铁路项目可行性研究备忘录，相关工作正在有序推进，该铁路是中缅铁路缅甸境内起始段，也是中缅经济走廊重要干线，其建成以后将降低两国贸易运输成本和提升两国经贸合作[①]；而在公路建设上，中国境内昆明至瑞丽、昆明至腾冲猴桥、昆明至临沧清水河等高速公路基本全线贯通；在多式联运方面，2021 年 8 月连接环印度洋—缅甸仰光港—中国清水河口岸—临沧火车站—中国各地的中缅印度洋新通道海公铁联运试运行成功，也意味着开启了中缅印的贸易物流新通道；随后在 2022 年，中缅印度洋新通道海公铁联运/公铁联运德阳—临沧—缅甸、重庆—临沧—缅甸国际班列、深圳—临沧—仰光—印度钦奈等也相继开通，截至 2022 年底，该新通道累计完成海公铁联运/公铁联运 20 批次，货运量 2.18 万吨，货值 3.48 亿元[②]。

第二，中缅油气管道是孟中印缅国际物流通道的重要通道。该项目是在 2009 年 6 月由中国石油天然气集团公司与缅甸联邦能源部签署的《中国石油天然气集团公司与缅甸联邦能源部关于开发、运营和管理中缅原油管道项目的谅解备忘录》基础上快速推动建成的，2010 年 6 月中缅油气管道境外开工，同年 9 月境

① 中缅签署木姐—曼德勒铁路项目可行性研究备忘录 ［EB/OL］. ［2018-10-23］. https：//www. gov. cn/xinwen/2018-10/23/content_5333666. htm? cid=303.

② 建设孟中印缅经济走廊 ［EB/OL］. ［2023-01-21］. https：//baijiahao. baidu. com/s? id=1756500 261878223880&wfr=spider&for=pc.

内段开工建设，并于 2013 年 5 月全线贯通。其中，原油管道起于缅甸皎漂港马德岛止于云南昆明安宁市，而天然气管道起于缅甸兰里岛止于广西贵港。截至 2022 年上半年，累计向中国输送天然气 356.7 亿标方，原油 5135.99 万吨[①]。中缅油气管道成为继中哈石油管道、中亚天然气管道、中俄原油管道之后的第四大能源进口通道[②]。

第三，皎漂港是孟中印缅国际物流通道重要的物流节点。皎漂港是东南亚地区重要的中转和补给港口，也是中缅油气管道的起点，同时中缅铁路终点位于该港北侧入口的马德岛，未来建设完成后中缅铁路将成为中国运送货物到海外的重要通道，皎漂港则成为重要的出海枢纽和货物集散中心。皎漂港为天然深水良港，自然水深 24 米左右，可航行和停泊 25 万~30 万吨级远洋客货轮船。早在 2015 年 12 月 30 日，由中国中信集团等六大企业组成的中信联合体中标皎漂经济特区深水港和工业区项目，2018 年 11 月中缅双方代表签署了皎漂深水港项目框架协议，皎漂深水港项目将由缅中双方共同投资的缅甸公司以特许经营方式开发建设和运营，其中中方占股 70%[③]。2020 年 8 月，皎漂特别经济区深水港项目合资公司成立，这意味着该项目取得了重大推进，这是中缅两国共建"一带一路"的重点项目，对提升缅甸基础设施水平和经济发展、促进两国经贸畅通具有重要意义。

（三）孟中印缅国际物流通道沿线国家概况

表 3-9 显示了 2019 年中国、孟加拉、印度和缅甸四个国家在经贸、物流、通信和通关方面的概况。①在经贸方面，从人均 GDP 来看，该通道除了中国，其他三个都属于低收入国家，孟加拉国人均 GDP 还不足 1300 美元；四个国家的贸易开放度都有待进一步提升，因此，畅通孟中印缅国际物流通道、带动沿线国家经贸流通和经济发展意义重大。②在物流相关指标方面，孟加拉和缅甸的铁路里程和货运量都有待提升，两个国家的航空货运量、货柜码头吞吐量和班轮联通指数也都极低；而印度作为一个人口大国，铁路总里程甚至略高于中国，但其铁路货运量不足中国的 1/4，其航空货运量、货柜码头吞吐量和班轮联通指数相对也很低；通道沿线四个国家的物流服务能力与质量平均值仅为 2.87，其中孟加拉

---

① 中缅油气管道累计向中国输送原油超 5000 万吨［EB/OL］.［2022－07－27］. https：//www. chinanews. com. cn/cj/2022/07-27/9813504. shtml.

② 用青春浇筑祖国能源动脉——中缅油气管道建设现场探访［EB/OL］.［2013－01－20］. https：// www. 163. com/money/article/8LLE2JJM00253B0H. html.

③ 中缅签署皎漂深水港项目框架协议缅方占股 30%［EB/OL］.［2018－11－09］. https：//www. yidaiyilu. gov. cn/p/71146. html.

和缅甸都处于低水平。由此可见，孟中印缅物流通道建设中孟加拉、缅甸的相关物流基础设施建设任重道远，需要大力投入和建设。③在通信方面，除了中国，其他三国的互联网用户订阅数都极低，特别是印度和缅甸，每百人不足1人订阅固定宽带互联网，因此该通道通信基础设施联通亟待进一步推进。④在通关方面，从进口和出口中转天数看，四国平均值分别为4.5天和3天左右，而孟加拉和缅甸的海关与边境管理清关程序的效率都低于中值，分别为2.3和2.17，属于偏低水平，由此表明该通道的通关服务通道也需要大力度投入和推进建设。

表3-9　2019年孟中印缅国际物流通道沿线国家概况

概况	沿线国家	中国	孟加拉	印度	缅甸
经贸	人均GDP（美元）	8242.05	1287.82	2152.22	1653.29
	贸易额/GDP（%）	35.84	36.76	39.39	52.04
物流	铁路里程（千米）	68141	2877	68155	—
	铁路货运量（百万吨千米）	3018200	—	738523	—
	航空货运量（百万吨千米）	25394.59	86.38	1938.23	8.31
	货柜码头吞吐量（万TEU）	24203	266	1705.32	112.18
	班轮联通指数	151.91	13.26	55.54	8.47
	物流服务能力和质量	3.59	2.48	3.13	2.28
通信	移动蜂窝电话订阅数（每百人）	121.79	101.55	84.27	151.62
	固定电话订购数（每百人）	13.32	0.89	1.54	0.97
	固定宽带互联网订阅数（每百人）	31.34	4.96	1.40	0.90
通关	海关与边境管理清关程序的效率	3.29	2.30	2.96	2.17
	进口中转时间（天）	6	5	3	4
	出口中转时间（天）	2	4	3	3

注：相关指标说明和资料来源同表3-2。

第四节　海丝国际物流通道及沿线国家基本概况

"21世纪海上丝绸之路"是共建"一带一路"倡议中"一路"的重要内容，

而海丝国际物流通道互联互通是共建"一带一路"合作优先建设领域之一。依据《愿景与行动》和《"一带一路"建设海上合作设想》中对"21世纪海上丝绸之路"主要走向的划分，本书确定为中欧、中国—南太平洋和中国—东北亚（"冰上丝绸之路"一段）三条海上丝绸之路国际物流通道，本章主要对海丝国际物流通道的建设推进及其沿线国家基本概况进行了较详细的梳理和分析。

一、中欧海丝国际物流通道及沿线国家概况

（一）中欧海上丝绸之路概况

2000多年前，中国开辟了从中国东南沿海出发西行的海上航路，将亚非欧几大文明连接起来，也开启了三大洲相互间的经贸往来和文化交流活动，沿线各国也曾因这条"海上丝绸之路"得到交融和发展。习近平主席访问东盟时提出的共建"21世纪海上丝绸之路"重大倡议，又给这条古老文明的航线赋予了时代新内涵和新使命，指明了"21世纪海上丝绸之路"倡议和建设的重点方向。

中欧走向的海上丝绸之路东起中国沿海多个城市，经南海、马六甲海峡、印度洋、波斯湾、红海、苏伊士运河、地中海，最终抵达东欧沿海国家，是贯通亚非欧三大洲及沿线最多国家的一条通道。该通道是依托共建"一带一路"合作串起联通东盟、南亚、西亚、北非、欧洲等各大经济板块，发展面向南海、太平洋和印度洋的蓝色经济通道，是以亚非欧经济贸易一体化为长期发展目标的长距离、大跨度的蓝色经济带。

基于《愿景与行动》、《"一带一路"海上合作设想》、《古今丝绸之路"一带一路"全景地图》、中国一带一路网，以及中国各港口出发经过太平洋西南岸、印度洋（包括红海）、地中海至欧洲（大西洋东岸）沿海的实际海运航线贯通亚非欧三大洲沿海国家，本书梳理出沿线所有沿海国家，共53个（含中国）。因此，本书的中欧丝路国际物流通道沿线不仅包含"一带一路"共建国家，也包括沿线所有与中国依托海运有经贸往来的国家，这些国家在中国共建"一带一路"倡议的"共商共建共享"的原则下，未来必将建成合作共赢的命运共同体。

（二）中欧海丝国际物流通道建设状况

推动"21世纪海上丝绸之路"倡议合作建设，重在海洋运输合作机制的建立。截至2021年，中国已与66个国家和地区签署70个双边和区域海运协定，

海运服务已覆盖了沿线所有沿海国家①。同时，中国率先打造了"丝路海运"平台，目前已有联盟成员单位超 250 家，从中国沿海多个港口出发通达东北亚、东南亚、南亚、中东、非洲、欧洲的 31 个国家和地区的 108 座港口，并于 2021 "丝路海运" 国际合作论坛上发布了《丝路海运通关及口岸服务标准》，旨在推动丝路沿线国家海运联通和贸易畅通②。此外，陆海新通道通达东南亚的新加坡、中欧陆海快线海上通道东起中国沿线西抵地中海的希腊比雷埃夫斯港的开通，都为中欧海丝国际物流通道的联通及高效率运行奠定了基础。

中欧海丝国际物流通道主要是依托沿线的沿海国家重要物流节点——港口和港口之间联通的海运航线为主体构成的，关于中国沿海港口在世界的地位，以及中国与海丝沿线国家合作共建的 34 个国家 42 个港口中，绝大部分都在亚非欧国家及中欧海丝沿线上，前文已经做了详述，这里不再赘述。本节主要就各国港口与中国的联通性状况进行具体分析，由于数据可获性问题，主要对沿线 37 个样本国家与中国的班轮双向联通指数进行统计分析，如表 3-10 所示。

表 3-10 中国与中欧海丝国际物流通道沿线部分国家的班轮双向联通指数

沿线部分国家	2006 年	2013 年	2019 年	2006~2013 年复合年均增长率（%）	2013~2019 年复合年均增长率（%）
越南	0.38	0.52	0.63	4.69	3.02
柬埔寨	0.19	0.28	0.30	5.50	0.84
泰国	0.51	0.50	0.52	-0.18	0.39
菲律宾	0.34	0.42	0.44	2.74	0.93
马来西亚	0.64	0.75	0.75	2.41	0.04
新加坡	0.67	0.76	0.79	1.86	0.59
印度尼西亚	0.41	0.42	0.42	0.46	-0.25
缅甸	0.19	0.21	0.30	1.44	6.19
孟加拉	0.24	0.27	0.31	1.62	2.42
印度	0.52	0.55	0.57	0.88	0.45
斯里兰卡	0.50	0.55	0.65	1.31	2.98
马尔代夫	0.20	0.22	0.22	1.29	-0.48

---

① "一带一路" 交通互联互通稳步推进 [N]. 人民日报，2021-12-03.
② 打造 "陆海内外联动东西双向互济" 的国际贸易新通道 [N]. 丝路海运，2022-12-08.

续表

沿线部分国家	2006 年	2013 年	2019 年	2006~2013 年复合年均增长率（%）	2013~2019 年复合年均增长率（%）
巴基斯坦	0.44	0.45	0.49	0.51	1.19
伊朗	0.40	0.41	0.38	0.32	-1.15
阿拉伯联合酋长国	0.55	0.62	0.66	1.65	0.97
科威特	0.30	0.27	0.27	-1.52	-0.35
巴林	0.29	0.38	0.39	4.23	0.34
卡塔尔	0.33	0.23	0.48	-4.95	12.97
沙特阿拉伯	0.53	0.59	0.63	1.56	1.19
土耳其	0.43	0.54	0.56	3.34	0.75
黎巴嫩	0.39	0.45	0.48	2.32	0.91
叙利亚	0.32	0.28	0.26	-1.73	-1.32
肯尼亚	0.33	0.34	0.37	0.37	1.17
苏丹	0.26	0.25	0.22	-0.11	-2.27
埃及	0.54	0.58	0.64	1.00	1.55
利比亚	0.26	0.29	0.29	1.32	0.41
突尼斯	0.25	0.24	0.23	-0.85	-0.89
阿尔及利亚	0.26	0.25	0.27	-0.65	1.28
希腊	0.48	0.51	0.61	0.95	3.03
意大利	0.61	0.66	0.69	1.28	0.63
马耳他	0.45	0.52	0.56	2.18	1.22
法国	0.60	0.67	0.68	1.56	0.11
西班牙	0.61	0.68	0.69	1.53	0.19
葡萄牙	0.39	0.52	0.54	4.17	0.70
英国	0.64	0.67	0.70	0.73	0.65
比利时	0.63	0.69	0.72	1.20	0.67
荷兰	0.61	0.67	0.69	1.33	0.66

资料来源：联合国贸发组织（UNCTAD）数据库。

其中，班轮双向联通指数是反映两国之间的双向联通程度，也是反映一个国家与全球班轮运输网络联通程度的指标。该指数计算的主要依据是：两国之间所需的转运数量、两国之间共有的直接连接数量、按一次转运的国家对划分的公共连接数量、连接两国间的服务竞争水平、连接两国间最薄弱航线上最大船只的大小五个指标综合计算所得，指数值为 0~1，该指数值越大表明两国之间班轮双向联通性水平越高。

由于中欧海丝国际物流通道跨度大、路线长，沿线贯通的亚非欧国家众多，为了便于比较，本书按区域将这 37 个国家分类计算平均值，如图 3-1 所示。

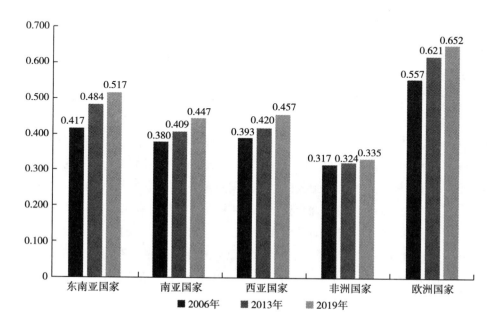

图 3-1 中欧海丝国际物流通道沿线区域与中国的平均班轮双向联通指数

第一，时间维度上。①从单个国家看，表 3-10 显示中国与 37 个国家的班轮双向联通指数从 2006 年（UNCTAD 数据库公布的可查的最早年份）到 2019 年，除了与伊朗、科威特、叙利亚、突尼斯和苏丹的联通指数有小幅下降，其余 32 个国家均有不同程度的提升。因此，2006~2013 年，上述五个国家的班轮双向联通指数的复合年均增长率为负值，此外还有卡塔尔和阿尔及利亚也为负，其余国家与中国班轮双向联通水平均有不同程度的正增长，增长幅度前五位的国家分别是柬埔寨、越南、巴林、土耳其、菲律宾；共建"一带一路"倡议提出以后，即 2013~2019 年，中国与各国的班轮双向联通指数复合年均增长率也有明显变化，除了与伊朗、科威特、叙利亚、突尼斯和苏丹之间复合年均增长率依然为负，中国与其余 33 个国家之间的班轮双向联通水平均有不同程度的增加，其中卡塔尔增幅最大，为12.97%，其次是缅甸（6.19%）、希腊（3.03%）、越南（3.02%）、斯里兰卡（2.98%）。②结合图3-1，从中国与各区域之间班轮双向联通指数的平均值看，2006～2013年、2013～2019年均有不同程度增长，其中，中国与非洲国家的平均班轮双向联通指数增长幅度较小，而与南亚、西亚国家的平均联通指数增长相对较大。同时，图3-1表明，中国与中欧丝路沿线大部分国家的海运联通性较好，且随着时间推移联通性水平有所提升，同时也可以看出2013年以来"一带一路"共建国家的成效显著。

第二，空间维度上。①从2019年中欧海丝沿线37个国家与中国的班轮双向联通指数（见表3-10）看，总体平均值为0.5，即海运联通性为中等水平。但中国与不同国家、不同区域之间差异较大。与中国班轮双向联通性较好的是东南亚的新加坡、马来西亚、越南，南亚的斯里兰卡和印度，还有西亚的阿拉伯联合酋长国、沙特和土耳其，均在0.5以上，其中最高的是中国与新加坡班轮双向联通水平，达0.79；且中国与西欧的大部分国家班轮双向联通指数均在0.5以上，即达到了中等以上联通水平；而沿线的非洲国家与中国的班轮双向联通水平均较低，除埃及是0.64外，其余国家均在0.4以下。②结合图3-1，从中国与各区域的班轮双向联通指数平均值看，与欧洲各国的联通性最好，平均值为0.652；其次是与东南亚各国，为0.517，即联通性均在中等略上水平；2013年以后虽然南亚和西亚各国与中国的班轮双向联通性增长较快，但到2019年仍处于中等偏下水平；而非洲各国与中国的班轮双向联通性水平增长较慢且联通性水平最低。上述信息表明，并非沿线各国与中国的海运距离越远其班轮双向联通指数越小，也印证了海上集装箱运输由于其规模化和长距离的规模经济优势，在国际贸易中发挥了重要作用，成为拥有沿海港口国家外贸流通的首选通道。此外，就现有数据看，中欧海丝沿线国家与中国之间的经贸畅通将中国—东南亚大部分国家、地中海到西欧的绝大多数欧洲国家有较好的国际海运通道联通性作为保障，但南亚—西亚及非洲大部分国家的海上物流通道联通性还需要进一步提升，相信在"21世纪海上丝绸之路"相关政策机制的推动下，如中国在非洲港口建设的大力投入下，这一区域与中国海运联通性水平将进一步提升。

（三）中欧海丝国际物流通道沿线国家概况

由于部分国家数据的可获性问题，研究样本包括中国在内的38个国家。表3-11统计了中欧海丝国际物流通道沿线国家在经贸、物流、通信和通关方面的概况。

表3-11 2019年中欧海丝国际物流通道沿线部分国家概况

概况	沿线部分国家	中国	越南	柬埔寨	泰国	菲律宾	马来西亚	新加坡	印度尼西亚
经贸	人均GDP（美元）	8242.05	2082.24	1268.97	6505.72	3340.13	12486.67	59374.44	4450.64
	贸易额/GDP（%）	35.84	210.40	123.56	109.63	68.84	123	323.52	37.45
物流	铁路里程（千米）	68141	2481	—	—	—	1655	—	5483
	铁路货运量（百万吨千米）	3018200	3742	—	—	—	1141.59	—	15573
	航空货运量（百万吨千米）	25394.59	1022.84	0.69	2234.04	926.89	1378.74	6411.99	981.74
	货柜码头吞吐量（万TEU）	24203	1365.89	77.92	1075.58	898.35	2621.51	3798.30	1476.36
	班轮联通指数	151.91	66.51	8.00	52.92	30.63	93.80	108.08	44.36
	物流服务能力和质量	3.59	2.47	2.41	3.41	2.78	3.30	4.10	3.10
通信	移动蜂窝电话订阅数（每百人）	121.79	141.23	129.92	186.16	154.76	139.60	155.65	126.11
	固定电话订阅数（每百人）	13.32	3.79	0.34	7.78	3.94	23.18	32.93	3.57
	固定宽带互联网订阅数（每百人）	31.34	15.35	1.12	14.52	5.48	9.28	25.91	3.80
通关	海关与边境管理清关程序的效率	3.29	2.95	2.37	3.14	2.53	2.90	3.89	2.67
	进口中转时间（天）	6	3	4	5	2	2	2	4
	出口中转时间（天）	2	2	3	4	1	2	2	2

概况	沿线部分国家	缅甸	孟加拉	印度	斯里兰卡	马尔代夫	巴基斯坦	伊朗	阿拉伯联合酋长国
经贸	人均GDP（美元）	1653.29	1287.82	2152.22	4009.24	8476.50	1185.46	5922.53	41420.5
	贸易额/GDP（%）	52.04	36.76	39.39	52.38	146.99	30.44	56.17	160.94
物流	铁路里程（千米）	—	2877.00	68155	—	—	7791.00	9454.00	261.00
	铁路货运量（百万吨千米）	—	—	15573	—	—	8080.00	33645.7	1488.49

续表

概况		缅甸	孟加拉	印度	斯里兰卡	马尔代夫	巴基斯坦	伊朗	阿拉伯联合酋长国
物流	航空货运量（百万吨千米）	8.31	86.38	1938.23	394.05	—	192.98	152.26	14762.27
	货柜码头吞吐量（万TEU）	112.18	266.00	1705.32	723.00	10.77	336.79	151.69	1917.10
	班轮联通指数	8.47	13.26	55.54	62.12	7.42	34.06	19.80	71.49
	物流服务能力和质量	2.28	2.48	3.13	2.42	2.29	2.59	2.84	3.92
通信	移动蜂窝电话订阅数（每百人）	151.62	101.55	84.27	132.96	155.95	76.38	142.39	200.63
	固定电话订购数（每百人）	0.97	0.89	1.54	10.75	3.14	1.28	34.92	24.18
	固定宽带互联网订阅数（每百人）	0.90	4.96	1.40	7.81	10.01	0.94	10.40	31.17
通关	海关与边境管理清关程序的效率	2.17	2.30	2.96	2.58	2.40	2.12	2.62	3.63
	进口中转时间（天）	4	5	3	4	9	8	5	2
	出口中转时间（天）	3	4	3	6	6	4	3	2

概况		科威特	巴林	卡塔尔	沙特阿拉伯	土耳其	黎巴嫩	叙利亚	肯尼亚
经贸	人均GDP（美元）	32702.25	20936.08	63281.59	20542.17	15125.88	5792.26	1334.37	1237.50
	贸易额/GDP（%）	98.18	142.36	90.32	63.66	62.68	96.04	32.96	33.40
	铁路里程（千米）	—	—	—	—	10378.00	—	—	—
	铁路货运量（百万吨千米）	—	—	—	—	14707.00	—	—	—
物流	航空货运量（百万吨千米）	364.65	311.15	12739.81	1024.06	6815.51	51.70	0.02	320.95
	货柜码头吞吐量（万TEU）	95.96	40.84	133.82	890.54	1167.91	122.91	12.21	142.50
	班轮联通指数	12.58	25.71	35.76	62.97	57.45	38.54	9.54	16.98
	物流服务能力和质量	2.80	2.86	3.42	2.86	3.05	2.47	2.29	2.81

续表

概况	沿线部分国家	科威特	巴林	卡塔尔	沙特阿拉伯	土耳其	黎巴嫩	叙利亚	肯尼亚
通信	移动蜂窝电话订购数（每百人）	174.16	115.79	138.33	120.51	96.84	61.82	113.58	103.77
	固定电话订购数（每百人）	13.87	16.64	16.29	15.69	13.82	12.87	16.66	0.13
	固定宽带互联网订阅数（每百人）	2.01	8.59	10.05	19.85	17.06	6.13	8.73	0.93
通关	海关与边境管理清关程序的效率	2.73	2.67	3.00	2.66	2.71	2.38	1.82	2.65
	进口中转时间（天）	3	1	7	5	3	1	5	4
	出口中转时间（天）	2	1	10	4	3	1	1	4

概况	沿线部分国家	苏丹	埃及	利比亚	突尼斯	阿尔及利亚	希腊	意大利
经贸	人均GDP（美元）	2018.41	3010.15	8122.17	4404.99	4701.28	23503.58	35998.97
	贸易额/GDP（%）	26.20	43.24	117.47	107.91	52.03	81.82	60.11
	铁路里程（千米）	—	—	—	1777.00	4020.25	2279.00	16778.60
	铁路货运量（百万吨千米）	—	—	—	545.00	908.00	491.00	21309.00
	航空货运量（百万吨千米）	0.08	483.41	0.76	13.09	25.64	23.91	1344.96
物流	货柜码头吞吐量（万TEU）	46.95	630.69	27.12	48.69	108.00	609.88	1001.42
	班轮联通指数	9.33	66.72	14.70	7.83	12.81	60.92	72.79
	物流服务能力和质量	2.51	2.82	2.05	2.30	2.39	3.06	3.66
通信	移动蜂窝电话订购数（每百人）	77.11	94.97	54.86	126.31	105.51	113.45	131.26
	固定电话订购数（每百人）	0.32	8.73	23.25	12.43	10.77	47.57	32.24
	固定宽带互联网订阅数（每百人）	0.08	7.57	4.69	10.18	8.32	39.25	28.85
通关	海关与边境管理清关程序的效率	2.14	2.60	1.95	2.38	2.13	2.84	3.47
	进口中转时间（天）	12	5	4	5	5	3	4
	出口中转时间（天）	11	2	11	4	4	3	3

续表

概况	沿线部分国家	马耳他	法国	西班牙	葡萄牙	英国	比利时	荷兰
经贸	人均GDP（美元）	29149.58	44192.81	33352.33	24679.03	43592.41	47611.91	55450.50
	贸易额/GDP（%）	271.44	64.52	66.78	86.71	63.40	163.01	156.22
物流	铁路里程（千米）	—	28157.00	15718.00	2526.15	16295.00	3615.00	3200.00
	铁路货运量（百万吨千米）	—	31829.00	10459.00	2701.00	16884.34	—	7018.00
	航空货运量（百万吨千米）	2.47	4522.59	1191.47	536.99	5851.19	1353.43	5656.44
	货柜码头吞吐量（万TEU）	271.28	587.11	1737.30	292.07	1027.65	1357.08	1498.68
	班轮联通指数	46.68	72.55	84.21	47.14	84.86	88.35	88.03
	物流服务能力和质量	2.80	3.84	3.80	3.71	4.05	4.13	4.09
通信	移动蜂窝电话订阅数（每百人）	144.06	110.61	118.44	116.46	118.23	99.74	127.28
	固定电话订阅数（每百人）	58.32	58.03	42.02	49.75	47.98	34.06	32.52
	固定宽带互联网订阅数（每百人）	45.99	45.69	33.41	38.80	39.79	39.78	43.62
通关	海关与边境管理清关程序的效率	2.70	3.59	3.62	3.17	3.77	3.66	3.92
	进口中转时间（天）	1	3	3	3	3	3	1
	出口中转时间（天）	1	2	2	3	2	2	2

注：相关指标说明和资料来源同表3-2。

表 3-11 显示了沿线部分国家的相关信息，由于中欧海丝国际物流通道沿线跨度大、涉及国家众多，为了便于比较，本书进一步计算了除中国以外的各区域的平均值，如表 3-12 所示。

表 3-12　2019 年中欧海丝国际物流通道沿线各区域概况

概况	沿线部分国家	中国	东南亚 8 国均值	南亚 5 国均值	西亚 9 国均值	非洲 6 国均值	欧洲 9 国均值	总平均值
经贸	人均 GDP （美元）	8242.05	11395.26	3422.25	23006.40	3915.75	37503.46	18015.75
	贸易额/GDP （%）	35.84	131.06	61.19	89.26	63.38	112.67	94.42
物流	铁路里程 （千米）	68141.00	3206.33	26274.33	6697.67	2898.63	11071.09	13552.10
	铁路货运量 （百万吨千米）	3018200	6818.86	11826.50	16613.73	726.50	11336.42	160214.76
	航空货运量 （百万吨千米）	25394.59	1620.66	522.33	4024.60	140.66	2275.94	2662.71
	货柜码头吞吐量 （万 TEU）	24203.00	1428.26	608.37	503.66	167.33	931.39	1383.96
	班轮联通指数	151.91	51.60	34.48	37.10	21.40	71.73	48.55
	物流服务能力和质量	3.59	2.98	2.58	2.95	2.48	3.68	3.02
通信	移动蜂窝电话订阅数 （每百人）	121.79	148.13	110.22	129.34	93.75	119.95	122.74
	固定电话订购数 （每百人）	13.32	9.56	3.52	18.33	9.27	44.72	19.22
	固定宽带互联网订阅数 （每百人）	31.34	9.54	5.03	12.67	5.30	39.47	16.68
通关	海关与边境管理清关程序的效率	3.29	2.83	2.47	2.69	2.31	3.42	2.82
	进口中转时间 （天）	6.00	3.25	5.80	3.56	5.83	2.67	4.00
	出口中转时间 （天）	2.00	2.38	4.60	3.00	6.00	2.22	3.34

注：相关指标说明和资料来源同表 3-2；铁路里程与铁路货运量的均值是基于统计到数据的平均值计算的，由于存在有些国家数据未披露或有些国土面积很小的国家没有铁路及铁路货运数据，因此各区域之间不具有可比性。

结合表 3-11 和表 3-12 分析如下：

第一，在经贸方面。中欧丝路国际物流通道沿线 38 个国家人均 GDP 的均值为 18015.75 美元，按照是世界银行 2018 年的划分标准看，该通道沿线区域总体经济发展较好。但从各区域看，仅有欧洲和西亚国家的人均 GDP 均值高，而非洲和南亚国家均值低于 4000 美元；从单个国家看，人均 GDP 最高的是新加坡，其次是荷兰，均高于 55000 美元，同时在亚洲和非洲存在经济发展水平很低的国家，如柬埔寨、缅甸、孟加拉、巴基斯坦、叙利亚和肯尼亚，这些国家人均 GDP 未超过 1500 美元；从开放程度看，中欧海丝国际物流通道沿线国家的贸易额占

GDP 比重的平均值为 94.42%，意味着大部分国家有较高的经贸流通需求，其中东南亚国家和欧洲国家的开放程度最高，相比较而言中国有待深入开放和提高对外贸易流通。

第二，在物流相关指标方面。中欧海丝国际物流通道沿线国家有 18 个国家在铁路和铁路货运量的数据缺失或没有该指标，航空货运量规模相对也不高，同时又由于该通道主要依托海运通道，因此本书主要分析各国的班轮联通指数、货柜码头吞吐量、物流服务能力与质量。首先，班轮联通性前三位的国家是中国、东南亚的新加坡和马来西亚，且由于中国港口中集装箱货物吞吐量在世界前十位中占据七席，因此其班轮联通指数遥遥领先于其他国家；欧洲发达国家，如比利时、荷兰、英国、西班牙、意大利、法国等西欧国家的班轮联通指数均在 70 以上，其他超过 70 的还有西亚的阿拉伯联合酋长国；而中欧海丝沿线国家班轮联通程度最低的主要是非洲国家，其中最高的是处在苏伊士运河要道上的埃及，为 66.72，而最低的突尼斯、苏丹和叙利亚均在 10 以下，班轮联通指数在 10 以下的还有亚洲的缅甸、柬埔寨和马尔代夫等国。从各区域的班轮联通指数平均值看，欧洲国家均值最高，接下来是东南亚国家，但整个中欧海丝物流通道沿线国家的平均班轮联通指数不足 50。其次，从货柜码头吞吐量看，遥遥领先的依然是中国，为 24203 万 TEU，接下来依次是新加坡（3798.30 万 TEU）、马来西亚（2621.51 万 TEU），接近 2000 万 TEU 的还有阿拉伯联合酋长国，欧洲国家基本都在 1000 万 TEU 以上，而低于 100 万 TEU 的国家有 8 个，以非洲居多；从各区域的货物吞吐量平均值来看，东南亚国家占首位，其次是欧洲国家。由此可见，跨越亚非欧三大洲、贯通太平洋、印度洋和大西洋三大洋的中欧海丝国际物流通道沿线国家的班轮联通性和港口规模差异大。最后，从物流服务能力和质量看，中欧海丝国际物流通道沿线国家的平均值为 3.02，即处于中等偏上水平，其中中国物流服务能力和质量为 3.59，高于通道平均水平，而达到良好以上水平的依次为比利时（4.13）、新加坡（4.10）、荷兰（4.09）和英国（4.05）；而从各区域的平均值看，欧洲国家的物流服务能力和质量最好，为 3.68，其次是东南亚和西亚，水平相当，较低的南亚和非洲物流服务能力和质量处于中等以下水平。

第三，在通信方面。从中欧海丝国际物流通道沿线各国在通信指标上的平均值看，每百人的移动蜂窝电话订阅数高于固定电话订购数，固定宽带互联网订阅数最低。而互联网作为现代最重要的通信媒介，在中欧海丝国际物流通道沿线国家差异明显，欧洲各国每百人固定宽带互联网订阅数接近 40，其中马耳他、法国、荷兰超过 40；中国每百人固定宽带互联网订阅数为 31.34，但亚洲其他国家总体不高，最好的西亚国家阿拉伯联合酋长国为 31.17，东南亚的新加坡为 25.91，而西亚各国均值为 12.67、东南亚为 9.54，南亚和非洲国家仅在 5 左右。因此，除了欧洲，其他国家互联网的建设和通道信息联通建设还需进一步投入和推动。

第四，在通关方面。首先，中欧海丝国际物流通道沿线各国海关与边境管理清关程序的效率平均值为 2.82，处于中等偏上水平，清关效率超过 3 的亚洲国家仅有中国（3.29）、东南亚的新加坡（3.89）和泰国（3.14）、西亚的阿拉伯联合酋长国（3.63）和卡塔尔（3），而欧洲国家的清关效率基本都在 3 以上，其中比利时为 3.66，达到良好以上水平。其次，从中欧海丝国际物流通道沿线各国的进口和出口中转天数平均值看，分别为 4 天和 3.34 天，整体相对较慢。较快的欧洲国家平均进口、出口中转天数分别为 2.67 天和 2.22 天，其中马耳他和荷兰最快，仅为 1 天左右；较慢的为中国、南亚各国和非洲各国，其中最慢的苏丹、利比亚多达 10 天左右进出口中转时间。因此，该通道沿线的亚洲和非洲国家的通关服务效率还有待有力推进和提升。

二、中国—南太平洋海丝国际物流通道及沿线国家概况

（一）中国—南太平洋海上丝绸之路概况

中国—南太平洋海上丝绸之路是《愿景与行动》提出的"21 世纪海上丝绸之路"的建设方向之一，也是《"一带一路"建设海上合作设想》提出的三条蓝色经济通道之一，即中国—大洋洲—南太平洋蓝色经济通道。

与中欧海上丝绸之路形成鲜明的反差是，该丝路沿线国家多为太平洋岛国，绝大部分也是小岛屿发展中国家。在该条丝路上，巴布亚新几内亚与中国于 2018 年 6 月率先签署了共建"一带一路"合作谅解备忘录，此后中国与太平洋各岛国就共建"一带一路"陆续签订合作谅解备忘录或相关合作文件，截至 2020 年 1 月，基里巴斯是最后一个与中国签署了共建"一带一路"合作谅解备忘录的建交太平洋岛国。其中，巴布亚新几内亚、所罗门群岛、斐济等国家的经济基础相对较好①，且随着共建"一带一路"合作的推进，与中国合作与互动更为密切（梁甲瑞，2022）。除了小的岛国，中国—南太平洋丝路沿线还有澳大利亚和新西

---

① 中国与太平洋岛国的"一带一路"合作及未来前景 [N]. 人民智库，2022-10-17.

兰两个重要国家。其中，2017 年 3 月，中国和新西兰两国政府签署了《中华人民共和国政府和新西兰政府关于加强"一带一路"倡议合作的安排备忘录》；为实现两国共同发展支持共建"一带一路"倡议，在 2008 年签署《中华人民共和国政府与新西兰政府自由贸易协定》的基础上，于 2021 年初签署了《中华人民共和国政府与新西兰政府关于升级〈中华人民共和国政府与新西兰政府自由贸易协定〉的议定书》，实现了中国与新西兰自贸关系在《区域全面经济伙伴关系协定》（RCEP）基础上进一步提质增效[1][2]。此外，虽然澳大利亚目前还未与中国签订共建"一带一路"合作协议，但 2015 年 6 月中澳两国正式签署了《中华人民共和国政府和澳大利亚政府自由贸易协定》，共同建立中澳自贸区，以推动中国在乳制品、牛肉、海鲜、羊毛等制品和煤、铜、镍等矿产的进口，机电产品、工业制成品等的出口，有力推动了两国之间的贸易往来，为该条丝路建设的贸易畅通做出了很大的贡献[3]。因此，中国—南太平海上丝绸之路贯通的国家应该包括澳大利亚、新西兰和十几个与中国建交的太平洋岛国，即巴布亚新几内亚、所罗门群岛、斐济、萨摩亚、汤加、瓦努阿图、基里巴斯、东帝汶、密克罗尼西亚联邦、库克群岛、纽埃等。

（二）中国—南太平洋海丝国际物流通道建设概况

中国在与南太平洋岛国的共建"一带一路"合作中，依然是设施联通先行，特别是交通基础设施先行合作建设有助于推动南太平洋地区各国实现交通、物流通道上的联通。

第一，在陆上干线道路方面。2017 年，中澳两国企业共同签署《澳大利亚西澳洲基础设施一揽子项目合作谅解备忘录》以开发澳大利亚北部，助力两国间的经贸活动；在新西兰，中国铁路总公司参与修建连接旺格雷到麦斯登角铁路和 1 号高速部分路段的升级改造；在南太平洋岛国，2019 年 10 月中国与萨摩亚、汤加、瓦努阿图、密克罗尼西亚和斐济等岛国签署关于加强基础设施领域合作等 10 份谅解备忘录后，中国采用部分无偿援建的方式进行各岛国交通基础设施的修复或升级，如斐济纳的布瓦鲁公路项目、萨湾公路升级改造等项目，巴布亚新

———————

① 中国—新西兰自贸协定升级议定书签署 [N]. 人民日报，2021-01-27.

② 中华人民共和国政府和新西兰政府关于加强"一带一路"倡议合作的安排备忘录 [EB/OL].[2017-03-30]. https：//www.yidaiyilu.gov.cn/p/10378.html.

③ 中国与澳大利亚正式签署自由贸易协定 [EB/OL]. [2015-06-17]. http：//www.xinhuanet.com//world/2015-06/17/c_1115644007.htm? from=singlemessage&isappinstalled=0.

几内的亚莱城—纳扎布高地高速公路二期升级改造项目、东高地省公路升级改造项目、南高地省公路升级改造项目，瓦努阿图的塔纳岛和马拉库拉岛公路修复改造项目、公路一期升级改造项目等①。

第二，在海运方面。其一，港口建设方面。由中国招商集团、山东凤桥集团、中投公司参股的澳大利亚国际财团先后于2014年、2015年、2016年分别获得澳大利亚纽卡斯尔港98年运营权、澳大利亚达尔文港99年租期、澳大利亚墨尔本港50年租赁权。中国还承建了瓦努阿图卢甘维尔港口扩建项目、桑托岛卢甘维尔码头改扩建项目、巴布亚新几内亚莫尔兹比港等的建设②。2016年7月中国日照—澳大利亚集装箱海运航线正式开通，这是一条中澳之间仅需要11天的最快航线，从日照港通达至澳大利亚的悉尼、布里斯班、墨尔本、帕斯等港口，也成为中澳开展高效贸易的便捷化国际物流通道③。其二，为了了解中国—南太平洋海丝国际物流通道沿线国家与中国的海运联通性状况，本书根据数据可获性状况，统计了部分国家与中国的班轮双向联通指数，具体如表3-13所示。从时间趋势上看，南太平洋岛国萨摩亚和汤加在2006~2013年与中国的班轮双向联通性有所降低，而斐济和东帝汶在2013~2019年有不同程度的降低，其余岛国与中国的班轮双向联通性有不同幅度的提升，如所罗门群岛和东帝汶在2006~2013年提升幅度较大，超过了4%；萨摩亚、汤加和瓦努阿图三国与中国的班轮双向联通性在2013~2019年有大幅提升，且前两国均提升了5%以上。此外，两个发达国家澳大利亚和新西兰与中国的班轮双轮联通水平也表现出稳步增长的态势。由此印证共建"一带一路"合作建设已经在该通道上发挥了积极的作用。从空间维度看，与中国的班轮双向联通性最好的是澳大利亚和新西兰，在2019年分别为0.38和0.34，但也处于中等略高水平的联通阶段；其他南太平洋岛国与中国的班轮双向联通性都较低，基本都在中值以下，即属于较低的联通水平。因此，中国—南太平洋海丝国际物流通道还有待进一步合作建设以提升其联通性。

---

① 中国与太平洋岛国的"一带一路"合作及未来前景 [EB/OL]. [2022-10-17]. https://www.163.com/dy/article/HJT811TH0514AE01.html.

② "一带一路"框架下的中国—南太平洋地区合作现状 [EB/OL]. [2018-06-21]. http://aoc.ouc.edu.cn/2018/0621/c9824a204048/page.psp.

③ 中澳最快集装箱班轮航线将于7月开通 [EB/OL]. [2016-05-10]. https://www.sohu.com/a/74484736_162522.

表 3-13 中国与南太平洋海丝国际物流通道沿线国家的班轮双向联通指数

沿线部分国家	2006 年	2013 年	2019 年	2006~2013 年复合年均增长率（%）	2013~2019 年复合年均增长率（%）
澳大利亚	0.33	0.36	0.38	1.46	0.76
新西兰	0.26	0.30	0.34	1.84	2.17
所罗门群岛	0.18	0.23	0.25	4.08	1.06
斐济	0.23	0.25	0.24	1.22	-0.07
萨摩亚	0.18	0.17	0.23	-0.82	5.16
汤加	0.17	0.17	0.23	-0.16	5.08
瓦努阿图	0.18	0.18	0.24	0.01	4.86
东帝汶	0.16	0.22	0.16	4.90	-5.26

资料来源：联合国贸发组织数据库。

第三，通信设施在中国—南太平洋丝路上也有积极的推进。例如，2017 年 6 月华为海洋网络有限公司承建所罗门首条海底电缆建设项目，且华为还在巴布亚新几内亚莫尔兹比港设立了南太总部，为当地多个岛国铺设海底电缆等工程[1]。这些企业的投入和共同建设必然为南太平洋岛国和中国的通信设施互联互通打下良好的基础。

（三）沿线国家概况

由于数据可获性，本书仅统计了中国—南太平洋海丝国际物流通道沿线巴布亚新几内亚、所罗门群岛、澳大利亚和新西兰的相关数据，如表 3-14 所示。

表 3-14 2019 年中国—南太平洋海丝国际物流通道沿线部分国家概况

概况	国家	中国	巴布亚新几内亚	所罗门群岛	澳大利亚	新西兰
经贸	人均 GDP（美元）	8242.05	2489.05	1749.59	57183.38	38345.73
	贸易额/GDP（%）	35.84	61.95	85.15	45.71	54.09

---

① "一带一路"框架下的中国—南太平洋地区合作现状 [EB/OL]. [2018-06-21]. http://aoc.ouc.edu.cn/2018/0621/c9824a204048/page.psp.

续表

概况 \ 国家		中国	巴布亚新几内亚	所罗门群岛	澳大利亚	新西兰
物流	铁路里程（千米）	68141.00	—	—	33221.00	3913.00
	铁路货运量（百万吨千米）	3018200	—	—	443004.63	3830.34
	航空货运量（百万吨千米）	25394.59	30.69	3.84	1931.16	1207.88
	货柜码头吞吐量（万 TEU）	24203.00	33.83	12.80	828.22	344.44
	班轮联通指数	151.91	12.63	10.66	34.35	31.86
	物流服务的能力和质量	3.59	1.88	2.73	3.71	4.02
通信	移动蜂窝电话订阅数（每百人）	121.79	51.67	71.38	109.25	124.00
	固定电话订购数（每百人）	13.32	1.89	1.06	24.60	20.22
	固定宽带互联网订阅数（每百人）	31.34	0.23	0.16	34.93	35.49
通关	海关与边境管理清关程序的效率	3.29	2.32	2.77	3.87	3.71
	进口中转时间（天）	6	2	—	1	3
	出口中转时间（天）	2	2	—	1	2

注：相关指标说明和资料来源同表 3-2。

表 3-14 显示了 2019 年中国—南太平洋海丝国际物流通道沿线部分国家在经贸、物流、通信和通关方面的概况。①在经贸方面，该通道上的澳大利亚和新西兰是高收入的发达国家，中国为中等高收入国家，而巴布亚新几内亚和所罗门群岛经济较为落后，且这两个国家有更强的对外贸易依赖，因此共建 "一带一路"将有助于推进沿线国家对外贸易畅通和经济发展。②在物流相关指标方面，从铁路里程及铁路货运和航空货运量来看，澳大利亚和新西兰发展均较好，但巴布亚新几内亚和所罗门群岛的航空货运量很低，所罗门群岛甚至仅为个位数；从海运来看，中国的班轮联通指数超过 100，遥遥领先于该通道沿线的其他国家，最低的巴布亚新几内亚和所罗门群岛仅为 10 左右，而澳大利亚和新西兰的班轮联通指数也相对较低，因此两国的货柜码头吞吐量也不高；而从各国整体物流服务的能力和质量来看，新西兰最高，为 4.02，达到良好及以上水平，其次是澳大利亚和中国均在 3.5 以上，为中等偏上水平，而巴布亚新几内亚和所罗门群岛的物流服务能力和质量都在中等及以下水平。由此可见，中国—南太平洋各国物流基础设施建设水平参差不齐，特别是水平较低的南太平洋各岛国还有待进一步投入和建设，以实现中国—南太平洋海丝国际物流通道的互联互通。③在通信方面，该

丝路上的中国、澳大利亚和新西兰在移动蜂窝电话订阅数、固定电话订购数和固定宽带互联网订阅数上相对较好，特别是在互联网发展方面较好，但依然有进一步提升的空间；而巴布亚新几内亚和所罗门群岛在这三个指标上都很低，还有待大力推进，以保证该通道通信方面的联通。④在通关方面，澳大利亚、新西兰、巴布亚新几内亚的进口和出口中转天数都较快，在1~2天，处在该通道上的中国的进出口中转效率还有待提高；该通道现有国家的海关与边境管理清关程序的平均效率值为3.19，处于中等偏上水平，但所罗门群岛和巴布亚新几内亚基本处于中等以下水平，由此表明该通道的通关服务通道也需要不断推进建设。

三、中国—东北亚海丝国际物流通道及沿线国家概况

（一）中国—东北亚海上丝绸之路概况

我国古代海上丝绸之路除了西行线路和南行线路，还有一条东行线路，这条海丝之路联通大唐时的藩属国（渤海国和日本），也曾经延续了两百年。随着中国共建"一带一路"倡议的推进，2017年6月，《"一带一路"建设海上合作设想》颁布并首次将"北极航道"明确为"一带一路"建设的三条蓝色经济通道之一。2018年1月中国发布的《中国的北极政策》白皮书中提出，中国愿依托北极航道的开发利用，与各方共建"冰上丝绸之路"。"冰上丝绸之路"是连接东北亚、欧洲和北美三大经济中心且距离最短的海运航道，即北极航道。至此，由中国出发向东北方向的海上航线有了新的内涵和历史使命——共建北极航道并推动"冰上丝绸之路"联通，以更短航程、更高效率实现中国与东北亚、欧洲和北美的经贸流通。本书基于历史上开辟的东北亚海丝之路（中国北部沿海到达日本的通道）的基本走向和"冰上丝绸之路"东北航道联通的俄罗斯、中国、日本、韩国基本可常年通航，界定其为中国—东北亚海上丝绸之路。

（二）中国—东北亚海丝国际物流通道的建设概况

第一，在政策推动方面。早在2015年中俄总理会晤时就达成了"加强北方海航道开发利用合作，开展北极航运研究"的共识。国家主席习近平在2017年7月会见俄罗斯总理时提出"要开展北极航道合作，共同打造'冰上丝绸之路'，落实好有关互联互通项目"。且于同年11月两位领导人再次会见时，习主席又表示共同开展北极航道开发和利用合作、打造"冰上丝绸之路"意愿。于是，2017年底俄罗斯总统普京在其年度新闻发布会上正式提出邀请中国参与建设北极交通走廊，共同打造"冰上丝绸之路"，并促成了"冰上丝绸之路"的首个中

俄共建的项目——亚马尔液化天然气项目的投产①。

第二，在航运方面。"北极航道"主要包括西北航道、东北航道和中央航道。其中，东北航道的大部分航段位于俄罗斯北部沿海的北冰洋离岸海域，是连接欧亚海上运输距离最短的航道，因此东北航道的开通可以大大缩短中国与西北欧的货运里程，节约时间并降低能耗和物流成本。中俄合作开发的正是途经俄罗斯的东北航道。2013 年，中远海运"永盛轮"从中国江苏太仓港出发，历时 27 天航行抵达荷兰鹿特丹港，成为第一艘经东北航道完成亚欧航线的中国商船，比走西行的中欧海丝线缩短 2800 多海里，节约行程 9 天。东北航道主要是液化天然气船、杂货船、干散货船通过，其中液化天然气船最多。目前由于高纬度冰封的原因，每年通航仅为 7~9 月三个月，成为俄罗斯到中国、日本、韩国、加拿大、荷兰及中国台湾的重要北方国际贸易路线，其中 2020~2021 年俄罗斯—中国通过东北航道的艘次远高于其他国家②。表 3-15 给出了中国与东北亚海丝国际物流通道沿线国家的班轮双向联通指数。可以看出，中国与日韩两国的班轮双向联通性水平较高，2006~2019 年均在 0.5 以上，即为中等以上联通水平，且与韩国两个时段都保持了稳定增长，而与日本的联通水平在 2006~2013 年有所下降，但在 2013~2019 年有一定提升；而中国与俄罗斯的班轮联通指数在研究期间都比较低，但在 2006~2013 年增幅较大，复合年均增长率为 5.6%，但到了 2013~2019 年变化不大。由此可见，中国—东北亚国际物流通道的建设有一定基础，但还需要进一步加强合作，畅通该通道物流及贸易。

表 3-15　中国与东北亚海丝国际物流通道沿线国家的班轮双向联通指数

国家	2006 年	2013 年	2019 年	2006~2013 年复合 年均增长率（%）	2013~2019 年复合 年均增长率（%）
韩国	0.50	0.58	0.63	2.04	1.33
日本	0.57	0.56	0.60	-0.24	1.29
俄罗斯	0.25	0.36	0.37	5.60	0.20

资料来源：联合国贸发组织数据库。

---

① 冰上丝绸之路［EB/OL］.［2019-02-20］. https：//www.yidaiyilu.gov.cn/p/80077.html.

② 2020-2021 北极航线通航船舶分析［EB/OL］.［2022-06-08］. https：//mp.weixin.qq.com/s？__biz = MzAwODYxNDUzNg = = &mid = 2651449770&idx = 4&sn = aab02341aa10014f4edb7b9cfd29ae24&chksm = 80916e4db7e6e75bcd86ab811c4f0504b3c59041225ebf7f96ae8ab7bc66d9800612ee8ca9e6&scene = 27.

（三）沿线国家概况

表3-16统计了2019年中国—东北亚海丝国际物流通道沿线国家经贸、物流、通信及通关信息。由表3-16可知：①在经贸方面，该通道上的日本和韩国是高收入的发达国家，中国和俄罗斯是中高收入的发展中国家，由于地缘和资源供给关系，这些国家都需要较强的对外贸易通道以支持其国际贸易流通。②在物流相关指标方面，四个国家的铁路里程、铁路货运量及航空货运量方面发展得都相对较好；海运方面俄罗斯明显弱于中、日、韩三国，其货柜码头吞吐量不足日本的1/4，俄罗斯的班轮联通性也是四国中最低的，仅为43.71，而中国和韩国均超过了100，日本的班轮联通性水平也相对较弱；日本在物流服务能力和质量上达到良好以上水平，中国与韩国一样处于中等偏上水平，而俄罗斯的物流服务能力和质量还有待提升，从而为建设中国—东北亚国际物流通道的联通以及北极航道运力提升奠定基础。③在通信方面，该丝路上日、韩两国的每百人固定电话订购数明显高于中国与俄罗斯，且俄罗斯的固定宽带互联网每百人订阅数仅为22.52，韩国的互联网发展在四国中相对较高，总体上四国在通信，特别是互联网发展方面依然需要再进一步推进。④在通关方面，日、韩两国的进口和出口中转天数最短，而中俄相对较长；各国海关与边境管理清关程序的平均效率值为3.28，处于中等偏上水平，其中日本接近4，处于良好水平，而俄罗斯最低，还未达到中等水平，由此表明该通道的通关服务通道依然需要不断推进建设。

表3-16　2019年中国—东北亚海丝国际物流通道沿线国家概况

概况	沿线国家	中国	韩国	日本	俄罗斯
经贸	人均GDP（美元）	8242.05	28675.03	49000.26	12122.61
	贸易额/GDP（%）	35.84	77.00	34.93	49.44
物流	铁路里程（千米）	68141	4111.20	19122.50	85494
	铁路货运量（百万吨千米）	3018200	7357.00	20117	2602493
	航空货运量（百万吨千米）	25394.59	10664.38	8919.48	6620.70
	货柜码头吞吐量（万TEU）	24203	2895.53	2170.89	505.97
	班轮联通指数	151.91	105.11	71.22	43.71
	物流服务能力和质量	3.59	3.59	4.09	2.75

续表

概况	沿线国家	中国	韩国	日本	俄罗斯
通信	移动蜂窝电话订阅数（每百人）	121.79	134.49	147.02	164.39
	固定电话订购数（每百人）	13.32	48.27	49.46	18.97
	固定宽带互联网订阅数（每百人）	31.34	42.76	33.50	22.52
通关	海关与边境管理清关程序的效率	3.29	3.40	3.99	2.42
	进口中转时间（天）	6	3	3	5
	出口中转时间（天）	2	2	2	3

注：相关指标说明和资料来源同表3-2。

第四章 "一带一路"国际物流通道联通指数测度与联通性分析

　　根据物流通道的内涵，国际物流通道联通不仅应考量货运通道联通、信息通道联通，同时应考虑通关服务通道联通，这些要素共同作用才能提高国际物流通道联通性及其物流服务效率、降低运输成本，从而支撑国际贸易畅通，但现有研究中鲜有考虑。本书以共建"一带一路"倡议提出的"重点方向"为依据，以"五通"中"设施联通"状况评价为目的，主要从交通运输及物流服务层面，以中国与"一带一路"的"六大经济走廊"和"三条蓝色经济带"沿线国际物流通道的联通状况测度为出发点进行相关研究。

第一节 国际物流通道联通指数指标体系构建

一、构建国际物流通道联通指数测度的指标体系

（一）货运通道联通测度指标

　　跨区域物流活动主要依托沿线方向一致的多条干线运输设施实现货物运输，同时依托沿线的物流节点完成货物的集散、分拣、包装、仓储、流通加工等所有相关物流活动，从而实现全程物流服务。因此，国际物流通道不仅和一般意义上的物流通道一样，是由多种要素组成的骨干综合物流服务系统，是区域空间经济系统的重要组成要素和物流系统子系统，而且是跨国（境）的"大道"系统，其沿线的物流节点物流服务更加多功能化，因此并非单一指标可以简单衡量的。

本书借鉴世界贸易组织的《贸易便利化协定》，参考孔庆峰和董虹蔚（2015）、陈继勇和刘燚爽（2018）等的研究，在贸易便利化测度中，从物流及基础设施对贸易流通支持角度提出相关测度指标，主要包括公、铁、水、空的基础设施质量、物流服务能力等，但现有研究还未从一个跨国（境）"大道"系统的角度测度中国与沿线国家的国际物流通道联通性。从理论上讲，货物运输通道联通状况应测度中国与共建"一带一路"倡议下各条通道中方向一致的交通运输干线（如铁路、高速公路、海运线路、航空线路）对运输支撑和主要物流节点（如货运站、公路港、港口、机场、保税物流中心及物流园区等）对沿途其他物流活动支撑的全程物流服务。

（二）信息通道联通测度指标

在现代经济流通环境中，对物流实施全程监控、追踪及物流各环节作业的协调离不开信息流的支持，而信息流的畅通主要依靠通信基础设施。因此，国际物流通道中信息通道联通涉及物流全程实现中物流服务信息化平台、通关信息化服务、物流信息技术使用及信息化设施互联网的联通、移动和固定电话的联通等。本书借鉴信息化发展指数（Informatization Development Index，IDI）中的基础设施指数和应用消费、《全球竞争力报告》中的 ICT 使用指标、贸易便利化评价指标体系中的信息化服务指标（陈继勇和刘燚爽，2018），以及结合物流业信息化运作需要，构建测度国际物流通道联通的信息通道联通指标体系。

（三）通关服务通道联通测度指标

国际物流活动中还有重要的通关服务，通关服务效率高低直接影响物流活动的时效及物流成本，从而影响贸易便利化及国际贸易成本。因此，国际物流通道的联通性测度需要考虑通关服务联通性相关指标。本书参考世界贸易组织的《贸易便利化协定》，借鉴孔庆峰和董虹蔚（2015）、陈继勇和刘燚爽（2018）等在贸易便利化测度中海关与边境管理的相关指标，并结合本书物流通关服务支持，构建测度货物通关服务通道联通指标体系。

基于上述分析，本书从国际物流通道联通需要的运输、通信和通关等基础设施及其提供的相关物流服务功能的角度，构建测算"一带一路"国际物流通道联通性的指标体系，如图 4-1 所示。

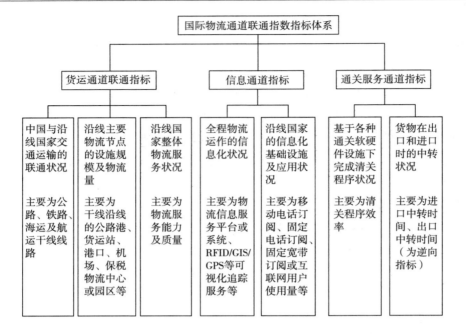

图 4-1 "一带一路" 国际物流通道联通指数指标体系

二、国际物流通道联通性相关测度指标的选择

基于图 4-1，本书对"一带一路"国际物流通道联通性中可测度指标的确定需要考虑如下几点：

（1）陆上与海上国际货运通道联通指标应不同。由于共建"一带一路"倡议提出的"六大经济走廊"包括新亚欧大陆桥、中蒙俄、中国—中亚—西亚、孟中印缅、中国—中南半岛和中巴经济走廊，这些走廊沿线国家绝大多数与中国陆上相连，且从交通运输方式看，陆上运输一般快于海上运输，如相关统计信息表明中欧班列作为"钢铁驼队"的运输时效比海运快 10 天以上，因此陆上丝路的物流服务主要依托相对高效的陆上交通运输方式。一般地，在国家或区域内公路物流占绝对比例，但在陆上长距离及跨境物流中，考虑到长距离、规模经济及稳定性因素，通常以铁路货运为主、公路货运为辅完成。因此，在共建"一带一路"倡议下基础设施先行中，中欧班列、中亚班列等都得到了有力的建设和推进，依托铁路干线及沿线物流节点支撑沿线国家的经贸流通。

《"一带一路"建设海上合作设想》提出了"一带一路"建设海上合作三条

蓝色经济通道：中国—印度洋—非洲—地中海蓝色经济通道、中国—大洋洲—南太平洋蓝色经济通道和中国经北冰洋连接欧洲的蓝色经济通道，可以看出，"海上丝绸之路"的货运主要依托主要海运航线及沿线港口等重要物流节点实现海丝沿线国家的物资流通。

基于此，本书在国际货运通道的联通性测度中需要考虑中国与沿线各国物流干线上的联通状况，同时由于共建"一带一路"倡议涉及海上和陆上丝绸之路，货物运输通过海路和陆路的主要干线运输方式不同，本书应将陆上和海上丝路的货运通道联通指标区别考虑。

（2）国际货运通道的联通性测度应区别于交通基础设施存量。

第一，陆上国际货运通道联通性的测度具有较大难度，通常情况下应该考虑中国与沿线国家货物流通所依托的主要干线铁路运输的联系及其相应的物流量等数据。从当前的相关统计信息中很难获得中国到达"陆丝"沿线国家的铁路货运量，但可以根据当前"中欧班列"、"中亚班列"及中巴铁路等中国到达沿线国家的干线运输距离测算出来。然而，国际货运通道联通性不能用铁路运输距离来衡量，这是因为距离越远，意味着货物流程越长、成本越高、流效越低，也表明联通性越低。为此，应该借鉴交通可达性和区域经济联系的测度思路，如周学仁和张越（2021）构建"欧洲市场引力指数"的思路和做法，构建基于铁路运输干线距离计算中国与各大经济走廊物流通道沿线国家的经贸联系强度指数，用以表征货运通道干线在中国与沿线国家建立的经贸联系状况。

第二，海上国际货运通道主要依托中国到达沿线国家的海运航线完成货物流通，同样不能将海运里程作为指标考量，联合国贸易与发展会议数据（United Nations Conference on Trade and Development Statistics，UNCTADstat）统计了历年的世界各国班轮运输双边联通指数，该指数是依据航线直接链接数量、转运数量、航运服务竞争水平等指标综合所得，可以反映一个国家对融入全球班轮运输网络的程度。本书主要考虑中国到达海丝的三条蓝色经济带的班轮运输联通状况，因此采用中国与沿线国家的班轮运输双边联通指数。

（3）限于数据的可获性和指标可量化性问题仅用部分指标或代理指标测度。由于本书研究面广，涉及"六大经济走廊"和"三条蓝色经济带"沿线的60多个国家，同时需要一定研究周期的数据反映其变化态势，因此数据的可获性问题较大，如在货运通道沿线主要物流节点，即公路港、货运站、港口、机场、保税物流中心或物流园区等的设施规模及物流量上无法获取系统性数据。为此，本书海上国际货运通道用港口物流服务与质量作为代理指标,而陆上国际货运通道难以获取铁路沿线货运站及陆上物流中心等数据,但为了体现各国际物流通道沿铁路干线的国家的货物聚散能力,本书用沿线国家铁路密度指标来替代。

而对于物流信息化方面的指标,陆上涉及铁路运输的相关公司,海上则涉及各类船运、货代公司的相关信息化投入及应用,同样很难获取,因此,和大多数研究一样,借鉴国家信息化发展指数 IDI,主要用国家或区域层面的信息基础设施指标来反映。

三、"一带一路"国际物流通道联通指数评价指标及数据来源

基于图 4-1 及上述分析,本书梳理出评价"一带一路"海丝和陆丝国际物流通道联通性评价指标,用班轮运输双边联通指数(中国与沿线国家)、港口基础设施质量和该国整体物流服务能力与质量三个指标衡量海上国际货运通道联通状况;用基于铁路运输距离(中国与沿线国家)经贸联系指数、沿线国家的铁路密度及其整体物流服务能力与质量三个指标衡量陆上国际货运通道联通状况。对于在沿"一带一路"各条通道的全程物流畅通及物流环节中起指挥和协调作用的信息通道,选取了国家或地区的信息基础设施指标,即移动蜂窝电话订阅数、固定电话订阅数、固定宽带互联网订阅数三个指标综合考量;同时国际物流中贸易通关服务通道的畅通选取海关与边境管理的清关程序效率以及进、出口中转时间予以衡量,其中进口和出口中转时间越长,通关服务水平越低,意味着该海关的通关服务联通性越低。各指标的具体含义及数据来源如表 4-1 所示。

表 4-1　国际物流通道联通指数评价指标、含义及数据来源

一级指标	二级指标	含义及数据说明	数据来源
海上货运通道联通指标	班轮运输双边联通性指数	反映一个国家对融入全球班轮运输网络的程度。该指数是从一国到另一国所需的转运数量、两国共有的直接连接数量、按一次转运的国家对划分的公共连接数量、连接两国的服务的竞争水平、连接两国的最薄弱航线上最大船只的大小综合计算所得,指数范围为 0~1	联合国贸发组织数据库
	港口基础设施质量	用于衡量企业高管对本国港口设施的感受。分数从 1(港口基础设施十分不发达)至 7(港口基础设施十分发达高效)。2018 年以后,该指标改为海港服务效率:分数从 1(效率极低,属于世界上最差的)至 7(效率极高,属于世界上最好的),由于其也是反映港口服务状况,因此本书 2018~2019 年以海港服务效率作为代理指标	《全球竞争力报告》

续表

一级指标	二级指标	含义及数据说明	数据来源
海上货运通道联通指标	物流服务能力与质量	该指标为物流绩效指数中的子指标。该指标由世界银行联合多家机构及国际物流从业人员共同完成，对1000家国际货运代理商提交的5000多份国家评估问卷，受访者按照从1（很低）至5（很高）打分来评价物流服务（如运输经营人、报关行）能力和质量的总体水平	世界银行数据库
陆上货运通道联通指标	基于干线铁路运输距离的经贸联系强度指数	反映共建"一带一路"倡议下经济走廊的建设和陆上主要交通干线等基础设施联通带来中国与沿线国家的国际物流通道联通和物流最快可达性状况。其中，铁路运输距离是中国到"一带一路"沿线各经济走廊的"中欧班列""中亚班列"等干线铁路到达国家的距离，计算如式（4-1）所示	中国一带一路网、中欧班列网、"一带一路"全景地图、世界银行数据库
	铁路密度	单位国土面积上的铁路运输里程，反映陆上物流通道沿线依托铁路的货物聚散能力，单位为 km/km^2	
	物流服务能力与质量	指标解释同上	
信息通道联通指标	移动蜂窝电话订阅数	指使用蜂窝技术提供 PSTN 接入的公共移动电话服务的订阅，该指标包括（并分为）后付费订阅的数量及活动预付费账户的数量，单位为每百人订阅数	《全球竞争力报告》
	固定电话订购数	指模拟固定电话线、IP 语音订购、固定无线本地环路订购、ISDN 语音信道等效物和固定公共付费电话有效数量之和，单位为每百人订购数	
	固定宽带互联网订阅数	指以等于或大于 256 kbit/s 的下行速度对公共互联网（TCP/IP 连接）的高速接入进行的固定订阅，包括有线调制解调器、DSL、家庭/建筑光纤、其他固定（有线）宽带订阅、卫星宽带和地面固定无线宽带，单位为每百人订阅数	
通关服务通道联通指标	清关程序的效率	该指标为物流绩效指数中的子指标，数据调查方式和样本同物流服务能力与质量，受访者按照从1（很低）至5（很高）打分来评价清关程序（速度、简便性和手续的可预见性）的效率，分数是全部受访者的平均值	世界银行数据库
	进口中转时间	指从发货点到装货港的中值时间（装运所需时间的50%）。该指标也是世界银行对物流绩效指数进行调查所得，受访者分别提供了最佳值（装运时间的10%）和中值（装运时间的50%）。采集数据的方法：如果答案为单值，先取对数，再求幂的均值；如果答案为范围值，先取中间值，再求幂的均值。单位为天	

续表

一级指标	二级指标	含义及数据说明	数据来源
通关服务通道联通指标	出口中转时间	指从卸货港到收货人的中值时间（装运所需时间的50%）。数据来源及处理方式同上，单位为天	世界银行数据库

注：物流服务能力与质量、海关与边境管理清关程序的效率、进口中转时间和出口中转时间四个指标数据是世界银行从 2007 年开始调查统计的，非连续年份数据，但从 2010 年开始偶数年均有数据，本书为了作为面板数据研究，采用了目前多数文章的处理方式，用前偶数年份的数据补充后奇数年份数据，2006 年、2008 年和 2009 年的数据采用前后年份插补的方式求得。

对于表 4-1 中陆上国际货运通道中基于干线铁路运输距离的经贸联系强度指数，是基于贸易引力模型理论（Tinbergen，1962；Poyhonen，1963），借鉴周学仁和张越（2021）构建"欧洲市场引力指数"的思路和做法，以铁路运输干线距离为基础计算各大经济走廊沿线国家与中国的经贸联系强度指数，以反映共建"一带一路"下经济走廊的建设和陆上主要干线铁路（如中欧、中亚班列）等交通基础设施联通带来的中国与陆上沿线国家的国际物流通道联通及物流最快可达性状况。计算公式为：

$$R_{ij,t} = G\frac{\sqrt{P_{it}V_{it}}\sqrt{P_{jt}V_{jt}}}{D_{ij,t}^{r}} \tag{4-1}$$

其中，$R_{ij,t}$ 为 i 国和 j 国之间在 t 时期基于干线铁路运输的经贸联系强度，P_{it} 和 P_{jt} 分别为 i 国和 j 国 t 时期的总人口数，V_{it} 和 V_{jt} 通常为 GDP 或工业总产值，本书关注基于铁路支撑的国际经贸流通，故分别用 i 国和 j 国 t 时期的商品贸易额；G 为引力系数，通常取值为 1；r 为引力衰减系数，通常取值为 2；本书中的 i 国特指中国。但有研究通过计算发现式（4-1）中人口变量几乎不起作用（王欣等，2006），因此本书剔除了人口变量，对式（4-1）进行了简化。其中，关于干线铁路的计算，本书主要将中欧和中亚班列贯通的路线作为沿线国家与中国铁路运输距离，孟买、印度和缅甸等国将亚欧大陆桥南通的主线路铁路长度作为中国连接孟中印缅的主要铁路运输干线里程。中国段的铁路干线通达各个通道的起点城市有多个，抵达各个国家不同城市的干线铁路也存在多条，为了计算方便，本书按各国际物流通道方向分别将中国各城市要通过的中国口岸（如阿拉山口、霍尔果斯、二连浩特、满洲里等）的平均铁路运输距离作为国内的运距，将各口岸到达沿线目的国中多个城市的平均铁路运输距离作为国际段的运距。

第二节 国际物流通道联通指数测算方法

综合指标测算方法有多种，如主成分分析法、模糊数学综合评价法、层次分析法、秩和比法（RSR 法）等，每种方法都有各自的优、劣势。其中，RSR 法是田凤调教授于 1988 年提出、最初应用于医疗卫生统计中的多指标综合评价，目前广泛用于社会、经济多领域总体特征和个体特征的综合评价，如生活质量综合评价、社会发展综合评价、综合经济效益评价、经济预警评价分析、生产方式综合评价等。

RSR 法的优点在于：首先，计算简单，以非参数法为基础，对指标的选择无特殊要求，适用于各种评价对象；其次，计算时使用的数值是秩次，可以消除异常值的干扰，解决指标值为零时在统计处理中的困惑，能同时处理效益型（高优）和成本型（低优）指标；最后，RSR 法是通过秩转换，获得无量纲统计量秩和比（RSR），RSR 是介于 0~1 的连续变量，在综合评价中，RSR 综合了多项评价指标的信息，表明多个评价指标的综合水平，RSR 值越大越优。因此，本书采用 RSR 法测算国际物流通道联通性，测量的 RSR 值称为国际物流通道联通指数，用来反映中国与各国国际物流通道的联通性水平。

一、RSR 的概念

（一）基本概念

RSR 法中的"秩"是一个样本秩，并非线性代数中矩阵的秩。"和"是样本秩的和，"比"是一个运算。RSR 值是行（或列）秩次的平均值。

对于样本秩，设 x_1，x_2，$\cdots$，x_n 是从一元总体抽取的容量为 n 的样本，将 x_1，x_2，$\cdots$，x_n 从小到大排序的统计量是 $x_{(1)}$，$x_{(2)}$，$\cdots$，$x_{(n)}$，若 $x_i = x_{(k)}$，则称 k 是 x_i 在样本中的秩，记作 R_i。对每个 $i = 1$，2，$\cdots$，n 称 R_i 是第 i 秩统计量。

（二）基本原理

RSR 基本原理是：在一个 n 行 m 列矩阵中，将效益型（高优）指标从小到大排序进行排名、成本型（低优）指标从大到小排序进行排名，通过对每个元素的秩进行运算，获得无量纲统计量 RSR 值；然后运用参数统计分析的概念与方法研究 RSR 的分布；以 RSR 值对评价对象的优劣进行直接排序或分档排序，从而对评价对象做出综合评价。

二、RSR 法实现步骤

RSR 法实现步骤如下：

（1）列出原始数据表。根据评价的目的，选择适当的评价指标。假设有 n 个待评价样本和 m 项评价指标，形成原始指标数据矩阵为：

$$X = \begin{pmatrix} x_{11} & \cdots & x_{1m} \\ \vdots & \ddots & \vdots \\ x_{1n} & \cdots & x_{nm} \end{pmatrix} \tag{4-2}$$

其中，x_{ij} 表示第 i 个样本与第 j 项评价指标的数值。

（2）计算秩值。编出每个指标各对象的秩，这是 RSR 法运用的重要环节，根据每一个具体的评价指标按其指标值的大小进行排序，得到秩次 R_{ij}，用秩次 R_{ij} 来代替原来的评价指标值，设有 n 个待评价样本和 m 项评价指标，即秩矩阵为：

$$R = \begin{pmatrix} R_{11} & \cdots & R_{1m} \\ \vdots & \ddots & \vdots \\ R_{1n} & \cdots & R_{nm} \end{pmatrix} \tag{4-3}$$

其中，R_{ij} 表示第 i 个样本与第 j 项评价指标的秩次。

编秩方法通常有整次 RSR 法和非整次 RSR 法。

第一，整次秩和比法。编出每个指标各评价对象的秩，结合专业认知区分高优与低优指标。一般，高优指标是指效益型指标，即正向指标，其数值越大越理想；低优指标是指成本型指标，即负向指标，其数值越小越理想。其中，正向指标从小到大编秩，负向指标从大到小编秩，同一指标数据相同者取平均值，得到秩矩阵。

第二，非整次秩和比法。为了改进 RSR 法编秩方法的不足，所编秩次与原指标值之间存在定量的线性对应关系，从而克服了 RSR 法秩次化时易损失原指标值定量信息的缺点。

对于正向指标（效益型）的秩次为：

$$R_{ij} = 1 + (n-1) \frac{x_{ij} - \min(x_{1j}, x_{2j}, \cdots, x_{nj})}{\max(x_{1j}, x_{2j}, \cdots, x_{nj}) - \min(x_{1j}, x_{2j}, \cdots, x_{nj})} \tag{4-4}$$

对于负向指标（成本型）的秩次为：

$$R_{ij} = 1 + (n-1)\frac{\max(x_{1j},\ x_{2j},\ \cdots,\ x_{nj}) - x_{ij}}{\max(x_{1j},\ x_{2j},\ \cdots,\ x_{nj}) - \min(x_{1j},\ x_{2j},\ \cdots,\ x_{nj})} \qquad (4-5)$$

（3）计算秩和比 RSR 值及排名。各评价指标的权重相同时，RSR 值为：

$$RSR_i = \frac{1}{mn}\sum_{j=1}^{m} R_{ij} \qquad (4-6)$$

其中，RSR_i 为 i 样本的秩和比值，n 为样本数，m 为评价指标项数，R_{ij} 为第 i 行第 j 列元素的秩。

当各评价指标的权重不同时，计算加权秩和比（WRSR）为：

$$WRSR_i = \frac{1}{n}\sum_{j=1}^{m} w_j R_{ij} \qquad (4-7)$$

其中，w_j 为第 j 个评价指标的权重 $\sum_{j=1}^{m} w_j = 1$。

权重确定有主观和客观之分，主观方法如 AHP、自主赋权等，客观方法如熵权法等。熵权法根据各指标的变异程度，利用信息熵计算出各指标的熵权，再通过熵权对各指标的权重进行修正，从而得到较为客观的指标权重。因此，在确定各项评价指标权重的算法中，熵权法是评价法中计算指标权重的核心基础算法。根据信息熵的定义，对于某项指标，可以用熵值来判断某个指标的离散程度，其信息熵值越小，指标的离散程度越大，该指标对综合评价的影响（权重）就越大；如果某项指标的值全部相等，则该指标在综合评价中不起作用。因此，可利用信息熵这个工具，计算出各个指标的权重，为多指标综合评价提供依据。

本书利用熵权法计算各评价指标的权重，由于熵权法得到普遍使用，其计算过程不再赘述。

（4）确定 RSR 的分布及排序分级。上述利用 RSR 综合指标进行排序的方法称为直接排序。但是，在通常情况下还需要对评价对象进行分级，特别是当评价对象很多时，更需要进行分级排序，由此应首先找出 RSR 的分布。

第一，确定 RSR 的分布。RSR 的分布是指用概率单位 Probit 表达的值特定的累计频率，基本过程为：①将 RSR 值按从小到大的顺序排列；②列出各组频数和各组累计频数；③确定各组 RSR 的秩次 R 及平均秩次 $\overline{R}$，计算向下累计频率 $\overline{R}/n\times100\%$，最后一项用（$1-1/4n$）×100% 修正；④根据累计频率，查询"百分数与概率单位对照表"，求其所对应概率单位 Probit 值。

第二，计算线性回归方程。得到 *Probit* 值之后，将其作为自变量，将 RSR 分布值作为因变量，建立计算用的线性回归方程为：

$$RSR = a + b \times Probit \tag{4-8}$$

用式（4-8）进行回归模型拟合，可得到样本地区 *RSR* 值的拟合值，用于最终的分档排序等使用。

第三，分级排序。按照回归方程（4-8）推算得到的 *RSR* 估计值对评价对象进行分级排序，如果用加权的 *WRSR*，则上述计算均用 *WRSR* 估计值分级排序，目的在于得到分档排序临界值表，尤其是 *Probit* 临界值对应的 *RSR* 临界值（拟合值）。分级数由研究者根据实际情况决定，一般档次数量为 3~5 级，3 级可对应好、中、差，5 级可对应好、较好、一般、较差、差。百分位数临界值和 *Probit* 临界值根据分档水平数量而变化，这两项是固定值且完全一一对应，5 级如表 4-2 所示；表 4-2 中的 *RSR*（*WRSR*）临界值（拟合值）是根据 *Probit* 临界值代入回归模型（4-8）计算得到的，且因指标数据而异。

表 4-2 分级排序临界值表

档次	百分位临界值	*Probit*	*RSR*（*WRSR*）临界值（拟合值）
第 1 档	<3.593	<3.2	—
第 2 档	3.593~27.424	3.2~4.3	—
第 3 档	27.425~72.574	4.4~5.5	—
第 4 档	72.575~96.406	5.6~6.7	—
第 5 档	96.407	≥6.8	—

第三节 陆丝国际物流通道联通指数及联通性分级分析

本书将"中欧班列""中亚班列"等通达的国家和"一带一路"各大经济走廊区域重合的国家作为陆上国际物流通道贯通的沿线国家。此外，在共建"一带一路"倡议下，由六大经济走廊来划分六条陆上国际物流通道。其中，孟中印缅和中国—中南半岛经济走廊在陆上与中国铁路联通的国家仅有缅甸、老挝和越南，而且沿线国家除了老挝，其余均为沿海国家；中巴经济走廊的中巴铁路还在规划中，目前主要通道还是海上运输，因此本书将在海丝国际物流通道部分进行研究。据此，本书陆上国际物流通道的联通性仅测算三条，即新亚欧大陆桥国际物流通道、中国—中亚—西亚国际物流通道、中蒙俄国际物流通道。本书尽可能追溯至较早的时间，以观察较长周期的发展变化情况，同时由于数据可获性，确定研究周期为2006~2019年。

一、新亚欧大陆桥国际物流通道联通指数及联通性分级分析

新亚欧大陆桥国际物流通道沿线国家的选取依据如第三章第三节所示。

（一）联通指数

根据前文研究指标和测算方法，测算出新亚欧大陆桥国际物流通道的联通指数，即加权的 RSR 值（见表4-3）。

表4-3 中国与新亚欧大陆桥国际物流通道联通指数

年份 \ WRSR	哈萨克斯坦	俄罗斯	乌克兰	白俄罗斯	格鲁吉亚	阿塞拜疆	亚美尼亚	波兰	捷克	斯洛伐克
2006	0.133	0.212	0.215	0.215	0.124	0.101	0.120	0.375	0.454	0.322
2007	0.172	0.240	0.230	0.235	0.127	0.105	0.128	0.393	0.462	0.351
2008	0.209	0.278	0.246	0.255	0.138	0.119	0.126	0.403	0.478	0.356
2009	0.247	0.273	0.219	0.275	0.138	0.141	0.158	0.420	0.523	0.370
2010	0.292	0.309	0.235	0.275	0.169	0.158	0.176	0.432	0.534	0.378
2011	0.347	0.337	0.248	0.329	0.233	0.184	0.178	0.452	0.548	0.387
2012	0.419	0.351	0.306	0.350	0.251	0.163	0.178	0.465	0.527	0.401
2013	0.430	0.361	0.308	0.358	0.281	0.175	0.180	0.485	0.531	0.407
2014	0.403	0.369	0.307	0.361	0.221	0.225	0.227	0.512	0.568	0.413
2015	0.348	0.334	0.293	0.360	0.216	0.221	0.225	0.496	0.552	0.411
2016	0.328	0.293	0.258	0.323	0.192	0.212	0.147	0.486	0.580	0.437
2017	0.353	0.320	0.258	0.336	0.189	0.215	0.147	0.495	0.586	0.442
2018	0.367	0.375	0.287	0.380	0.211	0.220	0.208	0.513	0.573	0.419
2019	0.365	0.371	0.288	0.379	0.211	0.221	0.210	0.509	0.585	0.421

WRSR 年份	匈牙利	塞尔维亚	罗马尼亚	保加利亚	奥地利	德国	荷兰	比利时	法国	西班牙
2006	0.438	0.229	0.271	0.275	0.575	0.743	0.649	0.649	0.557	0.418
2007	0.456	0.255	0.297	0.289	0.586	0.780	0.674	0.665	0.587	0.436
2008	0.472	0.269	0.321	0.300	0.596	0.803	0.692	0.687	0.609	0.448
2009	0.441	0.278	0.293	0.294	0.533	0.798	0.674	0.705	0.643	0.450
2010	0.458	0.291	0.302	0.301	0.556	0.825	0.699	0.725	0.652	0.465
2011	0.475	0.298	0.319	0.316	0.563	0.855	0.719	0.746	0.672	0.477
2012	0.502	0.330	0.349	0.367	0.611	0.845	0.709	0.737	0.668	0.493
2013	0.514	0.341	0.358	0.366	0.615	0.851	0.714	0.743	0.683	0.500
2014	0.536	0.349	0.396	0.346	0.577	0.872	0.735	0.760	0.699	0.526
2015	0.529	0.349	0.388	0.342	0.573	0.849	0.725	0.745	0.686	0.524
2016	0.533	0.344	0.377	0.317	0.616	0.852	0.733	0.736	0.688	0.506
2017	0.547	0.345	0.386	0.317	0.623	0.872	0.744	0.742	0.701	0.516
2018	0.572	0.349	0.388	0.344	0.619	0.892	0.735	0.744	0.702	0.546
2019	0.574	0.353	0.389	0.344	0.615	0.882	0.729	0.738	0.701	0.547

表4-3显示中国与新亚欧大路桥沿线国家的国际物流通道联通性时空差别都较大。

1. 空间维度分析

从空间维度来看，中国与各国的年平均国际物流通道指数差别较大，如图4-2所示。

从图4-2可以看出，中国到德国的国际物流通道联通性最好，平均联通指数达0.837，而联通性低于0.2的有亚美尼亚、阿塞拜疆、格鲁吉亚；欧洲发达国家与中国国际物流通道联通性整体较好，而与中国相邻的哈萨克斯坦、俄罗斯，以及中欧、南欧等国家国际物流通道联通性相对较低。这表明，国际物流通道的联通性高低并不取决于与中国交通运输距离的远近，而是受国际货运通道、信息通道和通关服务通道联通性的综合因素决定的。因此，本书进一步测算其三个一级指标的联通性，如图4-3所示。由图4-3可知，德国与中国的货运通道联通性及通关服务通道的联通性最好，其信息通道也位居前列；阿塞拜疆与中国货运通道联通性最差，同时其信息通道和通关服务通道联通性也均属于较低水平。三个一级指标的联通性同样呈现出欧洲发达国家联通性更好的现状，而与中国相邻的

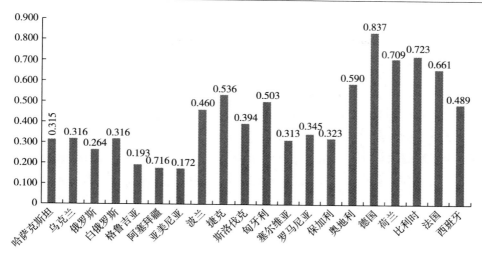

图4-2 中国与新亚欧大路桥国际物流通道沿线国家的平均联通指数

哈萨克斯坦和俄罗斯并没有因货运距离近而联通性好，且因信息通道和通关服务通道的联通性相对都较低，导致二者与中国的国际物流通道联通性居于中等偏下水平。

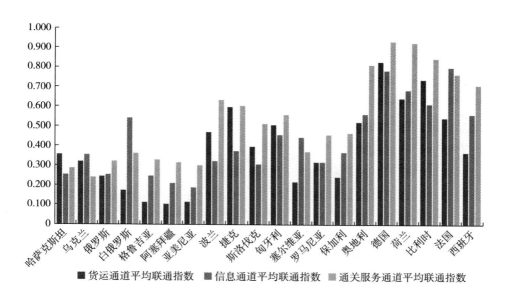

■ 货运通道平均联通指数 ■ 信息通道平均联通指数 ■ 通关服务通道平均联通指数

图4-3 中国与新亚欧大陆桥国际物流通道一级指标的联通指数

2. 时间维度分析

从时间维度来看,本书研究的时间周期为 2006～2019 年。在此期间,从 2011 年开始,中国陆续开通中欧班列,2013 年底提出并于 2014 年开始推动共建"一带一路",通过"政策沟通"和"设施联通"推动"贸易畅通"。由表 4-4 可知,新亚欧大陆桥国际物流通道沿线的 20 个样本国家的联通性从 2006 年到 2019 年大部分都在稳步提升。例如,德国是中国最早开通的中欧班列抵达的国家,即 2011 年开通的渝新欧,从重庆出发经新疆阿拉山口出境,一路抵达德国的杜伊斯堡,全长 11179 千米,成为中欧班列的"领头羊",德国便是本书与中国的国际物流通道联通性在研究期内最高的国家,联通指数在 2011 年较 2006 年增长 13%,2014 年之后稳步提升且其联通指数均在 0.85 以上。

为了便于比较,本书将中欧班列开通和共建"一带一路"提出时间作为时间节点,计算 2006～2010 年、2011～2019 年和 2014～2019 年三个时间段中国与沿线国家的国际物流通道平均联通指数,如图 4-4 所示。由图 4-4 可以看出,新亚欧大陆桥沿线几乎所有国家与中国的国际物流通道联通性在 2011 年以后有较大提升,表明中欧班列的开通有力促进了国际物流通道的联通性;从 2014～2019 年的平均联通指数看,大部分国家的联通性有所提升,虽然相对幅度较小,但也表明共建"一带一路"合作对国际物流通道联通性产生了积极作用。

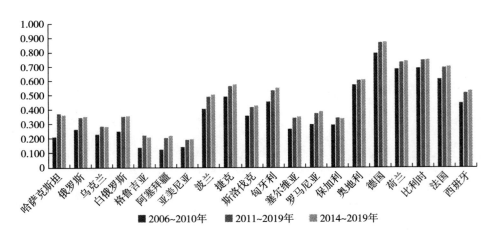

图 4-4　中国与新亚欧大陆桥国际物流通道分时段的平均联通指数变化

（二）联通性分级与分析

为了对新亚欧大陆桥国际物流通道沿线国家及其在不同年份的联通性分级进行比较，本书计算加权的 RSR 分布，即用概率单位 *Probit* 表达的值特定的累计频率，按照回归方程（4-8）推算得到的加权 WRSR 估计值分档排序临界值表，主要是用 *Probit* 临界值对应的 RSR 临界值（拟合值）进行分级排序，并结合表4-2对研究对象进行分级。

表4-4 中国与新亚欧大陆桥沿线国家的国际物流通道联通性分级

分级	5级（好）	4级（较好）	3级（一般）	2级（较差）	1级（差）
分级依据	*Probit* ≥ 6.8	5.6 ≤ *Probit* < 6.8	4.4 ≤ *Probit* < 5.6	3.2 ≤ *Probit* < 4.4	*Probit* < 3.2
	RSR 拟合值 ≥ 0.774	0.544 ≤ RSR 拟合值 < 0.774	0.315 ≤ RSR 拟合值 < 0.544	0.086 ≤ RSR 拟合值 < 0.315	RSR 拟合值 < 0.086
2006 年	—	奥地利、德国、比利时、法国、荷兰	波兰、捷克、斯洛伐克、西班牙、匈牙利	白俄罗斯、保加利亚、俄罗斯、罗马尼亚、塞尔维亚、乌克兰	阿塞拜疆、格鲁吉亚、哈萨克斯坦、亚美尼亚
2007 年	—	奥地利、德国、比利时、法国、荷兰	波兰、捷克、罗马尼亚、斯洛伐克、西班牙、匈牙利	白俄罗斯、保加利亚、俄罗斯、哈萨克斯坦、塞尔维亚、乌克兰	阿塞拜疆、格鲁吉亚、亚美尼亚
2008 年	德国	奥地利、法国、比利时、荷兰	保加利亚、波兰、捷克、罗马尼亚、斯洛伐克、西班牙、匈牙利	白俄罗斯、俄罗斯、格鲁吉亚、塞尔维亚、哈萨克斯坦、乌克兰	阿塞拜疆、亚美尼亚
2009 年	—	比利时、德国、法国、荷兰	奥地利、保加利亚、波兰、捷克、斯洛伐克、西班牙、匈牙利	阿塞拜疆、白俄罗斯、俄罗斯、哈萨克斯坦、罗马尼亚、塞尔维亚、乌克兰、亚美尼亚	格鲁吉亚
2010 年	德国	奥地利、法国、比利时、荷兰	保加利亚、波兰、俄罗斯、捷克、罗马尼亚、斯洛伐克、西班牙、匈牙利	阿塞拜疆、白俄罗斯、格鲁吉亚、哈萨克斯坦、塞尔维亚、乌克兰、亚美尼亚	—
2011 年	德国	奥地利、法国、比利时、荷兰	白俄罗斯、保加利亚、波兰、俄罗斯、哈萨克斯坦、捷克、罗马尼亚、塞尔维亚、斯洛伐克、西班牙、匈牙利	阿塞拜疆、格鲁吉亚、乌克兰、亚美尼亚	—

续表

分级	5级（好）	4级（较好）	3级（一般）	2级（较差）	1级（差）
分级依据	$Probit \geqslant 6.8$	$5.6 \leqslant Probit < 6.8$	$4.4 \leqslant Probit < 5.6$	$3.2 \leqslant Probit < 4.4$	$Probit < 3.2$
	RSR 拟合值≥0.774	$0.544 < RSR$ 拟合值<0.774	$0.315 \leqslant RSR$ 拟合值<0.544	$0.086 \leqslant RSR$ 拟合值<0.315	RSR 拟合值<0.086
2012 年	德国	奥地利、法国、比利时、荷兰	白俄罗斯、保加利亚、波兰、俄罗斯、哈萨克斯坦、捷克、罗马尼亚、塞尔维亚、斯洛伐克、乌克兰、西班牙、匈牙利	阿塞拜疆、格鲁吉亚、亚美尼亚	—
2013 年	德国	奥地利、法国、比利时、荷兰	白俄罗斯、保加利亚、波兰、俄罗斯、哈萨克斯坦、捷克、罗马尼亚、塞尔维亚、斯洛伐克、乌克兰、西班牙、匈牙利	阿塞拜疆、格鲁吉亚、亚美尼亚	—
2014 年	德国	奥地利、法国、比利时、荷兰、捷克	白俄罗斯、保加利亚、波兰、哈萨克斯坦、俄罗斯、罗马尼亚、塞尔维亚、斯洛伐克、乌克兰、西班牙、匈牙利	阿塞拜疆、格鲁吉亚、亚美尼亚	—
2015 年	德国	奥地利、法国、比利时、荷兰、捷克	白俄罗斯、保加利亚、波兰、哈萨克斯坦、俄罗斯、罗马尼亚、塞尔维亚、斯洛伐克、乌克兰、西班牙、匈牙利	阿塞拜疆、格鲁吉亚、亚美尼亚	—
2016 年	德国	奥地利、法国、比利时、荷兰、捷克	白俄罗斯、保加利亚、波兰、哈萨克斯坦、俄罗斯、罗马尼亚、塞尔维亚、斯洛伐克、西班牙、匈牙利	阿塞拜疆、格鲁吉亚、乌克兰、亚美尼亚	—
2017 年	德国	奥地利、法国、比利时、荷兰、捷克	白俄罗斯、保加利亚、波兰、哈萨克斯坦、俄罗斯、罗马尼亚、塞尔维亚、斯洛伐克、西班牙、匈牙利	阿塞拜疆、格鲁吉亚、乌克兰、亚美尼亚	—

续表

分级	5级（好）	4级（较好）	3级（一般）	2级（较差）	1级（差）
分级依据	$Probit \geq 6.8$	$5.6 \leq Probit < 6.8$	$4.4 \leq Probit < 5.6$	$3.2 \leq Probit < 4.4$	$Probit < 3.2$
	RSR拟合值$\geq$0.774	$0.544 \leq RSR$拟合值<0.774	$0.315 \leq RSR$拟合值<0.544	$0.086 \leq RSR$拟合值<0.315	RSR拟合值<0.086
2018年	德国	奥地利、法国、比利时、荷兰、捷克、匈牙利	白俄罗斯、保加利亚、波兰、哈萨克斯坦、俄罗斯、罗马尼亚、塞尔维亚、斯洛伐克、西班牙	阿塞拜疆、格鲁吉亚、乌克兰、亚美尼亚	—
2019年	德国	奥地利、法国、比利时、荷兰、捷克、匈牙利	白俄罗斯、保加利亚、波兰、哈萨克斯坦、俄罗斯、罗马尼亚、塞尔维亚、斯洛伐克、西班牙	阿塞拜疆、格鲁吉亚、乌克兰、亚美尼亚	—

表4-4的分级结果表明，中国与新亚欧大陆桥沿线国家的国际物流通道联通性水平分级中，5级和4级约占1/3，5级的仅有德国，即联通性水平最好，联通性较好的主要是奥地利、比利时、法国、荷兰及捷克五个国家，2018~2019年匈牙利也上升为4级；联通性水平在2级以下的较少。因此，从整体上看，该通道的联通性水平相对较好。从时间维度看，14年来基本稳定且稳中有升，特别是联通性水平为3级的国家，在2011年之后超过一半，而且在2014年以后4级和5级国家均有增加，也印证了中欧班列的开通和共建"一带一路"合作对国际物流通道联通性水平提升有明显的贡献。

二、中国—中西—西亚国际物流通道联通指数及联通性分级分析

根据表3-5，本章仅对中亚五国和西亚的伊朗、土耳其和伊拉克三个国家与中国国际物流通道的联通指数进行计算。

（一）联通指数

根据前文的研究指标和测算方法，测算出中国—中亚—西亚国际物流通道的联通指数，即加权的RSR值（见表4-5）。

由表4-5可以看出，中国—中亚—西亚国际物流通道中联通指数最高的是土耳其，其次是哈萨克斯坦和伊朗，显示了与中国运输距离较远的西亚国家的国际物流通道联通指数普遍高于中亚国家，也表明国际物流通道联通性不应仅用交通

运输是否通达来测算，而应综合考量。为此，本书进一步验证国际物流通道联通的三个一级指标：货运通道、信息通道和通关服务通道的联通性（见图4-5）。从图4-5可以看出，与中国国际物流通道联通性最好的是土耳其，其货运通道和信息通道联通性也最好，其次是哈萨克斯坦，而排在第三的伊朗的信息通道联通性远高于货运通道和通关服务通道。此外，从平均值来看，中国—中亚—西亚通道沿线国家的通关服务通道的联通性都较弱，这也会影响国际物流通道的联通性水平。结合表4-5还可以发现，2006~2019年，中国—中亚—西亚国际物流通道中除了吉尔吉斯斯坦和塔吉克斯坦的联通性水平一直保持低水平但呈波动增长，其他国家均呈现稳步上升的态势，其中增幅最大的是乌兹别克斯坦、伊拉克，其联通性水平增长超过了70%。

表4-5　中国—中亚—西亚国际物流通道联通指数

年份 WRSR	哈萨克斯坦	吉尔吉斯斯坦	塔吉克斯坦	乌兹别克斯坦	土库曼斯坦	伊朗	土耳其	伊拉克
2006	0.226	0.126	0.074	0.153	0.154	0.316	0.510	0.117
2007	0.287	0.136	0.073	0.165	0.163	0.333	0.559	0.128
2008	0.309	0.151	0.078	0.179	0.171	0.349	0.582	0.136
2009	0.399	0.168	0.105	0.220	0.173	0.333	0.565	0.142
2010	0.462	0.175	0.111	0.230	0.182	0.346	0.589	0.156
2011	0.535	0.188	0.114	0.230	0.195	0.400	0.600	0.315
2012	0.610	0.188	0.147	0.222	0.204	0.441	0.636	0.326
2013	0.648	0.209	0.143	0.231	0.207	0.474	0.657	0.338
2014	0.617	0.184	0.153	0.238	0.213	0.491	0.662	0.356
2015	0.605	0.185	0.154	0.288	0.269	0.508	0.658	0.348
2016	0.586	0.163	0.109	0.378	0.249	0.528	0.645	0.326
2017	0.618	0.169	0.111	0.416	0.282	0.554	0.679	0.358
2018	0.610	0.251	0.109	0.467	0.319	0.601	0.664	0.355
2019	0.600	0.250	0.126	0.501	0.320	0.565	0.674	0.350
年平均值	0.508	0.182	0.116	0.280	0.221	0.446	0.620	0.268

为了印证共建"一带一路"合作和中欧、中亚班列给中国—中亚—西亚国际物流通道联通带来的变化，本书划分三个周期，并计算其年平均联通指数进行比较，如图4-6所示。由图4-6可以看出，2006~2010年，中国—中亚—西亚沿

线所有国家与中国的国际物流通道联通水平除了土耳其超过0.5, 其余国家均属于较低的水平, 而随着2011年中欧、中亚班列陆续开通, 该通道沿线国家与中国的国际物流通道联通水平明显提升, 特别是哈萨克斯坦大幅提升, 以及2014年共建"一带一路"合作的开始, 使除塔吉克斯坦以外的其他国家的国际通道物流通道水平也稳步提升。

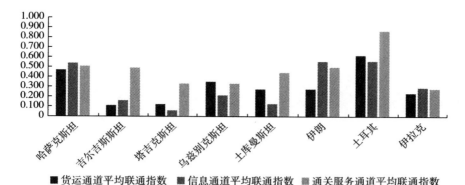

图4-5 中国—中亚—西亚国际物流通道一级指标平均联通指数

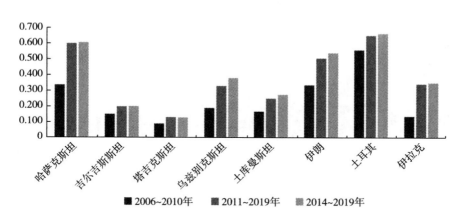

图4-6 中国—中亚—西亚国际物流通道分时段的平均联通指数变化

(二) 联通性分级

为了对中国—中亚—西亚国际物流通道沿线国家及其在研究期内不同年份的联通性进行分级比较, 本书计算加权 *RSR* 的分布, 并结合表4-5对研究对象进行分级, 分级结果如表4-6所示。

表 4-6   中国—中亚—西亚国际物流通道联通性分级

分级	5 级（好）	4 级（较好）	3 级（一般）	2 级（较差）	1 级（差）
分级依据	$Probit \geqslant 6.8$ RSR 拟合值≥ 0.644	$5.6 \leqslant Probit < 6.8$ $0.432 \leqslant RSR$ 拟合值<0.644	$4.4 \leqslant Probit < 5.6$ $0.219 \leqslant RSR$ 拟合值<0.432	$3.2 \leqslant Probit < 4.4$ $0.007 \leqslant RSR$ 拟合值<0.219	$Probit < 3.2$ RSR 拟合值< 0.029
2006 年	—	土耳其	哈萨克斯坦、伊朗	吉尔吉斯斯坦、土库曼斯坦、乌兹别克斯坦、伊拉克	塔吉克斯坦
2007 年	—	土耳其	哈萨克斯坦、伊朗	吉尔吉斯斯坦、土库曼斯坦、乌兹别克斯坦、伊拉克	塔吉克斯坦
2008 年	—	土耳其	哈萨克斯坦、乌兹别克斯坦、伊朗	吉尔吉斯斯坦、土库曼斯坦、伊拉克	塔吉克斯坦
2009 年	—	土耳其	哈萨克斯坦、吉尔吉斯斯坦、乌兹别克斯坦、土库曼斯坦、伊朗	伊拉克	塔吉克斯坦
2010 年	—	土耳其	哈萨克斯坦、吉尔吉斯斯坦、乌兹别克斯坦、土库曼斯坦、伊朗	塔吉克斯坦、伊拉克	—
2011 年	—	哈萨克斯坦、土耳其	吉尔吉斯斯坦、土库曼斯坦、乌兹别克斯坦、伊拉克、伊朗	塔吉克斯坦	—
2012 年	—	哈萨克斯坦、土耳其	吉尔吉斯斯坦、土库曼斯坦、乌兹别克斯坦、伊拉克、伊朗	塔吉克斯坦	—
2013 年	—	哈萨克斯坦、土耳其、伊朗	吉尔吉斯斯坦、土库曼斯坦、乌兹别克斯坦、伊拉克	塔吉克斯坦	—
2014 年	土耳其	哈萨克斯坦、伊朗	吉尔吉斯斯坦、土库曼斯坦、乌兹别克斯坦、伊拉克	塔吉克斯坦	—

续表

分级	5级（好）	4级（较好）	3级（一般）	2级（较差）	1级（差）
分级 依据	$Probit \geqslant 6.8$	$5.6 \leqslant Probit < 6.8$	$4.4 \leqslant Probit < 5.6$	$3.2 \leqslant Probit < 4.4$	$Probit < 3.2$
	RSR 拟合值≥ 0.644	$0.432 \leqslant RSR$ 拟合值<0.644	$0.219 \leqslant RSR$ 拟合值<0.432	$0.007 \leqslant RSR$ 拟合值<0.219	RSR 拟合值< 0.029
2015年	土耳其	哈萨克斯坦、 伊朗	吉尔吉斯斯坦、 土库曼斯坦、 乌兹别克斯坦、 伊拉克	塔吉克斯坦	—
2016年	—	哈萨克斯坦、 土耳其、 伊朗	土库曼斯坦、 乌兹别克斯坦、 伊拉克	吉尔吉斯斯坦、 塔吉克斯坦	—
2017年	土耳其	哈萨克斯坦、 伊朗	土库曼斯坦、 乌兹别克斯坦、 伊拉克	吉尔吉斯斯坦、 塔吉克斯坦	—
2018年	土耳其	哈萨克斯坦、 伊朗	吉尔吉斯斯坦、 土库曼斯坦、 乌兹别克斯坦、 伊拉克	塔吉克斯坦	—
2019年	土耳其	哈萨克斯坦、 乌兹别克斯坦、 伊朗	吉尔吉斯斯坦、 土库曼斯坦、 伊拉克	塔吉克斯坦	—

　　从表4-6中国—中亚—西亚沿线国家与中国的国际物流通道联通性分级来看，在2011年前整体偏低，4级水平的仅有土耳其，其余国家均在3级以下；2011年开始，联通性水平在4级以上的国家占比增加，到2019年，占到样本的一半，且从2014年开始土耳其的联通性水平基本稳居5级；同时，2010年以后没有联通性水平差的国家，较差的仅有1~2个。由此可见，中国在共建"一带一路"国家的共商共建共享和中欧、中亚班列互联互通的推动作用初见成效，从而快速推动了中国与沿线国家国际物流通道联通性水平的提升。

三、中蒙俄国际物流通道联通指数及联通性分级分析

　　本书研究的中蒙俄国际物流通道以共建"一带一路"倡议提出的中蒙俄经济走廊和经过二连浩特口岸和蒙古国的中欧班列的数据为基础，未统计经过满洲里口岸并直达俄罗斯的铁路运输数据，因此只对中国到达蒙古国和俄罗斯的国际物流通道联通指数进行测算。

（一）联通指数

图4-7的信息显示，在中蒙俄国际物流通道上，中国与俄罗斯的联通指数远高于蒙古国，俄罗斯和蒙古国在研究期内均呈波动增长趋势，但蒙古国与中国的国际物流通道联通性水平在研究期内基本处于低水平增长。

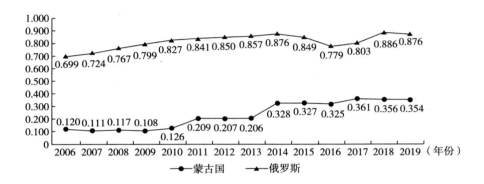

图4-7　中蒙俄国际物流通道联通指数

为了观察中蒙俄国际物流通道联通性主要受哪些因素的影响，本书进一步测度其货运通道、信息通道与通关服务通道三个一级指标的联通指数，如图4-8所示。

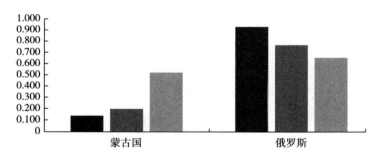

图4-8　中蒙俄国际物流通道联通一级指标平均联通指数

图4-8显示，俄罗斯与中国的货运通道、信息通道和通关服务通道联通性均处于较高水平；而蒙古国与中国的通关服务通道联通性相对略高，信息通道联通性水平次之，货运通道联通性水平最低，因此中蒙国际物流通道联通性整体有待

提高。

（二）联通性分级

为了对中蒙俄国际物流通道沿线国家及其在研究期内不同年份的联通性进行分级比较，本书根据计算加权 RSR 的分布，并结合图4-7对研究对象进行分级，分级结果如表4-7所示。

表4-7　中蒙俄国际物流通道联通性分级

分级	5级（好）	4级（较好）	3级（一般）	2级（较差）	1级（差）
分级依据	$Probit \geqslant 6.8$	$5.6 \leqslant Probit < 6.8$	$4.4 \leqslant Probit < 5.6$	$3.2 \leqslant Probit < 4.4$	$Probit < 3.2$
	RSR 拟合值≥0.832	$0.669 \leqslant RSR$ 拟合值<0.832	$0.332 \leqslant RSR$ 拟合值<0.669	$0.005 \leqslant RSR$ 拟合值<0.332	RSR 拟合值<0.005
2006年			俄罗斯	蒙古国	
2007年			俄罗斯	蒙古国	
2008年			俄罗斯	蒙古国	
2009年			俄罗斯		蒙古国
2010年		俄罗斯		蒙古国	
2011年		俄罗斯	蒙古国		
2012年		俄罗斯		蒙古国	
2013年		俄罗斯		蒙古国	
2014年		俄罗斯	蒙古国		
2015年		俄罗斯	蒙古国		
2016年			俄罗斯、蒙古国		
2017年			俄罗斯、蒙古国		
2018年	俄罗斯		蒙古国		
2019年	俄罗斯		蒙古国		

表4-7表明，2006~2019年，中国与蒙、俄两国的国际物流通道联通性水平级别波动变化，整体有所提高。其中，2010年以前中国与俄罗斯联通性处于一般水平，而2011年以后基本处于较好以上水平，但2016~2017年有所降低，2018~2019年达到最好的联通性水平；而中国与蒙古国联通性相对较低，研究期内基本处于3级及以下的联通性水平，即一般至较差，但2014年以后有所提升，联通性均处于3级。从上述中国与蒙、俄的国际物流通道联通性分级变化的时间

节点看，同样与中国共建"一带一路"合作和中欧班列开通密不可分。

第四节 海丝国际物流通道联通指数及联通性分级分析

一、中欧海丝国际物流通道联通指数及联通性分级分析

中欧走向的"21世纪海上丝绸之路"国际物流通道沿线国家的选取如第三章第四节表3-10所示。

（一）联通指数

根据前文的研究指标和测算方法，测算出2006～2019年中欧丝路国际物流通道的联通指数，即加权的 *RSR* 值，结果如表4-8所示。

表4-8 中欧海丝国际物流通道联通指数

年份	越南	柬埔寨	泰国	菲律宾	马来西亚	新加坡	印度尼西亚	缅甸	孟加拉	印度
2006	0.190	0.102	0.235	0.159	0.295	0.576	0.173	0.116	0.101	0.187
2007	0.215	0.110	0.277	0.159	0.363	0.637	0.196	0.115	0.105	0.199
2008	0.248	0.115	0.287	0.171	0.376	0.656	0.223	0.117	0.103	0.206
2009	0.285	0.120	0.296	0.194	0.385	0.677	0.230	0.097	0.125	0.212
2010	0.297	0.150	0.314	0.194	0.396	0.698	0.246	0.071	0.131	0.222
2011	0.292	0.168	0.314	0.207	0.426	0.705	0.253	0.078	0.135	0.227
2012	0.295	0.167	0.320	0.212	0.443	0.701	0.256	0.110	0.134	0.233
2013	0.285	0.183	0.336	0.215	0.441	0.702	0.258	0.107	0.147	0.231
2014	0.300	0.188	0.345	0.231	0.456	0.690	0.251	0.116	0.166	0.233
2015	0.316	0.191	0.353	0.220	0.450	0.697	0.225	0.140	0.178	0.247
2016	0.328	0.180	0.368	0.207	0.423	0.715	0.229	0.141	0.186	0.253
2017	0.342	0.171	0.404	0.213	0.434	0.690	0.240	0.140	0.187	0.244
2018	0.362	0.166	0.381	0.243	0.450	0.686	0.245	0.143	0.190	0.247
2019	0.358	0.167	0.389	0.268	0.454	0.679	0.249	0.159	0.192	0.245

续表

年份	斯里兰卡	马尔代夫	巴基斯坦	伊朗	阿拉伯联合酋长国	科威特	巴林	卡塔尔	沙特阿拉伯
2006	0.210	0.159	0.191	0.264	0.382	0.212	0.297	0.292	0.267
2007	0.242	0.173	0.177	0.287	0.403	0.247	0.324	0.320	0.293
2008	0.266	0.219	0.182	0.282	0.422	0.239	0.346	0.317	0.316
2009	0.264	0.205	0.185	0.295	0.429	0.262	0.371	0.302	0.349
2010	0.276	0.203	0.194	0.303	0.427	0.270	0.398	0.289	0.367
2011	0.298	0.204	0.203	0.321	0.449	0.256	0.488	0.304	0.377
2012	0.303	0.197	0.204	0.354	0.470	0.244	0.494	0.331	0.384
2013	0.285	0.202	0.210	0.374	0.483	0.255	0.501	0.344	0.382
2014	0.297	0.209	0.210	0.363	0.482	0.259	0.501	0.328	0.442
2015	0.318	0.199	0.204	0.375	0.509	0.253	0.472	0.336	0.440
2016	0.321	0.187	0.199	0.413	0.528	0.266	0.455	0.353	0.447
2017	0.341	0.190	0.198	0.433	0.657	0.258	0.412	0.378	0.447
2018	0.332	0.209	0.188	0.436	0.676	0.242	0.347	0.351	0.459
2019	0.331	0.209	0.185	0.402	0.670	0.247	0.344	0.359	0.459
年份	土耳其	黎巴嫩	叙利亚	肯尼亚	苏丹	埃及	利比亚	突尼斯	阿尔及利亚
2006	0.313	0.181	0.209	0.135	0.093	0.232	0.182	0.163	0.132
2007	0.355	0.195	0.172	0.116	0.096	0.235	0.185	0.190	0.142
2008	0.368	0.203	0.190	0.122	0.113	0.250	0.194	0.199	0.145
2009	0.357	0.299	0.200	0.141	0.093	0.262	0.203	0.225	0.157
2010	0.370	0.325	0.207	0.145	0.105	0.267	0.217	0.237	0.166
2011	0.382	0.314	0.220	0.150	0.112	0.271	0.198	0.263	0.178
2012	0.390	0.310	0.222	0.151	0.116	0.283	0.203	0.262	0.159
2013	0.401	0.310	0.222	0.160	0.105	0.281	0.207	0.240	0.169
2014	0.395	0.373	0.217	0.161	0.103	0.285	0.207	0.231	0.205
2015	0.391	0.268	0.225	0.172	0.114	0.299	0.226	0.226	0.233
2016	0.398	0.350	0.225	0.191	0.087	0.302	0.210	0.217	0.243
2017	0.408	0.292	0.244	0.190	0.100	0.301	0.226	0.228	0.241
2018	0.415	0.283	0.255	0.185	0.078	0.314	0.227	0.251	0.237
2019	0.421	0.285	0.270	0.186	0.074	0.329	0.220	0.265	0.250

年份	希腊	意大利	马耳他	法国	西班牙	葡萄牙	英国	比利时	荷兰
2006	0.442	0.559	0.476	0.640	0.529	0.467	0.671	0.643	0.717
2007	0.469	0.534	0.593	0.690	0.581	0.480	0.697	0.672	0.752
2008	0.514	0.551	0.635	0.716	0.595	0.504	0.717	0.691	0.773
2009	0.556	0.576	0.680	0.774	0.596	0.530	0.721	0.710	0.782
2010	0.576	0.589	0.703	0.788	0.617	0.563	0.742	0.725	0.791
2011	0.595	0.599	0.701	0.804	0.626	0.586	0.755	0.735	0.795
2012	0.613	0.595	0.707	0.809	0.647	0.593	0.758	0.737	0.801
2013	0.638	0.597	0.725	0.819	0.663	0.614	0.775	0.745	0.805
2014	0.665	0.605	0.737	0.847	0.682	0.644	0.790	0.760	0.811
2015	0.682	0.608	0.753	0.860	0.688	0.659	0.807	0.766	0.821
2016	0.688	0.615	0.777	0.877	0.694	0.674	0.810	0.769	0.826
2017	0.705	0.628	0.794	0.878	0.705	0.705	0.804	0.765	0.816
2018	0.726	0.630	0.822	0.874	0.718	0.749	0.803	0.756	0.807
2019	0.746	0.636	0.846	0.878	0.724	0.754	0.804	0.755	0.802

表4-8显示了中欧海丝国际物流通道沿线国家与中国的海上国际物流通道联通指数，沿线国家众多，联通性时空差异较大。

为了便于比较，本书计算沿线所有国家2006～2019年与中国的国际物流通道联通指数的年平均值（见图4-9）。由于该通道横跨亚非欧三大洲37个国家（可获数据的国家），因此本书分洲计算平均联通指数，其中亚洲跨度较大，再划分为东南亚、南亚和西亚，如图4-10所示。

从图4-9和图4-10可以看出，与中国的国际物流通道联通性较好的主要是欧洲9国，其平均联通指数为0.696，远超于其他洲平均值，其中法国与中国的国际物流通道联通性最好，高达0.804；非洲6国的平均联通指数为0.194，且苏丹是中欧丝路沿线联通性最低的国家，仅为0.099；该通道沿线亚洲国家中西亚6国的平均联通性略高于东南亚8国，其中与中国联通性最好的是新加坡。因此，不同区域、不同国家与中国国际物流通道的联通性差别较大。

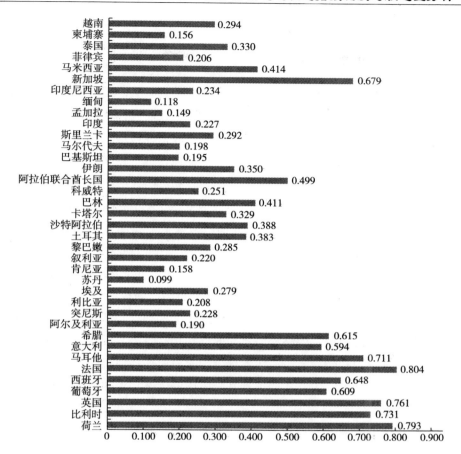

图4-9 中欧海丝国际物流通道沿线国家年平均联通指数

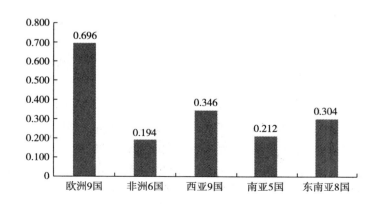

图4-10 分区域国际物流通道沿线国家平均联通指数

由于国际物流通道联通性不仅决定于全程航运通道的支持，也受信息服务、通关服务的影响，为此，本书进一步计算其货运通道、信息通道和通关服务通道的联通性指数，如图4-11所示。从图4-11可以看出，中欧海丝沿线大部分国家的货运通道、信息通道及通关服务通道的联通性差别较大。首先，总体来看，通关服务通道的联通性大于货运通道的联通性，且相较而言，信息通道的联通性最弱。其次，从大洲层面来看，欧洲国家的三个一级指标通道联通性较匹配，而南亚和非洲相差较大。最后，从国家层面来看，货运通道平均联通指数最高的国家依然在欧洲，联通指数超0.8的是荷兰、比利时和英国，法国和西班牙也在0.78以上，亚洲国家新加坡的货运通道联通指数为0.777，非洲国家货运通道联通指数最高的是埃及，为0.576，货运通道联通指数最低的是南亚国家马尔代夫；信息通道联通性最好的国家依次是法国、荷兰和英国，新加坡排在第8位，为0.565；中欧海丝国际物流通道中的通关服务通道指标的联通性相对较好，大于0.9的是荷兰和新加坡，大于0.8的是比利时、英国、阿拉伯联合酋长国等国家。

国际贸易中海运占比远高于陆运，因此对于沿海国家，依托其港口重要物流节点和通关服务通道建设，能够提高贸易效率和物流效率，同时也提升了国际物流通道的联通性，但相较而言，沿线大部分国家需要加强信息通道的联通，特别是非洲及南亚部分国家，由此才能提升其与中国的国际物流通道整体联通性。

（二）联通性分级

对于众多研究对象，在通常情况下还需要对评价对象进行分级，为此本书进一步找出RSR的分布，即用概率单位Probit表达的值特定的累计频率，按照回归方程（4-8）推算得到的加权WRSR估计值分档排序临界值表，主要是Probit临界值对应的RSR临界值（拟合值），进行分级排序。本书对中欧海丝国际物流通道沿线37个国家2006~2019年的联通性进行分级，如表4-9所示。

表4-9的中欧海丝国际物流通道联通性分级表现出明显的阶段性特征，2011年之前，该通道联通性水平为一般级别（3级）以下的国家占比约80%，但2006~2010年有一定的提升，如良好联通性水平（4级）的国家数量由7个增加到10个，相应地，联通性水平较差和差（2级以下）的由2006年的18个降到2010年的10个；从2011年开始，该通道联通性水平有达到5级的国家，至2019年基本在2~3个，但具有良好和一般性联通性水平的国家数量基本稳定且逐年略增；特别是2014年以后，该通道联通性在较差和差级别的国家占比明显减少，占比不足20%，而联通性水平在好与较好级别的国家占比达到30%左右。

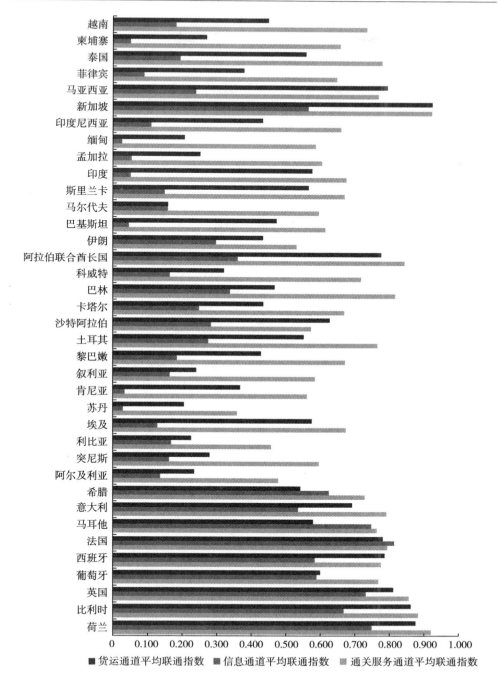

图4-11 中欧海丝国际物流通道联通一级指标平均联通指数

表 4-9 中欧海丝国际物流通道联通性分级

分级	5 级（好）	4 级（较好）	3 级（一般）	2 级（较差）	1 级（差）
分级依据	$Probit \geqslant 6.8$	$5.6 \leqslant Probit < 6.8$	$4.4 \leqslant Probit < 5.6$	$3.2 \leqslant Probit < 4.4$	$Probit < 3.2$
	RSR 拟合值 $\geqslant$ 0.749	$0.502 \leqslant RSR$ 拟合值 < 0.749	$0.254 \leqslant RSR$ 拟合值 < 0.502	$0.006 \leqslant RSR$ 拟合值 < 0.254	RSR 拟合值 $<$ 0.006
2006 年	—	比利时、法国、荷兰、西班牙、新加坡、意大利、英国	阿拉伯联合酋长国、埃及、巴林、卡塔尔、马耳他、马来西亚、葡萄牙、沙特阿拉伯、泰国、土耳其、希腊、伊朗、	阿尔及利亚、巴基斯坦、菲律宾、科威特、肯尼亚、黎巴嫩、利比亚、马尔代夫、缅甸、斯里兰卡、突尼斯、叙利亚、印度、印度尼西亚、越南	柬埔寨、孟加拉、苏丹
2007 年	—	比利时、法国、荷兰、马耳他、西班牙、新加坡、意大利、英国	阿拉伯联合酋长国、埃及、巴林、卡塔尔、科威特、马来西亚、葡萄牙、沙特阿拉伯、斯里兰卡、泰国、土耳其、希腊、伊朗、越南	阿尔及利亚、巴基斯坦、菲律宾、柬埔寨、肯尼亚、黎巴嫩、利比亚、马尔代夫、缅甸、突尼斯、叙利亚、印度、印度尼西亚	孟加拉、苏丹
2008 年	—	比利时、法国、荷兰、马耳他、葡萄牙、西班牙、希腊、新加坡、意大利、英国	阿拉伯联合酋长国、埃及、巴林、卡塔尔、科威特、马来西亚、沙特阿拉伯、泰国、斯里兰卡、土耳其、伊朗、印度尼西亚、越南	阿尔及利亚、巴基斯坦、菲律宾、柬埔寨、肯尼亚、黎巴嫩、利比亚、马尔代夫、缅甸、苏丹、突尼斯、叙利亚、印度、	孟加拉
2009 年	—	比利时、法国、荷兰、马耳他、葡萄牙、西班牙、希腊、新加坡、意大利、英国	阿拉伯联合酋长国、埃及、巴林、卡塔尔、科威特、黎巴嫩、马来西亚、沙特阿拉伯、斯里兰卡、泰国、突尼斯、土耳其、伊朗、印度、印度尼西亚、越南	阿尔及利亚、巴基斯坦、菲律宾、柬埔寨、肯尼亚、利比亚、马尔代夫、孟加拉、叙利亚	缅甸、苏丹

续表

分级	5级（好）	4级（较好）	3级（一般）	2级（较差）	1级（差）
分级依据	$Probit \geqslant 6.8$ RSR拟合值≥0.749	$5.6 \leqslant Probit < 6.8$ $0.502 \leqslant RSR$拟合值<0.749	$4.4 \leqslant Probit < 5.6$ $0.254 \leqslant RSR$拟合值<0.502	$3.2 \leqslant Probit < 4.4$ $0.006 \leqslant RSR$拟合值<0.254	$Probit < 3.2$ RSR拟合值<0.006
2010年	—	比利时、法国、荷兰、马耳他、葡萄牙、西班牙、希腊、新加坡、意大利、英国	阿拉伯联合酋长国、埃及、巴林、卡塔尔、科威特、黎巴嫩、利比亚、马来西亚、沙特阿拉伯、斯里兰卡、泰国、突尼斯、土耳其、伊朗、印度、印度尼西亚、越南	阿尔及利亚、巴基斯坦、菲律宾、柬埔寨、肯尼亚、马尔代夫、孟加拉、叙利亚	缅甸、苏丹
2011年	法国	比利时、荷兰、马耳他、葡萄牙、西班牙、希腊、新加坡、意大利、英国	阿拉伯联合酋长国、埃及、巴林、卡塔尔、科威特、黎巴嫩、马来西亚、沙特阿拉伯、斯里兰卡、泰国、突尼斯、土耳其、叙利亚、伊朗、印度、印度尼西亚、越南	阿尔及利亚、巴基斯坦、菲律宾、柬埔寨、肯尼亚、利比亚、马尔代夫、孟加拉、苏丹	缅甸
2012年	法国	巴林、比利时、荷兰、马耳他、葡萄牙、西班牙、希腊、新加坡、意大利、英国	阿拉伯联合酋长国、埃及、卡塔尔、科威特、黎巴嫩、马来西亚、沙特阿拉伯、斯里兰卡、泰国、突尼斯、土耳其、叙利亚、伊朗、印度、印度尼西亚、越南	阿尔及利亚、巴基斯坦、菲律宾、柬埔寨、肯尼亚、利比亚、马尔代夫、孟加拉、缅甸、苏丹	—
2013年	法国、荷兰	巴林、比利时、马耳他、葡萄牙、西班牙、希腊、新加坡、意大利、英国	阿拉伯联合酋长国、埃及、菲律宾、卡塔尔、科威特、黎巴嫩、马来西亚、沙特阿拉伯、斯里兰卡、泰国、突尼斯、土耳其、叙利亚、伊朗、印度、印度尼西亚、越南	阿尔及利亚、巴基斯坦、柬埔寨、肯尼亚、利比亚、马尔代夫、孟加拉	缅甸、苏丹

分级	5级（好）	4级（较好）	3级（一般）	2级（较差）	1级（差）
分级依据	$Probit \geq 6.8$ RSR 拟合值 ≥ 0.749	$5.6 \leq Probit < 6.8$ $0.502 \leq RSR$ 拟合值<0.749	$4.4 \leq Probit < 5.6$ $0.254 \leq RSR$ 拟合值<0.502	$3.2 \leq Probit < 4.4$ $0.006 \leq RSR$ 拟合值<0.254	$Probit < 3.2$ RSR 拟合值< 0.006
2014 年	法国、荷兰	巴林、比利时、马耳他、葡萄牙、西班牙、希腊、新加坡、意大利、英国	阿拉伯联合酋长国、埃及、菲律宾、卡塔尔、科威特、黎巴嫩、马来西亚、沙特阿拉伯、斯里兰卡、泰国、突尼斯、土耳其、叙利亚、伊朗、印度、印度尼西亚、越南	阿尔及利亚、巴基斯坦、柬埔寨、肯尼亚、利比亚、马尔代夫、孟加拉、缅甸	苏丹
2015 年	法国、荷兰、英国	阿拉伯联合酋长国、比利时、马耳他、葡萄牙、西班牙、希腊、新加坡、意大利	阿尔及利亚、埃及、巴林、菲律宾、卡塔尔、科威特、黎巴嫩、利比亚、马来西亚、沙特阿拉伯、斯里兰卡、泰国、突尼斯、土耳其、叙利亚、伊朗、印度、印度尼西亚、越南	巴基斯坦、柬埔寨、肯尼亚、马尔代夫、孟加拉、缅甸、苏丹	—
2016 年	法国、荷兰、英国	阿拉伯联合酋长国、比利时、马耳他、葡萄牙、西班牙、希腊、新加坡、意大利	阿尔及利亚、埃及、巴林、菲律宾、卡塔尔、科威特、黎巴嫩、马来西亚、沙特阿拉伯、斯里兰卡、泰国、突尼斯、土耳其、叙利亚、伊朗、印度、印度尼西亚、越南	巴基斯坦、柬埔寨、肯尼亚、利比亚、马尔代夫、孟加拉、缅甸	苏丹
2017 年	法国、荷兰	阿拉伯联合酋长国、比利时、马耳他、葡萄牙、西班牙、希腊、新加坡、意大利、英国	阿尔及利亚、埃及、巴林、菲律宾、卡塔尔、科威特、黎巴嫩、利比亚、马来西亚、沙特阿拉伯、斯里兰卡、泰国、突尼斯、土耳其、叙利亚、伊朗、印度、印度尼西亚、越南	巴基斯坦、柬埔寨、肯尼亚、马尔代夫、孟加拉、缅甸	苏丹

续表

分级	5级（好）	4级（较好）	3级（一般）	2级（较差）	1级（差）
分级依据	$Probit \geq 6.8$	$5.6 \leq Probit < 6.8$	$4.4 \leq Probit < 5.6$	$3.2 \leq Probit < 4.4$	$Probit < 3.2$
	RSR拟合值≥0.749	$0.502 \leq RSR$拟合值<0.749	$0.254 \leq RSR$拟合值<0.502	$0.006 \leq RSR$拟合值<0.254	RSR拟合值<0.006
2018年	法国、荷兰、马耳他	阿拉伯联合酋长国、比利时、葡萄牙、西班牙、希腊、新加坡、意大利、英国	阿尔及利亚、埃及、巴林、菲律宾、卡塔尔、科威特、黎巴嫩、利比亚、马来西亚、沙特阿拉伯、斯里兰卡、泰国、突尼斯、土耳其、叙利亚、伊朗、印度、印度尼西亚、越南	巴基斯坦、柬埔寨、肯尼亚、马尔代夫、孟加拉、缅甸	苏丹
2019年	法国、马耳他	阿拉伯联合酋长国、比利时、荷兰、葡萄牙、西班牙、希腊、新加坡、意大利、英国	阿尔及利亚、埃及、巴林、菲律宾、卡塔尔、科威特、黎巴嫩、利比亚、马来西亚、沙特阿拉伯、斯里兰卡、泰国、突尼斯、土耳其、叙利亚、伊朗、印度、印度尼西亚、越南	巴基斯坦、柬埔寨、肯尼亚、马尔代夫、孟加拉、缅甸	苏丹

因此，总体上看，在本书研究期内，样本国家与中国的国际物流通道联通性水平有明显提升，该提升与中国的共建"一带一路"合作的推动作用密不可分。

二、中国—南太平洋海丝国际物流通道联通指数及联通性分级分析

中国—南太平洋海上丝绸之路是"一带一路"21世纪海上丝绸之路建设的重点方向之一，也是蓝色海洋经济通道之一。从我国出发，沿线的主要国家有巴布亚新几内亚、所罗门群岛等10个岛国以及澳大利亚和新西兰，由于这些岛国大部分数据缺失，因此本书中的该国际物流通道仅有中国到澳大利亚和新西兰。

（一）联通性指数

图4-12显示了2006~2019年中国—南太平洋海丝国际物流通道沿线澳大利亚和新西兰的联通指数及其变化。横向看，2011年之前，中国与新西兰的联通指数高于澳大利亚，但幅度不大，而从2011年开始，中国与澳大利亚的联通指数明显高于新西兰。纵向看，中国与这两个国家的国际物流通道联通性在研究期

内波动变化，但总体表现出增长态势，而且中国与澳大利亚的平均联通指数略高于中国与新西兰，分别为 0.587 和 0.509。

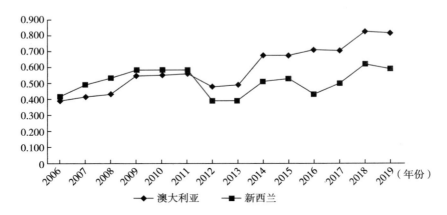

图 4-12　中国—南太平洋海丝国际物流通道联通指数

从中国—南太平洋海丝国际物流通道的总体联通指数看，澳大利亚和新西兰差别较小，那么在一级指标的联通性上是否有差异？为此，进一步测算了货运通道、信息通道和通关服务通道的联通指数，并计算出年平均值进行比较，如图 4-13 所示。图 4-13 的信息显示，中国与澳大利亚的货运通道平均联通性远高于新西兰，而其信息通道与通关服务通道平均联通指数均略低于新西兰，但都不高，因此中国—南太平洋海丝国际物流通道的联通性应该借助共建"一带一路"合作进一步提升，同时在信息通道、通关服务通道方面都应加强建设。

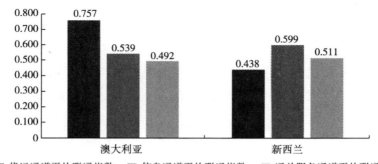

图 4-13　中国—南太平洋海丝国际物流通道一级指标平均联通指数

（二）联通性分级

虽然对中国—南太平洋海丝国际物流通道联通性进行评价的仅有两个国家，但跨度14年，因此，本书也进一步对其联通性依据回归方程（5-8）推算加权的 RSR 估计值的分档排序临界值表，主要是 Probit 临界值对应的 RSR 临界值（拟合值），进行分级排序逐年分级，如表4-10所示。由表4-10可知，中国与澳大利亚国际物流通道联通性等级较高，从2009年开始保持在较好与好（4级及以上）的水平，而中国与新西兰在研究期内主要维持在一般（3级）水平上，2018~2019年有所提升，其联通性水平达到较好级别。

表4-10 中国—南太平洋海丝国际物流通道联通性分级

分级	5级（好）	4级（较好）	3级（一般）	2级（较差）	1级（差）
分级依据	$Probit \geqslant 6.8$	$5.6 \leqslant Probit < 6.8$	$4.4 \leqslant Probit < 5.6$	$3.2 \leqslant Probit < 4.4$	$Probit < 3.2$
	RSR 拟合值 $\geqslant$ 0.751	$0.609 \leqslant RSR$ 拟合值 < 0.751	$0.467 \leqslant RSR$ 拟合值 < 0.609	$0.325 \leqslant RSR$ 拟合值 < 0.467	RSR 拟合值 $<$ 0.325
2006 年	—	—	—	新西兰	澳大利亚
2007 年		新西兰	澳大利亚		
2008 年	—	—	新西兰	澳大利亚	—
2009 年		澳大利亚	新西兰		
2010 年		澳大利亚	新西兰		
2011 年		澳大利亚	新西兰		
2012 年		澳大利亚	—	新西兰	
2013 年		澳大利亚	—	新西兰	
2014 年		澳大利亚	新西兰	—	—
2015 年		澳大利亚	新西兰		
2016 年		澳大利亚	新西兰		
2017 年		澳大利亚	新西兰		
2018 年	澳大利亚	新西兰	—	—	
2019 年	澳大利亚	新西兰	—	—	

三、中国—东北亚海丝国际物流通道联通指数及联通性分级分析

中国—东北亚海丝国际物流通道的确定依据是《"一带一路"建设海上合作

设想》提出的三条蓝色经济通道之一的北冰洋连接欧洲的蓝色经济通道，即冰上丝绸之路，是指穿越北极圈连接北美、亚洲和欧洲三大经济中心的北极航道。目前，该通道基本还在规划和开拓中，本书仅关注从中国出发到俄罗斯的东北航道，沿途有日本、韩国、朝鲜等国。

（一）联通性指数

由于朝鲜的大部分数据不可获取，因此中国—东北亚海丝国际物流通道将沿线的日、韩、俄三个国家作为研究对象，计算2006～2019年各国与中国的国际物流通道联通指数，如图4-14所示。

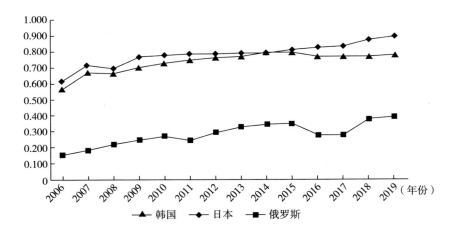

图4-14　中国—东北亚海丝国际物流通道联通指数

图4-14的信息显示，从时间维度来看，日、韩、俄三国与中国的国际物流通道联通指数在研究期内都表现为增长态势，其中日本稳定增长，韩国2014年之后基本保持稳定，而俄罗斯在波动中变化，总体呈增长趋势；从空间维度来看，日、韩两国在研究期内与中国联通指数较接近，日本略高，且日本在2014年之后与韩国有逐渐拉开差距之势，而俄罗斯与中国的联通指数远低于日韩。这是否与中国和三个国家的海上贸易需求及贸易量有关？相较于陆上，中国与俄罗斯在东北方向海上贸易较少，因此其海上货运通道建设可能较弱，为了证实该结论，进一步计算中国—东北亚国际物流通道的货运通道、信息通道和通关服务通道三个一级指标的联通性，如图4-15所示。

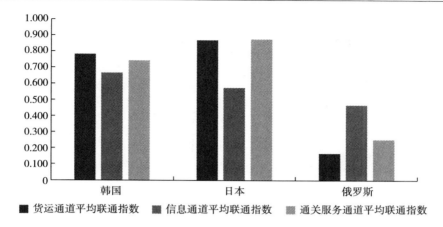

图 4-15 中国—东北亚海丝国际物流通道一级指标联通指数

图 4-15 显示出中国—东北亚海丝国际物流通道一级指标联通指数在三个国家差异较明显，货运通道和通关服务通道联通性最好的是日本；而韩国的信息通道联通性高于日本与俄罗斯。由此表明，俄罗斯与中国在东北向的国际物流通道联通性低不仅受货运通道影响，其通关服务通道和信息通道的联通性也有待提高。因此，"一带一路"海上合作倡议及"冰上丝绸之路"规划与建设推动了该通道联通性的提高，而该通道联通性的进一步改善也有助于"冰上丝绸之路"沿线国家进一步实现经贸合作。

（二）联通性分级

对研究期内中国—东北亚沿线日、韩、俄三个国家与中国的国际物流通道联通性进行分级评价，对其联通性依据回归方程（4-8）推算加权的 RSR 估计值的分档排序临界值表，进行分级排序逐年分级，如表 4-11 所示。

表 4-11 中国—东北亚海丝国际物流通道联通性分级

分级	5 级（好）	4 级（较好）	3 级（一般）	2 级（较差）	1 级（差）
分级依据	$Probit \geqslant 6.8$	$5.6 \leqslant Probit < 6.8$	$4.4 \leqslant Probit < 5.6$	$3.2 \leqslant Probit < 4.4$	$Probit < 3.2$
	RSR 拟合值 $\geqslant$ 0.873	$0.715 \leqslant RSR$ 拟合值 < 0.873	$0.458 \leqslant RSR$ 拟合值 < 0.715	$0.201 \leqslant RSR$ 拟合值 < 0.458	RSR 拟合值 $<$ 0.201
2006 年	—	—	韩国、日本	—	俄罗斯
2007 年	—	—	韩国、日本	俄罗斯	—

续表

分级	5级（好）	4级（较好）	3级（一般）	2级（较差）	1级（差）
分级依据	$Probit \geqslant 6.8$	$5.6 \leqslant Probit < 6.8$	$4.4 \leqslant Probit < 5.6$	$3.2 \leqslant Probit < 4.4$	$Probit < 3.2$
	RSR拟合值≥0.873	$0.715 \leqslant RSR$拟合值<0.873	$0.458 \leqslant RSR$拟合值<0.715	$0.201 \leqslant RSR$拟合值<0.458	RSR拟合值<0.201
2008年	—	—	韩国、日本	俄罗斯	—
2009年	—	—	韩国、日本	俄罗斯	—
2010年	—	—	韩国、日本	俄罗斯	—
2011年	—	日本	韩国	俄罗斯	—
2012年	—	日本	韩国	俄罗斯	—
2013年	—	日本	韩国	俄罗斯	—
2014年	—	韩国、日本	—	俄罗斯	—
2015年	日本	韩国	俄罗斯	—	—
2016年	日本	—	韩国	俄罗斯	—
2017年	日本	—	韩国	俄罗斯	—
2018年	日本	—	韩国、俄罗斯	—	—
2019年	日本	韩国	俄罗斯	—	—

从表4-11可以看出，该通道联通性分级特征较明显。首先，2006～2010年，日本、韩国处于一般联通性等级（3级），2011～2014年日本联通性等级基本维持在较好级别，2014年以后则更进一步，处在5级，即联通性达到最好的级别；其次，韩国在研究期内多处在一般联通性等级，2014年、2015年和2019年三个年份提升至较好级别；最后，俄罗斯在2006～2013年基本是较差的联通性级别，2014年之后有变化，其中2015年和2018～2019年上升到一般联通性级别。

第五节 "一带一路"国际物流通道联通性的总体特征分析

本章基于共建"一带一路"倡议下"丝绸之路经济带"提出的六大经济走廊、"21世纪海上丝绸之路"以及《"一带一路"建设海上合作设想》提出的三条蓝色经济通道的重点方向，并根据陆上与海上国家联通依托的主干交通基础设施不同，分为陆丝国际物流通道和海丝国际物流通道。以共建"一带一路"倡议下设施互联互通支持贸易畅通为出发点，验证不同国际物流通道的联通性状况。为此，本章结合相关研究分别构建了陆丝和海丝国际物流通道联通性指标评价体系，并选用不仅可以用于实现综合评价且可以对多个评价对象进行分级的非参数与参数相结合的评价方法——秩和比法（RSR），用该方法分别评价了新亚欧大陆桥、中国—中亚—西亚、中蒙俄三个陆丝国际物流通道，中欧、中国—南太平洋和中国—东北亚三个海丝国际物流通道的联通性指数，并分级排序。

中国与各国的国际物流通道联通性总体评价结果呈现如下共性特征：

（1）国际物流通道联通性决定于货运通道、信息服务通道和通关服务通道的综合影响。本书从跨境物流活动全程运作中不仅依靠货运干线和物流节点，也依靠信息流的调控和通关服务的支持为出发点进行各物流通道联通性评价。本书研究的国际物流通道联通指数及其一级指标联通性评价证实了这一点，即即使货运通道联通性水平高，如果通关服务通道或信息通道联通性水平弱，其国际物流通道联通性水平也将受到影响。因此，国际物流通道是一个骨干综合物流服务系统，其互联互通水平的提升要从多个领域进行推动和建设。

（2）国际物流通道联通性的时空差异较大，总体呈现出在研究期内联通性水平普遍有所提升，而且陆丝国际物流通道在 2011 年开通中欧班列、中亚班列等陆上干线铁路运输实现以及 2014 年共建"一带一路"合作开始后，通道沿线的大部分国家与中国的国际物流通道联通性水平有明显提升；同样，海丝国际物流通道在 2014 年的"21 世纪海上丝绸之路"倡议合作以后也呈现类似的特征。这充分证明了共建"一带一路"倡议在"共商共建共享"原则下发挥了重要作用，不仅在一定程度上推动了与沿线国家的互联互通，也将逐步推动运输时间的缩短、物流成本的降低和贸易效率的提高。

（3）本书的国际物流通道联通性测度结果显示，国际物流通道的联通性会打破传统的经济距离成本的思路，即距离越远，物流成本越高、区域之间的经贸联系越弱，也意味着国际物流通道的联通性改变了原有格局，使如新亚欧大陆桥和中欧海丝国际物流通道上万公里外的德国、荷兰、法国等国家与中国的国际物流通道联通性水平在本通道内最高，从而有效加强了双边贸易联系。

值得说明的是，国际物流通道联通指数的构建是考虑了国际贸易流通以物流动脉为依托的，而干线物流的实施不仅依托于干线货运基础设施形成的货运通道，还离不开通信基础设施建立信息通道实现物流全程的跟踪、协调及控制各物流环节的衔接等，此外，国际贸易中物流成本与效率高低还受制于通关服务基础设施及其通关效率。为此，本书在多指标测度货运通道、信息通道和通关服务通道联通性的基础上再综合测度国际物流通道联通性。由于现有相关研究涉猎较少，缺乏较成熟的指标评价体系和评价方法做参考，因此虽然理论上可以综合反映国际物流通道的联通，但由于受数据的可获性、指标的可量化性及研究方法所限，国际物流通道联通指数及其一级指标的测度具有较强的主观性，这也是以后研究亟待完善之处。

此外，本书由于指标的差异性，导致陆丝与海丝国际物流通道的联通性水平不具可比性；同时，由于每个通道中数据的差异，以及计算的熵权的不同，所以各国际物流通道总体联通性水平也不具有横向可比性。

下篇

实证研究

第五章 "一带一路"国际物流通道联通的双边贸易效应

——基于海丝沿线国家的实证

第一节 引言

基础设施质量和数量的低水平可能会通过增加运输成本造成贸易障碍（Cel-bis et al.，2014），而国际运输通道变迁和运输方式变革在全球贸易格局演变中扮演着重要角色，其实质是运输时间和运输成本在地理上的重新分布（周学仁和张越，2021）。交通基础设施的互联互通是"一带一路"建设的基础支撑和重要保障，具有"先行官"的作用，"六廊""六路""多港"通过"多国"共商共建共享逐渐推进了国际物流通道联通，也成为"六廊六路多国多港"主体骨架联通的动脉，为推动"一带一路"沿线国家和地区国际贸易、降低流动成本，以及促进跨域资源要素的有序流动和优化配置发挥了重要作用。例如，世界银行发布的政策研究报告《公共交通基础设施——量化模型与"一带一路"倡议评估》表明，共建"一带一路"合作可以大大减少"一带一路"沿线经济体的运输时间和贸易成本（分别高达3.2%和2.8%）以及整个世界的运输时间和贸易成本（分别高达2.5%和2.2%）。因此，交通运输部在《"一带一路"交通互联互通稳步推进》中提出下一步将优化完善国际物流通道，加强国际货运能力建设，加快形成内外联通、安全高效的物流网络，保障国际物流供应链体系安全畅通，推动"一带一路"交通互联互通高质量发展。

海上物流利用集装箱装载货物可以有效避免货物损失，快速装载和卸载、空间大承载货物多、规格标准选择多，因此海运具有运量大、运费低、对货物适应性强的优势，成为国际贸易中最重要的运输方式。据欧盟统计局数据，在2019年的中欧贸易中，海运完成的货量为1.17亿吨、货值3897亿欧元，较2008年《中国—欧盟海运协定》生效时分别增长40.2%和93.5%，国际贸易货运量长期保持在90%以上。由此可见，海上国际物流通道联通对国际贸易畅通意义重大。《"一带一路"建设海上合作设想》提出海上合作重点是建设中国—印度洋—非洲—地中海、中国—大洋洲—南太平洋、北冰洋—欧洲三条蓝色经济通道，依托"21世纪海上丝绸之路"倡议的政策沟通与合作机制推动蓝色经济通道上海丝国际物流通道联通，在促进国际贸易畅通、构建人类命运共同体伟大事业中发挥着重要作用。其中，"中国—印度洋—非洲—地中海蓝色经济通道"既是我国古代海上丝绸之路的主要线路，也是一条跨度最长、贯通国家最多中欧走向的"21世纪海上丝绸之路"，是"一带一路"重点建设的方向之一。

基于此，本章主要将中欧走向的"21世纪海上丝绸之路"作为研究对象，研究海丝沿线国家国际物流通道互联互通状况及其双边贸易效应，并验证其区域异质性，旨在观测"一带一路"交通基础设施互联互通的成效，以期提出有针对性和建设性的对策和建议。

第二节　相关研究进展

当前，专门研究国际物流通道与国际贸易的相关文献较少，但国际物流通道是以干线交通基础设施为硬基础、以通信基础设施为软支撑的，而基础设施对国际贸易影响的研究成果颇丰。因此，本节从基础设施影响运输成本再影响国际贸易的视角回顾相关文献，主要梳理相关研究如何验证不同基础设施类型、不同类型交通基础设施与物流（运输）通道等对国际贸易的影响。

一、基础设施、交通基础设施与国际贸易的相关研究

Biehl（1986）通过对基础设施的广泛观察，认为基础设施包括交通运输、通信、能源，以及其他社会、文化等基础设施。相关贸易文献将基础设施纳入贸

易模型研究中，主要集中在交通运输、通信及能源基础设施三个方面。

（一）基础设施对国际贸易总体影响的相关研究

Celbis 等（2014）通过梳理以往相关文献发现，基础设施对国际贸易的影响是根据空间和贸易成本来评估的。例如，Bougheas 等（1999）在李嘉图贸易模型基础上将运输成本和基础设施内生化，并建立引力模型，用欧洲国家数据验证了基础设施水平对贸易规模存在正向影响。Limão 和 Venables（2001）研究发现，基础设施落后的沿海和内陆国家在国际贸易方面可导致运输成本分别增加40%和60%，即验证了基础设施显著影响运输成本，同时运输成本又对贸易量有显著影响。在上述两位学者的影响下，很多学者进行了大量的研究，如 Martinez-Zarzoso 和 Nowak-Lehmann（2003）、Grigoriou（2007）、盛丹等（2011）、Portugal-Perez 和 Wilson（2012）、黄玖立和徐旻鸿（2012）、蒙英华和裴瑱（2013）、Donaubauer 等（2018）。同时，有诸多研究将交通、通信、能源基础设施纳入一个模型框架中分别验证其国际贸易效应（Bandyopadhyay，1999；Carrere，2006；Boue et al.，2008；何敏等，2015；梁双陆和张梅，2016；Jan，2019）。

（二）基础设施对双边贸易影响的相关研究

与此同时，学者还关注了基础设施对双边贸易的影响是否对称的问题。其中，Limão 和 Venables（2001）分别考虑进口国、出口国和过境国的基础设施水平，发现这些基础设施的每个维度都会对双边贸易流动产生积极影响，并认为差异并不普遍。但 Martinez Zarzoso 和 Nowak Lehmann（2003）研究了欧盟—南方共同市场的双边贸易流，发现只有出口商的基础设施水平提升才能促进贸易。Grigoriou（2007）验证了中亚国家的内部基础设施和过境基础设施对进出口贸易的影响不同。Celbis 等（2014）指出，在实践中每一种贸易流都是有方向性的，贸易来源地（出口国）的基础设施条件对贸易流的影响不同于贸易目的地（进口国）的条件。梁双陆和张梅（2016）发现，基础设施互联互通对中国与周边国家贸易具有很强的边界屏蔽效应，并且出口贸易的边界效应远高于进口贸易的边界效应。张鹏飞（2018）研究发现，不同收入水平国家之间的进口对基础设施建设水平要求不同，其中中低等收入水平国家从高等收入水平国家进口更加注重出口国的交通基础设施建设水平。Jan（2019）认为，交通基础设施的建设方式可能使出口比进口受益更多，验证结果表明交通基础设施的改善对出口的影响大于对进口的影响，这与 Francois 和 Manchin（2013）及 Bottasso 等（2018）的研究结果类似。胡再勇等（2019）、曹冲（2021）分别从 "一带一路" 沿线国家和中亚国家的能源、交通与通信基础设施的交互作用验证了进口贸易效应、出口贸易效应及双边贸易效应有差异，也发现不同类型基础设施交互作用的贸易效应具有不确定性。

（三）交通基础设施的国际贸易效应相关研究

在基础设施对国际贸易影响的相关研究中，诸多文献专门研究了交通基础设施的国际贸易效应。Bruinsma 等（1990）将交通运输基础设施分为道路、铁路、水路、机场、港口、信息传输和管道等子类别进行研究。Wilson 等（2003）、Nords 等（2004）、Hernandez 和 Taningco（2010）主要验证了港口效率或港口设施质量对国际贸易有正向影响；还有将公路（Shepherd and Wilson，2008；Wu，2007；Coşar and Demir，2016；白重恩和冀东星，2018；Jan，2019）、铁路（Herrero and Xu，2017；王雄元和卜落凡，2019；周学仁和张越，2021）、航空（Persson，2008；Alderighi and Gaggero，2017）等不同交通线路单独作为交通基础设施变量验证其国际贸易效应的；也有将多种交通基础设施同时纳入模型进行验证的，如 Jan（2019）认为不同的基础设施类型有其各自的特点，分别验证了公路、铁路、海运、内河水运和航空五种运输基础设施贸易促进效应的不同。徐俊和李金叶（2020）验证了"一带一路"沿线国家的公路、铁路、港口和航空四种交通基础设施质量的国际贸易效应。

二、综合基础设施与国际贸易的相关研究

Limão 和 Venables（2001）认为，不同类型的基础设施之间、基础设施的子类别之间都存在很大的相关性，不可能单独确定它们对运输成本和国际贸易的影响。为此，学者也尝试用如下两种不同的方式进行相关研究：

（一）不同类型基础设施的交互作用验证其国际贸易效应

Bouet 等（2008）验证发现各类基础设施的交互作用可能对国际贸易有重要作用，还指出基础设施类型之间的这种依赖性的确切发生方式尚不清楚，也不存在任何先验的理论基础来假定这种相互作用的功能形式。Jan（2019）研究发现一种特定运输方式的贸易流可能不仅受到相应运输基础设施类型的影响，还受到其他运输基础设施类型的影响，验证了航空贸易不仅受到机场基础设施的影响，还受到公路、铁路和海港基础设施的影响，这是因为它们可能与机场基础设施存在互补或竞争关系。胡再勇等（2019）和曹冲（2021）分别验证了"一带一路"沿线国家和中亚国家的能源、交通与通信基础设施的交互作用对进出口及双边贸易效应

的差异，同时发现不同类型基础设施交互作用的国际贸易效应具有不确定性。

（二）不同类型的基础设施或子类别指标综合量化研究其国际贸易效应

最早是 Limão 和 Venables（2001）将公路、铺面公路与铁路的密度以及人均电话干线综合为一个基础设施指数验证其国际贸易效应的，以后的学者基于这一理念进行了相关研究，成果颇丰。Celbis 等（2014）梳理了 1999~2012 年基础设施与国际贸易关系的 36 篇文献，发现超过一半的文献采用基础设施或各类交通基础设施的综合指数研究其国际贸易效应，其中只有少数文献研究交通、能源和通信三者的综合基础设施指数（De，2008；Granato，2008；Donaubauer et al.，2016）；一部分将交通和通信作为基础设施综合指数（Limão and Venables，2001；Jansen and Nordås，2004；Portugal-Perez and Wilson，2012；Vijil and Wagner，2012）；还有一部分文献仅用不同类型的交通运输指标综合为交通基础设施指数进行研究（Raballand，2003；Wilson et al.，2003；Marquez-Ramos and Martinez-Zarzoso，2005；Njinkeu et al.，2008）。近年来，张鹏飞（2018）、岳中刚和叶茂坤（2021）、程中海和柴永乐（2021）等也用交通基础设施综合指数研究其对国际贸易的影响。

三、"一带一路"沿线国家基础设施与国际贸易的相关研究

中国自 2013 年提出共建"一带一路"倡议以来，通过"基础设施联通"先行来推动与沿线国家的共建共享共赢，以推动沿线国家与中国、沿线国家之间的贸易畅通。因此，学者便开始深入研究"一带一路"沿线国家基础设施对国际贸易的影响并观察其异质性。Herrero 和 Xu（2017）估算了"一带一路"沿线国家因运输成本（包括铁路和海运）的降低而可能产生的贸易规模效应，发现东欧、中亚和东南亚分别在不同程度上受益于此。陈继勇和刘燚爽（2018）利用贸易便利化水平相关指标研究发现"一带一路"沿线国家的物流与基础设施指标对双边贸易流量的影响最大；张鹏飞（2018）利用扩展引力模型研究了"一带一路"沿线亚洲国家，验证发现交通基础设施发展到一定水平后，通信基础设施对贸易量的作用会越来越显著，同时发现二者的作用在不同收入水平的国家具有异质性。陈虹和刘纪媛（2020）基于中国与"一带一路"沿线 55 个样本国家的面板数据和门槛模型发现，"一带一路"沿线国家基础设施的完善可以促进中国对外贸易的增长。胡再勇（2021a）对"一带一路"六大经济走廊沿线国家海、陆、空运基础设施交互作用验证双边贸易成本效应。周学仁和张越（2021）为了

验证国际运输通道对中国进出口增长的影响，基于中国城市层面的贸易和中欧班列数据，采用双重差分方法验证了相较于未开通中欧班列的城市，开通中欧班列城市的出口和进口均实现显著增长。

四、文献述评及研究问题提出

综上研究表明，交通基础设施的联通可以降低运输成本和贸易成本，具有明显的国际贸易效应，该效应因设施的不同、区域的不同而异。梳理相关文献发现，多数文献研究单一交通基础设施或多种基础设施或交通基础设施分别对国际贸易的影响，也有部分文献专门综合多种基础设施或交通基础设施验证其国际贸易效应，且大多数文献是基于全世界或者欧盟、东南亚等区域的研究。中国共建"一带一路"是以"五通"为合作重点内容，在"基础设施互联互通"先行策略下，通过建设"六廊六路多国多港"的主体框架推动沿线国家与中国、沿线国家之间的贸易畅通。因此，关注和验证廊道或通道基础设施对沿线区域的贸易影响也很重要，但是目前相关研究甚少，主要集中在"中欧班列"开通的沿线区域（周学仁和张越，2021）、六大经济走廊（胡再勇，2021a），而对以海洋运输为主干线的国际物流通道的贸易效应鲜有关注，其中周学仁和张越（2021）认为国际运输通道变迁和运输方式变革在全球贸易格局演变中扮演着重要角色，其实质是运输时间和运输成本在地理上的重新分布，但该国际运输通道仅用中欧班列是否开通和航空货运量为变量验证了"中欧班列"沿线国家国际运输通道对中国进出口的增长效应。

同时，从当前相关文献来看，所关注的均为货物贸易运输，因此主要从交通运输基础设施角度研究对国际贸易的影响。实际上，货物贸易实现全球畅通不仅应该在交通运输线路上完成运输，还应该在各物流节点高效完成包装、装卸搬运、分拣、报检通关等全程物流活动（Bensassi et al.，2015）。因此，国际物流通道不仅要实现跨境的全程包括货物运输、储存、装卸搬运、流通加工、信息处理等一系列基本物流服务活动，还要完成海关查验、检验检疫、国际货代、保税仓储、出口监管、集装箱业务等延伸性和增值物流服务活动（董千里，2012），而这些活动的完成离不开全程信息通道和通关服务通道的支撑。由此可见，国际物流通道不仅应考量各干线交通基础设施、通信基础设施的联通，同时应考虑通关服务的设施及效率（Nordås et al.，2004），这些要素共同作用才能提高国际物流通道的服务效率，降低运输成本，从而影响国际贸易活动。

目前，鲜见专门研究"一带一路"国际物流通道联通贸易效应的文献，周学仁和张越（2021）研究的国际运输通道是货运运输通道，即物流通道，由于数据的可获性，用国际贸易中占比很低的航空货运量作为国际运输通道的衡量指标还有待改进。

中国与海丝沿线国家之间主要通过海洋运输实现货物贸易活动，而作为骨干综合物流服务系统的国际物流通道是支撑经贸流通的动脉。基于此，首先，本章在考虑海运干线联通、通信基础设施联通和通关服务设施联通等综合要素的基础上测度中国与海丝沿线国际物流通道联通指数，并将国际物流通道联通指数作为海丝沿线国家互联互通的基础设施变量验证其是否促进了双边贸易，以及国际物流通道的一级指标联通指数是否也存在双边贸易效应；其次，将海丝沿线国家是否加入共建"一带一路"合作的虚拟变量与国际物流通道联通指数的交互项作为变量，进一步验证海丝沿线国家加入共建"一带一路"是否促进了国际物流通道的联通并促进了双边贸易；最后，由于海丝国际物流通道贯通亚、非、欧三大洲，以及太平洋、印度洋和大西洋三大洋，沿线区域环境差异较大，因此需检验国际物流通道联通的双边贸易效应的区域异质性。

第三节　双边贸易基本事实与海丝国际物流通道联通状况

一、海丝沿线国家选取

基于本书第三章第四节中对中欧海丝国家的选择，即主要验证海丝重点方向之一的"中国—印度洋—非洲—地中海蓝色经济通道"沿线国家，本章为了验证海丝国际物流通道沿线区域的异质性，结合黄茂兴和贾学凯（2015）、汪洁和全毅（2015）、范月娇等（2020）的相关研究，参考《古今丝绸之路"一带一路"全景地图》，依托各大洲和沿线各大洋将国际物流通道沿线区域划分为东南亚国际物流通道区域、南亚—西亚国际物流通道区域、西亚—非洲—欧洲国际物流通道区域三个分区域（见表5-1）。

表 5-1　中欧走向的海丝沿线国家

国际物流通道		区域划分依据	沿线国家
海丝国际物流通道	东南亚国际物流通道	太平洋西南岸（南海海域）沿海国家	越南、柬埔寨、泰国、马来西亚、新加坡、印度尼西亚、文莱、菲律宾、东帝汶
	南亚—西亚国际物流通道	印度洋北部及西北岸（包括波斯湾）沿海国家	缅甸、孟加拉、印度、斯里兰卡、马尔代夫、巴基斯坦、伊朗、伊拉克、阿拉伯联合酋长国、科威特、巴林、卡塔尔、阿曼
	西亚—非洲—欧洲国际物流通道	红海、地中海沿岸及大西洋东岸沿海国家	肯尼亚、索马里、也门、吉布提、沙特阿拉伯、厄立特里亚、苏丹、埃及、利比亚、突尼斯、阿尔及利亚、摩洛哥、土耳其、以色列、黎巴嫩、叙利亚、希腊、阿尔巴尼亚、黑山、波黑、克罗地亚、斯洛文尼亚、意大利、马耳他、西班牙、葡萄牙、法国、英国、比利时、荷兰

资料来源：相关信息为笔者整理所得。

二、海丝沿线国家与中国的双边贸易状况

表 5-2 统计了海丝国际物流通道沿线国家与中国 14 年的双边贸易信息。

表 5-2　海丝沿线国家与中国双边贸易统计　　　　单位：亿美元

年份＼贸易额	双边贸易总额	平均贸易额	平均双边贸易最大国 马兰西亚	平均双边贸易最小国 马尔代夫	东南亚沿海通道平均贸易额	南亚—西亚沿海通道平均贸易额	西亚—非洲—欧洲沿海通道平均贸易额
2006	4183.669	113.072	370.000	0.160	226.696	62.531	100.472
2007	5527.457	149.391	460.000	0.251	285.618	90.688	133.187
2008	6746.199	182.330	540.000	0.330	325.905	122.079	164.315
2009	5750.954	155.431	520.000	0.408	298.488	96.789	136.677
2010	7828.365	211.577	740.000	0.635	409.201	138.408	181.130
2011	9737.542	263.177	900.000	0.973	506.427	182.817	220.082
2012	9998.744	270.236	950.000	0.767	555.605	177.905	218.555
2013	10663.345	288.199	1100.000	0.978	616.819	192.056	222.790
2014	11665.507	315.284	1000.000	1.044	641.082	237.783	240.122
2015	10963.873	296.321	970.000	1.728	646.329	207.044	219.057
2016	10317.400	278.849	870.000	3.212	625.372	188.762	203.337
2017	11651.685	314.910	960.000	2.963	706.844	215.276	228.197

续表

年份＼贸易额	双边贸易总额	平均贸易额	平均双边贸易最大国 马兰西亚	平均双边贸易最小国 马尔代夫	东南亚沿海通道平均贸易额	南亚—西亚沿海通道平均贸易额	西亚—非洲—欧洲沿海通道平均贸易额
2018	13206.148	356.923	1100.000	3.972	816.263	242.963	253.669
2019	14760.353	398.928	1200.000	3.817	874.894	321.609	268.336
累计总额	133001.240	3594.628	11680.00	21.237	7535.543	2476.710	2789.928
年平均值	9500.089	256.759	834.286	1.517	538.253	176.908	199.281

注：①由于文莱、东帝汶、伊拉克、阿曼、也门、索马里、吉布提、厄立特里亚、摩洛哥、以色列、阿尔巴尼亚、黑山、波黑、克罗地亚、斯洛文尼亚15个国家在本书研究中相关指标的可获性而未纳入研究，因此以上样本为37个国家；②双边贸易数据来源于IMF世界经济展望数据库。

由表5-2可以看出，其一，从时间维度看，中国与海丝沿线国家的双边贸易额在2006~2019年呈现总体增长趋势，但也存在波动，如2009年、2015~2016年；东南亚国际物流通道沿线国家与中国的双边贸易额呈现逐年上升的态势，而南亚—西亚与西亚—非洲—欧洲国际物流通道沿线国家和总样本变化趋势基本相同。其二，从空间维度看，中国与海丝沿线国家的双边贸易额差别巨大，累计总额最大的国家马来西亚14年间高达万亿美元，而累计总额最小的马尔代夫仅为21.2亿美元左右；东南亚国际物流通道沿线国家与中国的双边累计平均贸易额最大，几乎是最少的南亚—西亚国际物流通道沿线国家累计平均贸易额的3倍多，这也反映了中国与海丝国际物流通道沿线国家的双边贸易存在着明显的时空差异。

三、海丝国际物流通道联通指数分析

本书通过构建海丝国际物流通道联通指数评价指标体系，包括三个一级指标和多个二级指标（见本书第四章的图4-1和表4-1），运用RSR法（具体测算方法及测算过程见第四章第二节）综合测算出2006~2019年中国与海丝沿线国家的国际物流通道联通指数以及三个一级指标的联通指数，测算的详细结果如第四章第四节的表4-8和图4-11所示，这里不再赘述。根据本章研究需要，对海丝国际物流通道沿线国家及其东南亚、南亚—西亚（主要是印度洋西北岸及波斯湾沿海西亚国家）、西亚（主要是红海沿海的西亚国家）—非洲—欧洲沿线国家与中国的国际物流通道联通指数及其一级指标联通指数的平均值等进行统计分析，

具体如表5-3、表5-4、表5-5和表5-6所示。

（一）海丝国际物流通道联通指数

第一，表5-3显示2006~2019年中国与海丝沿线国家的国际物流通道联通指数平均值主要呈现稳步提升的态势。从年平均值看，海丝沿线国家中国际物流联通指数最大国荷兰与最小国苏丹差距很大，且2006~2019年各年份中国与荷兰的国际物流通道联通指数基本是海丝沿线国家平均值的2倍，2017年之前一直保持上升趋势，2017年之后略有下降；但中国与苏丹的国际物流通道联通指数一直处于很低的位置，且在本章研究期还有下降态势。

表5-3 海丝国际物流通道联通指数

年份＼指数值	总平均值	年均值最大国（荷兰）	年均值最小国（苏丹）	东南亚通道平均值	南亚—西亚通道平均值	西亚—非洲—欧洲通道平均值
2006	0.302	0.717	0.093	0.247	0.219	0.371
2007	0.324	0.752	0.096	0.280	0.236	0.392
2008	0.340	0.773	0.113	0.297	0.245	0.410
2009	0.355	0.782	0.093	0.312	0.250	0.432
2010	0.367	0.791	0.105	0.328	0.253	0.447
2011	0.378	0.795	0.112	0.338	0.269	0.456
2012	0.384	0.801	0.116	0.342	0.279	0.460
2013	0.390	0.805	0.105	0.345	0.285	0.466
2014	0.399	0.811	0.103	0.352	0.288	0.482
2015	0.403	0.821	0.114	0.350	0.294	0.486
2016	0.409	0.826	0.087	0.350	0.300	0.495
2017	0.416	0.816	0.100	0.356	0.312	0.499
2018	0.418	0.807	0.078	0.362	0.305	0.505
2019	0.422	0.802	0.074	0.366	0.304	0.511
年平均值	0.379	0.793	0.099	0.330	0.274	0.458

第二，从分区域看，东南亚和西亚—非洲—欧洲沿线各国与中国的平均国际物流通道联通指数呈现逐年稳定上升态势，且南亚—西亚沿线各国与中国的平均国际物流通道联通指数也呈现总体上升态势，仅在2018年开始略有下降。三个分区域国际物流通道中，西亚—非洲—欧洲沿线国家的平均国际物流通道联通指

数最高，且高于平均值，东南亚和南亚—西亚沿线国家与中国的平均国际物流通道联通指数均低于总平均值，呈现明显的时空差异特征。

（二）海丝货运通道联通指数

第一，如表5-4所示，从样本各年的平均值看，海丝沿线国家与中国的货运通道联通指数2006~2016年一直处于上升态势，2017~2019年波动明显，但整体略有下降，总平均值为0.506。海丝沿线国家与中国的货运通道联通指数平均值最高的是新加坡，高达0.923，且在研究期内态势与总样本类似；而苏丹与中国的货运通道联通指数平均值是最低的，仅有0.205，研究期内总体有所下降。

表5-4　海丝货运通道联通指数

年份 \ 指数值	总平均值	年均值最大国（新加坡）	年均值最小国（苏丹）	东南亚通道平均值	南亚—西亚通道平均值	西亚—非洲—欧洲通道平均值
2006	0.434	0.703	0.205	0.410	0.368	0.482
2007	0.466	0.889	0.204	0.499	0.398	0.494
2008	0.477	0.907	0.258	0.505	0.402	0.511
2009	0.485	0.900	0.200	0.509	0.400	0.525
2010	0.502	0.938	0.214	0.541	0.414	0.539
2011	0.518	0.951	0.216	0.566	0.427	0.553
2012	0.510	0.949	0.205	0.550	0.424	0.545
2013	0.519	0.938	0.157	0.571	0.428	0.553
2014	0.520	0.927	0.168	0.571	0.423	0.558
2015	0.526	0.961	0.230	0.568	0.435	0.563
2016	0.536	0.980	0.214	0.587	0.452	0.565
2017	0.531	0.968	0.271	0.581	0.457	0.556
2018	0.534	0.962	0.177	0.587	0.460	0.557
2019	0.531	0.955	0.154	0.573	0.453	0.561
年平均值	0.506	0.923	0.205	0.544	0.424	0.540

第二，从分区域看，东南亚和西亚—非洲—欧洲沿线国家与中国的货运通道联通指数总平均值均高于全样本总平均值，且相差不大，东南亚的平均指数值略高，二者发展态势均稳中有升，但2017年以后有波动，变化幅度不大；而南亚—西亚沿线国家与中国的货运通道联通指数总平均值较低，但研究期基本处于

稳定上升态势，仅2019年该指数值略降。从三个分区域的平均货运通道联通指数看，差距相对较小，但也显现出明显的时空差异。

（三）海丝信息通道联通指数

第一，由表5-5的信息可见，海丝沿线国家与中国的信息通道联通指数平均值为0.295，相对较低，因此信息通道联通指数总体上是造成国际物流通道联通指数低的主要因素，但2006~2019年基本呈现逐年增长的态势；海丝沿线国家与中国的信息通道联通指数平均值最大的国家是荷兰和马耳他，均为0.748，其中荷兰的该指数值升中略有下降，而马耳他指数值2006~2019年呈现快速增长的态势，相较于2006年指数值，到2019年翻了一番；而苏丹与中国的信息通道联通指数为0.029，且研究期内变化不大，说明在本章研究期内该国与中国的信息通道联通情况有待提高。

表5-5　海丝信息通道联通指数

年份	总平均值	年均值最大国		年均值最小国	东南亚通道平均值	南亚—西亚通道平均值	西亚—非洲—欧洲通道平均值
		荷兰	马耳他	苏丹			
2006	0.211	0.673	0.472	0.013	0.131	0.112	0.297
2007	0.232	0.697	0.594	0.015	0.150	0.126	0.323
2008	0.251	0.717	0.650	0.018	0.173	0.139	0.344
2009	0.268	0.735	0.704	0.021	0.190	0.146	0.368
2010	0.280	0.744	0.739	0.031	0.202	0.146	0.385
2011	0.291	0.752	0.727	0.037	0.209	0.167	0.393
2012	0.298	0.762	0.738	0.038	0.217	0.175	0.399
2013	0.303	0.767	0.756	0.037	0.215	0.183	0.406
2014	0.314	0.764	0.771	0.036	0.216	0.186	0.425
2015	0.318	0.778	0.795	0.032	0.215	0.191	0.429
2016	0.329	0.784	0.824	0.031	0.222	0.197	0.445
2017	0.341	0.779	0.858	0.031	0.233	0.213	0.454
2018	0.346	0.766	0.904	0.032	0.237	0.212	0.464
2019	0.353	0.759	0.935	0.034	0.248	0.212	0.472
年平均值	0.295	0.748	0.748	0.029	0.204	0.172	0.400

第二，分区域看时空差异明显。东南亚和南亚—西亚沿线国家的信息通道联

通指数的平均值分别为 0.204 和 0.172，均低于总样本平均值，但两个分区域在研究期内基本呈现稳定上升的态势，其中南亚—西亚沿线国家与中国的信息通道联通指数在 2018 年后保持平稳；而西亚—非洲—欧洲沿线国家与中国的平均值信息通道联通指数高于全样本均值，且 2006~2019 年保持了较快的增长态势。

（四）海丝通关服务通道联通指数

表 5-6 统计了海丝沿线国家与中国通关服务通道联通指数的相关信息。

表 5-6 海丝通关服务通道联通指数

年份 \ 指数值	总平均值	年均值最大国（新加坡）	年均值最小国（苏丹）	东南亚通道平均值	南亚—西亚通道平均值	西亚—非洲—欧洲通道平均值
2006	0.659	0.894	0.409	0.703	0.649	0.649
2007	0.661	0.894	0.435	0.703	0.653	0.651
2008	0.663	0.894	0.460	0.703	0.651	0.655
2009	0.682	0.928	0.360	0.733	0.653	0.680
2010	0.681	0.928	0.386	0.733	0.649	0.681
2011	0.680	0.928	0.411	0.733	0.643	0.683
2012	0.710	0.938	0.479	0.754	0.699	0.700
2013	0.710	0.938	0.479	0.754	0.697	0.702
2014	0.735	0.925	0.439	0.817	0.710	0.719
2015	0.735	0.925	0.439	0.817	0.709	0.721
2016	0.697	0.949	0.189	0.713	0.693	0.694
2017	0.697	0.949	0.189	0.713	0.693	0.694
2018	0.667	0.908	0.175	0.732	0.612	0.676
2019	0.667	0.908	0.175	0.732	0.612	0.676
年平均值	0.689	0.922	0.359	0.739	0.666	0.684

第一，海丝沿线国家与中国的通关服务通道联通的总平均指数为 0.689，相较于其货运通道指数和信息通道指数较高，也是对国际物流通道联通性贡献较大的指标。在海丝沿线国家中，新加坡与中国的通关服务通道联通性最好，其联通指数年平均值高达 0.922，高出平均值近 30%，在研究期间基本一直处于高位且还有所提升，2018~2019 年略有下降，但也高于 0.9；而苏丹与中国的通关服务通道联通性在研究期内波动明显。

第二，通关服务通道联通指数在区域上也呈现明显的时空分异。其中，东南亚沿线国家与中国的通关服务通道联通指数年平均值最高，其他两个区域次之，但总体差异相对略小；从研究期的变化态势看，三个分区域 2006～2015 年均呈现稳中有升的态势，而 2016～2019 年，东南亚沿线与中国的通关服务通道联通指数明显下降后又略有上升，南亚—西亚、西亚—非洲—欧洲沿线国家与中国的通关服务通道联通指数值均略有下降。

综上所述，本节较详细地分析了海丝沿线国家与中国的双边贸易、国际物流通道联通性及其一级指标联通性。从时间趋势看，大体上呈现增长态势，但受到全球经济大环境的影响，使本章研究样本中的大部分数据在 2017 年有明显的拐点。从空间维度看，不论是双边贸易还是联通指数值，在东南亚、南亚—西亚、西亚—非洲—欧洲三个区域都呈现明显的区域差异。因此，本章利用面板数据，从总体和分区域两个层面验证海丝国际物流通道联通的双边贸易效应。

第四节　理论模型与实证检验

一、理论模型构建与研究假设

从本章对文献的梳理可知，关于国际物流通道对国际贸易影响的研究甚少，但对于交通基础设施、信息基础设施和通关服务等对国际贸易的研究非常丰富。本书研究的国际物流通道联通性是基于货运通道、信息通道和通关服务通道及其二级指标的综合测算所得，因此理论分析和研究假说主要基于基础设施与贸易相关理论及文献验证结论提出。

基础设施建设会影响经济地理和贸易格局，改善交通基础设施，增强联通性有利于为国际贸易流通提供更便利的条件，减少贸易壁垒、降低物流成本和提高物流效率，从而改善国际贸易的环境并提升国际贸易流量。对国际贸易影响因素的理论模型最早是由 Tinbergen 于 1962 年提出的有较强解释力和简单直观的经典贸易引力方程，但由于其缺乏理论基础，后经 Anderson 和 Wincoop（2003）以 CES 垄断竞争模型为基础，从理论上推出了多边贸易阻力模型使其得到广泛应用，该多边贸易阻力模型是基于各贸易国具有 CES 不变替代弹性，为：

$$trade_{ij} = (GDP_i GDP_j / GDP_w)(T_{ij}/P_i P_j)^{1-\theta} \qquad (5-1)$$

其中，$trade_{ij}$ 为 i 国与 j 国之间的贸易额，GDP_i、GDP_j 和 GDP_w 分别表示 i 国、j 国和世界 GDP，P_i 和 P_j 分别为 i 国和 j 国的综合物价指数，T_{ij} 为 i 国与 j 国之间的运输成本，θ 则为差异化商品间的不变替代弹性，且 $\theta > 1$，因此在其他因素不变的条件下，T_{ij} 越大则两国之间的 $trade_{ij}$ 越小。关于 T_{ij} 的确定，Limão 和 Venables（2001）提出式（5-2）：

$$T_{ij} = T(L_{ij}, X_i, X_j, \varepsilon_{ij}) \qquad (5-2)$$

其中，L_{ij} 为 i 国与 j 国之间的旅行特征向量，X_i 和 X_j 分别为反映 i 国和 j 国可能对运输成本产生影响的特征向量，ε_{ij} 为可能未观测到的变量。Limão 和 Venables（2001）提出，对于 L_{ij} 可以用两国之间的最短距离和两国是否相邻来测度；而对于 X_i 和 X_j 则可以使用反映其地理区位特征（如沿海或内陆）和基础设施的变量来测算，其中对于基础设施的测度，一般用不同的基础设施指标，如交通、电信、能源等，或者多个指标的综合指数。从式（5-1）可以发现，贸易国是否临海、两国之间是否相邻及两国之间的最短距离都是固定的，仅有基础设施随时间变化而影响了运输成本 T_{ij} 的变化，因此，结合式（5-1），在其他因素保持不变的前提下，基础设施越完善，越有利于运输成本 T_{ij} 的降低，进一步促进两国之间的双边贸易。

由于本章主要以交通运输干线为硬基础设施、以信息通道和通关服务为软基础设施来综合考察国际物流通道的联通性对海丝沿线国家与中国双边贸易的影响，因此，借鉴胡再勇等（2019）的思路，将 i 国与 j 国的国际物流通道联通指数用 $ILCI_i$ 和 $ILCI_j$ 来表示，将式（5-1）和式（5-2）整合为式（5-3）：

$$trade_{ij} = trade_1(ILCI_i, ILCI_j)trade_2(Z_{ij}, \varepsilon_{ij}) \qquad (5-3)$$

其中，Z_{ij} 为式（5-2）中提到的除基础设施以外的各变量，其他变量含义不变，其中 i 国在本书特指中国。式（5-1）是基于 CES 垄断竞争模型推导而来的，因此可以假设 $trade_1$ 为严格凹函数，即 $\partial trade_1/\partial ILCI_i > 0$、$\partial trade_1/\partial ILCI_j > 0$、$\partial^2 trade_1/\partial ILCI_i^2 < 0$ 和 $\partial^2 trade_1/\partial ILCI_j^2 < 0$。基于以上分析，本书提出如下假设：

H1：海丝沿线国家与中国的国际物流通道联通促进了双边贸易。

古典经济学派认为资源配置效率的提高可以通过要素在区域空间转移来实现，以提升社会福利水平。而不同国家、地区的基础设施水平参差不齐、政策壁垒措施也并未统一，因此要素在空间转移的过程中会形成运输成本和贸易成本差异。共建 "一带一路" 倡议是经济全球化背景下提出的嵌入更高级别的国际政治合作、政策沟通，可以改善中国和沿线国家的福利和贸易条件（王贵军和卢潇潇，2019a，2019b；裴长洪和刘斌，2019；黄华华等，2020），同时也有助于基础设施互联互通，提升贸易便利化水平，促进贸易增长（胡再勇，2021b；周学仁和张越，2021）。因此，在共建"一带一路"合作下通过政策沟通可以改善国际物流通道的联通性，从而促进双边贸易发展，由此提出如下假设：

H2：共建"一带一路"合作提升了海丝沿线国家与中国的国际物流通道联通性并产生双边贸易效应。

此外，基于本章文献梳理可知，当前众多研究是基于交通基础设施单要素或者多个要素的交互、综合指标进行研究，验证不同基础设施的贸易效应，也验证其贸易效应因地域的差异而不同（Jan，2019）。本书研究的海丝国际物流通道联通指数是通过货运通道联通指标、信息通道联通指标和通关服务通道联通指标三个一级综合指标计算所得，分别考量在海丝沿线物流活动中不仅需要货物运输及相关物流功能，也需要信息流来协调和控制每个运作环节，更需要高效率通关服务作为保障，因此有必要进一步验证三者的联通性对双边贸易的影响及其区域差异；受沿线国家的经济发展状况，与中国的经贸联系、物流距离及贸易成本等影响，海丝国际物流通道沿线不同的区域物流通道的双边贸易效应也可能存在较大的差异。由此提出如下假设：

H3：海丝沿线国家与中国的国际物流通道联通对双边贸易影响在货物通道联通、信息服务通道联通、通关服务通道联通上存在差异。

H4：海丝沿线国家与中国的国际物流通道联通的双边贸易效应具有显著的区域异质性。

二、实证检验

（一）实证模型

为验证海丝国际物流通道联通对中国与沿线国家双边贸易的影响，本章基于式（5-1）~式（5-3），构建实证模型（5-4）和模型（5-5）：

$$trade_{ij,t} = \alpha + \beta_1 ILCI_{ij,t} + \beta_2 D \times ILCI_{ij,t} + \delta_1 GDP_{i,t} + \delta_2 GDP_{j,t} + \delta_3 distcap_{ij} + \gamma_1 contig_{ij} + \gamma_2 comlang_{ij} + \gamma_3 rcep_{ij} + \gamma_4 fta_{ij} + \eta_t + \varepsilon_{ij,t} \tag{5-4}$$

$$trade_{ij,t} = \alpha + \beta_1 frei_{ij,t}(comm_{ij,t}, \; cust_{ij,t}) + \beta_2 D \times frei_{ij,t}(comm_{ij,t}, \; cust_{ij,t}) + \delta_1 GDP_{i,t} + \delta_2 GDP_{j,t} + \delta_3 distcap_{ij} + \gamma_1 contig_{ij} + \gamma_2 comlang_{ij} + \gamma_3 rcep_{ij} + \gamma_4 fta_{ij} + \eta_t + \varepsilon_{ij,t} \tag{5-5}$$

模型（5-4）和模型（5-5）中的 i 在本章中特指中国，下文不再赘述。

被解释变量：$trade_{ij,t}$ 表示中国与海丝沿线国家 j 在 t 年的双边贸易额。

核心解释变量：$ILCI_{ij,t}$ 表示海丝沿线国家与中国的国际物流通道联通指数，用来反映国际物流通道的联通性水平；$D×ILCI_{ij,t}$ 是虚拟变量 D 和 $ILCI_{ij,t}$ 的交互项，其中，D 表示在海丝沿线国家 j 与中国签订共建 "一带一路" 合作协议的第 t 年后取 1，之前取 0，研究期内未签订合作协议国家为 0，用以检验共建 "一带一路" 倡议下，海丝通过政策沟通，是否有效改善了沿线国际物流通道的联通性并带来显著的双边贸易效应（胡再勇，2021a）；此外，为了检验海丝沿线国家与中国的国际物流通道联通性的一级指标货运通道联通、信息通道联通和通关服务通道联通分别对中国与沿线国家的双边贸易效应，在模型（5-4）中分别改为 $frei_{ij,t}$、$comm_{ij,t}$ 和 $cust_{ij,t}$ 及其与 D 的交互项进行相关验证，即得模型（5-5）。

多边贸易阻力模型的主要控制变量：结合前述模型及相关实证研究，一个国家本身的经济规模和两国的地理距离是最重要的影响因素，本书用 $GDP_{i,t}$ 和 $GDP_{j,t}$ 表示 t 年中国和海丝沿线国家 j 的经济规模；用两国的首都之间的距离 $distcap_{ij}$ 反映中国与沿线国家 j 的地理距离，一般地理距离越远越不利于双边贸易。同时，根据贸易阻力模型，本章结合自身研究对象，加入 $contig_{ij}$、$comlang_{ij}$、$rcep_{ij}$、fta_{ij} 依次表示中国与沿线国家 j 是否相邻、官方语言是否相同、是否加入区域全面经济伙伴关系协定、是否签订了自由贸易协定。但在分通道研究中，由于所在国家与中国会存在全部不相邻、没有共同语言、不在区域全面经济伙伴关系的范围内等情形，因此会视实际情况将上述四个虚拟变量纳入模型进行验证。

此外，由于多边贸易阻力模型存在如距离等不随时间变化的变量，因此为避免多个解释变量产生多重共线性问题，本章和当前大多数研究一样（Kimura and Lee，2006；黄满盈，2015；胡再勇，2019），在该多边贸易阻力模型中不纳入国家固定效应，因此用 η_t 表示时间固定效应，$\varepsilon_{ij,t}$ 表示随机扰动项。

（二）样本及数据说明

本章选取海丝沿线 52 个国家作为国际物流通道贯通的国家（见表 5-1），由于文莱等 15 国的相关指标数据严重缺失，故纳入本章研究的样本为 37 个国家 2006~2019 年的面板数据。同时，本章以海丝国际物流通道贯通的太平洋、印度洋、地中海与大西洋为区域，划分为东南亚、南亚—西亚、西亚—非洲—欧洲三个国际物流通道区域，样本量分别为 7 个、11 个和 19 个国家的 14 年数据，相关变量及其说明如表 5-7 所示。上述各变量的描述性统计如表 5-8 所示。

表 5-7　变量及数据说明

	变量	变量构造方法	单位	数据来源
被解释变量	双边贸易总额（trade）	中国与海丝沿线国家的进出口总额	万美元	IMF 世界经济展望数据库
核心解释变量	海丝国际物流通道指数（ILCI）	本书计算所得，相关指标见表 4-1，计算方法见前文，指数值为 0~1，指数值越大表明联通性越好		见第四章计算的结果
	货运通道联通指数（frei）			
	信息通道联通指数（comm）			
	海关服务通道联通指数（cust）			
控制变量	经济规模（GDP_i、GDP_j）	分别表示中国与海丝沿线各国的名义 GDP	万美元	世界银行数据库
	地理距离（distcap）	中国与海丝沿线国家的首都之间的距离，距离越远越不利于贸易流通	千米	CEPII 数据库
	与中国是否相邻（contig）	相邻取 1，否则为 0		CEPII 数据库
	与中国是否有相同官方语言（comlang）	有取 1，无取 0		CEPII 数据库
	与中国建立区域全面经济伙伴关系协定（rcep）	建立取 1，否则为 0（本指标具有区域性）		商务部中国自由贸易服务网
	与中国签订自由贸易协定（fta）	签订取 1，否则为 0		RTA 数据库

注：为了消除数据异方差和非平稳性，对 GDP、trade 和 distcap 绝对数值取对数，其余比值变量和 0、1 变量不取对数。

表 5-8　变量的描述性统计

变量	样本量	Mean	Std. Dev.	Min	Max
trade	518	2550144.100	2854538.500	1600.000	16198556.000
ILCI	518	0.379	0.218	0.071	0.878
frei	518	0.506	0.221	0.101	0.980
comm	518	0.295	0.248	0.007	0.935
cust	518	0.689	0.147	0.175	0.949
GDP_i	518	8.553e+09	3.695e+09	2.713e+09	1.434e+10
GDP_j	518	4.971e+08	7.242e+08	1303375.8	2.999e+09
distcap	518	6360.485	2112.666	2330.799	9675.630

续表

变量	样本量	Mean	Std. Dev.	Min	Max
D	518	0.166	0.372	0	1
contig	518	0.108	0.311	0	1
comlang	518	0.054	0.226	0	1
rcep	518	0.243	0.429	0	1
fta	518	0.270	0.445	0	1

（三）模型估计结果分析

1. 全样本验证

前文模型设定中已表明，由于多边贸易阻力模型中变量的特殊性，无法做个体固定效应，因此本章设定为时点固定效应模型（5-4），估计结果如表 5-9 所示。表 5-9 最后一行给出的 Hausman 检验也证明了拒绝随机项与解释变量不相关的原假设，而且 AIC 值和 BIC 值显示固定效应优于随机效应模型，应使用固定效应模型。但为了便于比较和增强估计结果的稳健性，实证研究同时提供了时点随机效应和时点固定效应估计结果，本章主要基于时点固定效应模型回归结果展开，但同时也使用随机效应模型的估计结果进行分析（胡再勇，2019）。

表 5-9 全样本回归结果

变量	Model1 固定效应	Model2 随机效应	Model3 固定效应	Model4 随机效应
ILCI	0.662*** [0.213]	0.655*** [0.071]	0.600*** [0.205]	0.592*** [0.067]
D×ILCI			0.193* [0.109]	0.194*** [0.037]
$\ln GDP_i$	0.424*** [0.081]	0.415*** [0.022]	0.413*** [0.082]	0.405*** [0.022]
$\ln GDP_j$	0.793*** [0.029]	0.794*** [0.010]	0.799*** [0.028]	0.800*** [0.010]
lndistcap	−0.956*** [0.099]	−0.955*** [0.027]	−0.925*** [0.097]	−0.925*** [0.028]

变量	Model1 固定效应	Model2 随机效应	Model3 固定效应	Model4 随机效应
contig	−0.172* [0.094]	−0.173*** [0.048]	−0.148 [0.094]	−0.149*** [0.049]
comlang	0.775*** [0.087]	0.776*** [0.067]	0.712*** [0.101]	0.714*** [0.068]
rcep	0.676*** [0.113]	0.674*** [0.040]	0.689*** [0.111]	0.687*** [0.040]
fta	−0.131 [0.124]	−0.129** [0.063]	−0.132 [0.121]	−0.130** [0.063]
时间效应	固定	固定	固定	固定
_cons	−3.021 [2.097]	−2.847*** [0.583]	−3.210 [2.084]	−3.035*** [0.579]
N	518	518	518	518
AIC	913.0	898.1	912.6	897.6
BIC	1002.3	944.8	1006.1	948.6
Hausman 检验	Chi2(3) = 55.201 (p<0.01)		Chi2(4) = 50.197 (p<0.01)	

注: *表示 $p<0.1$，**表示 $p<0.05$，***表示 $p<0.01$；中括号内数值为标准误。

第一，表5-9 的 Model1～Model4 验证结果显示，核心解释变量海丝国际物流通道的联通性（*ILCI*）均在 1% 的水平上显著促进了中国与沿线国家的双边贸易，即在控制其他影响因素不变的情况下，Model1 和 Model2 中，海丝国际物流通道联通性的双边贸易弹性分别为 0.662 和 0.655；在考虑沿线国家和中国签订了共建"一带一路"合作协议后，Model3 和 Model4 中国际物流通道联通的双边贸易效应依然显著，且验证显示共建"一带一路"合作显著改善了海丝沿线国家与中国的国际物流通道的联通性并促进了双边贸易，只是固定效应模型影响在 10% 的水平下显著，同时也发现无论是在固定还是随机效应模型下，估计参数均显著为正且较为稳健，也验证了 H1 和 H2。

第二，表5-9 显示了控制变量估计结果，中国 GDP 和海丝沿线各国 GDP 对双边贸易的影响显著为正，地理距离（*distcap*）则显著为负，验证结果与多边贸易阻力模型的理论分析一致。同时，中国与双边贸易国家相邻（*contig*）的贸易效应为负，未发挥积极作用；语言相同（*comlang*）和是否与中国建立区域全面经济伙伴关系协定（*rcep*）两个虚拟变量在 Model1 ~ Model4 均显著为正，也表明了二者对双边贸易有积极的推动作用；而自由贸易协定（*fta*）在固定效应模型下不显著、随机效应模型中在 5% 的水平下显著，且均为负，胡再勇（2019）验证"一带一路"沿线国家基础设施国际贸易效应研究中也存在类似的结果，表明在现有样本和研究期内自由贸易协定对海丝沿线国家与中国的双边贸易不但未产生积极影响，反而有一定的抑制作用。限于篇幅，本章以下的相关验证中对控制变量不再赘述，仅对核心解释变量估计结果进行分析。

进一步，将测度海丝国际物流通道联通指数的三个一级指标货运通道联通（*frei*）、信息通道联通（*comm*）和通关服务通道联通（*cust*）及其与共建"一带一路"合作签订的虚拟变量（*D*）交互项作为核心解释变量，通过估计模型（5-5）验证其对中国与海丝沿线国家双边贸易效应，结果如表 5-10 所示。

表 5-10 国际物流通道一级指标分别回归结果

变量	Model5 固定效应	Model6 随机效应	Model7 固定效应	Model8 随机效应
frei	1.330 [0.813]	1.317*** [0.250]	0.755 [1.312]	0.786 [0.516]
D×frei			2.369* [1.363]	2.392*** [0.771]
comm	0.479 [0.841]	0.468*** [0.137]	2.918* [1.550]	2.905*** [0.280]
D×comm			2.820* [1.621]	2.812*** [0.268]
cust	−1.349 [0.967]	−1.324*** [0.246]	−1.051 [1.274]	−1.011* [0.582]
D×cust			−0.0410 [0.804]	−0.0649 [0.745]
$\ln GDP_i$	0.371*** [0.101]	0.389*** [0.022]	0.370*** [0.105]	0.384*** [0.022]
$\ln GDP_j$	0.777*** [0.089]	0.778*** [0.008]	0.760*** [0.089]	0.761*** [0.008]
$\ln distcap$	−0.972*** [0.313]	−0.971*** [0.026]	−0.869*** [0.284]	−0.867*** [0.022]

续表

变量	Model5 固定效应	Model6 随机效应	Model7 固定效应	Model8 随机效应
contig	−0.235 [0.282]	−0.235*** [0.063]	0.0379 [0.234]	0.0374 [0.069]
comlang	0.629** [0.277]	0.630*** [0.049]	0.537* [0.314]	0.538*** [0.052]
rcep	0.701* [0.367]	0.699*** [0.047]	1.053*** [0.307]	1.051*** [0.065]
fta	−0.0782 [0.406]	−0.0773 [0.062]	−0.433 [0.329]	−0.431*** [0.072]
时间效应	固定	固定	固定	固定
_cons	−1.075 [4.368]	−1.492*** [0.487]	−1.801 [4.048]	−2.125*** [0.498]
N	518	518	518	518
AIC	893.5	878.8	867.9	849.4
BIC	991.3	934.0	978.4	908.9
Hausman 检验	Chi2（5）= 49.042（p<0.01）		Chi2（8）= 53.730（p<0.01）	

注：* 表示 p<0.1，** 表示 p<0.05，*** 表示 p<0.01；中括号内数值为标准误。

表 5-10 中 Model5 和 Model6 的验证结果显示，货运通道的联通、信息通道的联通对中国与海丝沿线国家的双边贸易有正向影响，但固定效应模型检验不显著，而通关服务通道联通为负向影响，且在随机效应模型检验显著，说明现有样本和研究期内的通关服务联通未能显著促进双边贸易效应；Model7 和 Model8 中分别加入了共建"一带一路"合作的虚拟变量与三个一级指标的交互项之后，货运通道联通、信息通道联通和通关服务通道联通对双边贸易影响的符号没有发生明显变化，只有固定效应模型下信息通道联通性在 10% 的水平上对双边贸易的影响显著，其余也未明显变化；从交互项估计系数来看，海丝沿线国家加入共建"一带一路"合作显著改善了货运通道联通性和信息通道联通性进而促进了中国与海丝沿线国家双边贸易，但并未改善通关服务通道的联通性，也未对双边贸易产生积极的影响，由此也验证了 H3。

2. 区域异质性验证

海丝国际物流通道贯通亚、非、欧三大洲，以及太平洋、印度洋（含红海）、地中海和大西洋东岸沿岸的 52 个国家，由于地理位置、经济环境及物流服务环境都存在较大差异，为此本书将其划分为东南亚、南亚—西亚和西亚—非洲—欧洲海丝国际物流通道三个区域分别进行验证，以观察区域异质性。为了简洁起见，下面验证中控制变量未再列出，值得说明的是：东南亚海丝国际物流通道沿线 7 个国家均与中国签订 RCEP 和 FTA，因此未被纳入模型；类似地，南亚—西亚海丝国际物流通道沿线 11 个国家与中国均没有共同语言，未被纳入模型；西亚—非洲—欧洲海丝国际物流通道沿线 19 个国家没有与中国签定 FTA、没有共同语言、不相邻，且 RCEP 与这些国家无关，因此 4 个变量均未被纳入模型。验证结果分别如表 5-11 至表 5-13 所示。

表 5-11　东南亚国际物流通道的双边贸易效应估计结果

变量	Model1 固定效应	Model2 随机效应	Model3 固定效应	Model4 随机效应	Model5 固定效应	Model6 随机效应	Model7 固定效应	Model8 随机效应
ILCI	0.612 ** [0.272]	0.583 *** [0.134]	0.693 ** [0.269]	0.586 *** [0.133]				
D×ILCI			0.302 [0.296]	0.062 [0.062]				
frei					2.311 *** [0.505]	1.951 *** [0.586]	2.630 *** [0.479]	2.176 *** [0.548]
D×frei							0.942 ** [0.408]	0.824 *** [0.277]
comm					0.421 [0.624]	0.094 [0.477]	0.888 [0.617]	0.142 [0.522]
D×comm							1.984 ** [0.805]	1.606 ** [0.713]
cust					-1.722 ** [0.801]	-0.850 *** [0.307]	-2.551 *** [0.753]	-1.281 *** [0.427]
D×cust							2.045 *** [0.407]	1.625 *** [0.398]
控制变量	控制	控制	控制	控制	控制	控制	控制	控制
时间效应	固定	固定	固定	固定	固定	固定	固定	固定
_cons	2.531 [2.641]	2.163 [1.481]	0.708 [3.329]	1.867 [1.747]	6.999 * [3.889]	3.626 [2.269]	11.36 *** [3.771]	5.585 * [2.894]
N	98	98	98	98	98	98	98	98

续表

变量	Model1 固定效应	Model2 随机效应	Model3 固定效应	Model4 随机效应	Model5 固定效应	Model6 随机效应	Model7 固定效应	Model8 随机效应
AIC	19.27	5.433	19.37	7.187	5.274	−2.779	−13.13	−14.23
BIC	68.38	28.70	71.07	33.04	59.56	25.66	48.91	19.37
Hausman 检验	Chi2（2）= 28.470 （p<0.01）		Chi2（3）= 43.230 （p<0.01）		Chi2（3）= 36.870 （p<0.01）		Chi2（3）= 31.830 （p<0.01）	

注：＊表示 p<0.1，＊＊表示 p<0.05，＊＊＊表示 p<0.01；中括号内数值为标准误。

表 5-12 南亚—西亚国际物流通道的双边贸易效应估计结果

变量	Model1 固定效应	Model2 随机效应	Model3 固定效应	Model4 随机效应	Model5 固定效应	Model6 随机效应	Model7 固定效应	Model8 随机效应
ILCI	0.990＊＊ ［0.385］	0.968＊＊＊ ［0.262］	1.003＊＊＊ ［0.378］	1.005＊＊＊ ［0.262］				
D×ILCI			0.067 ［0.282］	0.179 ［0.144］				
frei					0.189 ［0.349］	0.167 ［0.273］	0.250 ［0.386］	0.237 ［0.328］
D×frei							0.191 ［0.582］	0.131 ［0.576］
comm					1.534＊＊ ［0.590］	1.455＊＊＊ ［0.476］	1.725＊＊ ［0.664］	1.577＊＊＊ ［0.521］
D×comm							0.723 ［0.687］	0.642 ［0.425］
cust					−0.088 ［0.387］	−0.024 ［0.372］	−0.176 ［0.408］	−0.109 ［0.346］
D×cust							0.587 ［0.638］	0.375 ［0.535］
控制变量	控制	控制	控制	控制	控制	控制	控制	控制
时间效应	固定	固定	固定	固定	固定	固定	固定	固定
_cons	−8.364＊ ［4.465］	−9.938＊＊＊ ［2.297］	−8.634＊ ［4.961］	−10.50＊＊＊ ［2.531］	−4.495 ［4.991］	−6.335＊＊＊ ［2.240］	−3.707 ［5.746］	−6.403＊＊＊ ［2.358］
N	154	154	154	154	154	154	154	154
AIC	224.4	208.7	226.4	212.2	225.4	212.1	230.4	215.3
BIC	285.2	236.1	290.2	245.6	292.2	248.6	306.4	257.8

续表

变量	Model1 固定效应	Model2 随机效应	Model3 固定效应	Model4 随机效应	Model5 固定效应	Model6 随机效应	Model7 固定效应	Model8 随机效应
Hausman 检验	chi2 (3) = 9.217 (p<0.01)		chi2 (4) = 11.866 (p<0.01)		chi2 (5) = 13.092 (p<0.01)		chi2 (8) 53.616 (p<0.01)	

注：＊表示 p<0.1，＊＊表示 p<0.05，＊＊＊表示 p<0.01；中括号内数值为标准误。

表5-13　西亚—非洲—欧洲国际物流通道的双边贸易效应估计结果

变量	Model1 固定效应	Model2 随机效应	Model3 固定效应	Model4 随机效应	Model5 固定效应	Model6 随机效应	Model7 固定效应	Model8 随机效应
ILCI	0.885*** [0.227]	0.879*** [0.116]	0.886*** [0.225]	0.877*** [0.106]				
D×ILCI			0.380* [0.200]	0.313*** [0.056]				
frei					2.148*** [0.358]	2.143*** [0.229]	2.360*** [0.403]	2.384*** [0.231]
D×frei							1.148* [0.612]	1.298*** [0.438]
comm					0.027 [0.295]	0.046 [0.189]	0.002 [0.362]	0.005 [0.283]
D×comm							0.169 [0.495]	0.0545 [0.367]
cust					−1.442*** [0.504]	−1.474*** [0.440]	−1.639*** [0.534]	−1.697*** [0.484]
D×cust							0.767 [0.679]	0.854* [0.452]
控制变量	控制	控制	控制	控制	控制	控制	控制	控制
时间效应	固定	固定	固定	固定	固定	固定	固定	固定
_cons	1.733 [4.002]	3.085** [1.214]	0.824 [3.971]	2.762** [1.373]	−1.043 [3.976]	0.0806 [1.628]	−1.648 [3.994]	0.103 [1.531]
N	266	266	266	266	266	266	266	266
AIC	472.9	456.6	473.0	456.8	457.1	440.8	458.4	441.5
BIC	533.8	481.7	537.5	485.5	525.4	473.1	537.2	484.5
Hausman 检验	Chi-sq (3) = 23.154 (p<0.01)		Chi-sq (4) = 26.016 (p<0.01)		Chi-sq (5) = 34.978 (p<0.01)		Chi-sq (8) = 53.495 (p<0.01)	

注：＊表示 p<0.1，＊＊表示 p<0.05，＊＊＊表示 p<0.01；中括号内数值为标准误。

第一，结合表 5-11 至表 5-13，从海丝国际物流通道联通指数（ILCI）估计系数看，无论是在固定效应模型还是随机效应模型下，该指标都在 5% 或 1% 的水平下对中国与三个通道沿线国家的双边贸易产生了显著的推动作用；在纳入是否加入共建"一带一路"合作的虚拟变量与国际物流通道联通指数的交互项后，国际物流通道联通性的双边贸易效应仍然显著为正，但共建"一带一路"合作对不同国际物流通道沿线区域产生了不同的影响。对比表 5-11 和表 5-12 的估计结果，其中 Model3 和 Model4 显示倡议合作未明显改善东南亚和南亚—西亚海丝国际物流通道的联通性，对双边贸易影响为正但不显著；而表 5-13 中 Model3 和 Model4 的估计显示倡议合作改善了西亚—非洲—欧洲海丝国际物流通道的联通性，进而显著促进了双边贸易。

第二，从海丝国际物流通道联通性的分指标来看：①货运通道联通对东南亚和西亚—非洲—欧洲通道沿线国家与中国的双边贸易有显著的正向影响，且在共建"一带一路"合作后，也明显改善了沿线货运通道的联通性，从而促进了双边贸易；而货运通道联通在南亚—西亚通道沿线国家与中国的双边贸易效应为正，但不显著，同时倡议合作也未改善这个状况。②信息通道联通对东南亚和西亚—非洲—欧洲沿线国家与中国的双边贸易均未产生显著影响，但在共建"一带一路"合作后，其中东南亚沿线国家通过倡议合作明显改善了该通道的信息通道联通性进而促进了双边贸易，而在西亚—非洲—欧洲通道中这一效应未显现出来；与前两个通道不同，信息通道联通在南亚—西亚通道中产生了显著的正向双边贸易效应，但倡议合作未产生显著的影响。③通关服务通道联通在三个分区域沿线国家与中国的双边贸易中均为负向影响，只有南亚—西亚通关服务通道联通性对双边贸易效应的负向影响不显著；但共建"一带一路"合作对各国均起到积极的作用，即东南亚通关服务通道联通指数估计系数在固定效应和随机效应模型检验中均显著为正，西亚—非洲—欧洲的通关服务通道联通指数估计系数在随机效应模型下显著为正，而南亚—西亚的通关服务通道联通指数估计系数在固定和随机效应模型下为正但不显著，表明了三个分区域虽然存在差异，但各区域的国家加入共建"一带一路"合作后在一定程度上改善了通关服务通道的联通性，从而促进了沿线国家与中国的双边贸易发展。

因此，无论从海丝国际物流通道联通指数还是一级指标验证结果看，不同指标在不同区域产生的双边贸易效应存在明显差异，即验证了本章提出的 H4。

三、稳健性分析

本章为了验证估计结果的稳健性，从两个层面进行了实证：一是研究方法，本书同时给出了时点固定效应模型和随机效应模型的估计结果；二是样本容量变化，将海丝国际物流通道分为东南亚、南亚—西亚和西亚—非洲—欧洲三个区，分别验证了海丝国际物流通道联通指数及其一级指标联通指数、海丝国际物流通道联通指数与是否加入共建"一带一路"合作的虚拟变量的交互项对中国与沿线国家的双边贸易效应。

比较表5-9和表5-10以及表5-11至表5-13的估计结果，从总体上看，本章的估计结果具有较强的稳健性。不论是在总样本和分样本下，还是在不同估计方法下，海丝国际物流通道联通指数对双边贸易影响均显著为正，货运通道联通和信息通道联通的双边贸易效应均为正，部分显著；通关服务联通的双边贸易效应均为负，在考虑了共建"一带一路"合作的影响后，上述变量的估计系数符号和显著性均未明显发生变化。

第五节　研究结论与政策建议

一、研究结论

本章基于基础设施对贸易影响的相关研究，其一，从共建"一带一路"倡议下政策沟通、设施联通和贸易畅通的现实背景出发，以国际物流通道联通支撑贸易畅通为切入点，建立海丝国际物流通道联通性评价指标并计算出沿线国家的联通性指数及其货运通道联通、信息通道联通和通关服务通道联通三个一级指标的联通指数。其二，结合国际贸易理论和相关研究提出了四条基本假设，并在多边贸易阻力模型中引入国际物流通道联通指数及其三个一级的联通指数，以及将海丝沿线国家是否与中国签订共建"一带一路"合作协议作为虚拟变量与上述各通道联通指数变量交互，建立面板数据模型验证了海丝国际物流通道联通对中国与海丝沿线国家的双边贸易效应，并检验了不同国际物流通道沿线区域的异质性，验证了本章提出的研究假设。主要研究结论为：

（1）海丝国际物流通道的联通显著促进了中国与其沿线国家的双边贸易，而且验证结果也表明海丝沿线国家加入共建"一带一路"合作显著改善了其国际物流通道的联通性并促进了双边贸易。

（2）海丝货运通道与信息通道的联通对中国与其沿线国家的双边贸易有显著正向影响，而通关服务通道联通为负向影响，但在固定效应模型检验中都不显著；海丝沿线国家加入共建"一带一路"倡议合作显著改善了货运通道联通性和信息通道联通性，进而促进了中国与其沿线国家的双边贸易，但并未改善通关服务通道的联通性，也未对双边贸易产生积极的影响。

（3）东南亚、南亚—西亚、西亚—非洲—欧洲三个分区域的海丝国际物流通道联通均对其沿线国家与中国的双边贸易产生了正向效应。但其沿线国家加入共建"一带一路"合作后对不同区域的影响各异，其中，东南亚和南亚—西亚沿线国家加入共建"一带一路"倡议合作未明显改善其国际物流通道的联通性，对双边贸易影响为正但不显著；西亚—非洲—欧洲沿线国家加入共建"一带一路"合作显著改善了其国际物流通道的联通性并促进了双边贸易；货运通道联通、信息通道联通和通关服务通道联通在中国与三个区域的双边贸易效应有明显差异，且沿线国家加入共建"一带一路"合作给不同区域带来的双边贸易效应也存在明显差异。

二、政策建议

联通性良好的国际物流通道可以有效提高物流效率、降低物流成本和贸易成本，从而有效推进货畅其流。在中国推动共建"一带一路"倡议合作至今，并在逐步推进高质量合作建设的环境下，本书在推动政策沟通、设施联通与贸易畅通方面具有重要的现实意义。从本章的研究样本和研究周期内的研究结论来看，海丝国际物流通道联通性的建设应考虑：

（1）重视综合性国际物流通道的联通。国际物流通道是一个综合多个要素才能实现高效物流的基础设施，在共建"一带一路"的推进下，海丝沿线海运交通基础设施互联互通取得一定的成效后，本验证发现仅有南亚—西亚的信息通道联通对双边贸易发挥了积极的作用，因此应该积极推进沿线东南亚、西亚、非洲等部分经济发展落后国家和地区的通信基础设施建设与网络联通；同时，通关服务是国际物流的重要环节，也是贸易畅通的重要因素，但在本书的研究样本与研究周期内均未发挥积极的作用，应该采取信息化技术、自动化和智能化设施等手段提高海丝沿线各国通关服务通道效率与降低进出口中转时间。

（2）进一步加强政策沟通并推进共建"一带一路"与沿线发达国家合作，从而推动基础设施互联互通。尽管在本章研究样本和研究期内绝大多数海丝沿线国家与中国签订了共建"一带一路"合作协议，但仍有部分欧洲发达国家（如英国、法国、荷兰、比利时等）还未与中国达成合作，从整体上不利于海丝国际物流通道的联通性建设和贸易畅通，本章的验证也证实了这一点。

（3）注重区域差异化共建"一带一路"合作与国际物流通道联通的建设。例如，东南亚通道沿线区域从地理距离看是离中国最近的，同时研究期内的平均双边贸易额也远超于南亚—西亚、西亚—非洲—欧洲通道沿线区域，但其国际物流通道联通指数却远低于西亚—非洲—欧洲通道，且从验证结果看，东南亚通道沿线区域的信息通道和通关服务通道的联通性还应加强建设，而南亚—西亚通道沿线区域的货运通道、通关服务通道的联通性还有待提升，西亚—非洲—欧洲通道沿线区域的信息通道、通关服务通道的联通性也需要进一步建设。同时重视三个区域沿线国家与中国共建"一带一路"合作的深度和高质量合作建设，以有利于推动基础设施互联互通，从而建立联通性良好的国际物流通道，保证海丝沿线货畅其流。

三、有待改进之处

本章还存在一些不足之处，有待后续深入研究和完善。

（1）本章基于多边贸易阻力模型的既有变量，引入国际物流通道联通指数及其一级指标联通指数、海丝沿线国家是否加入共建"一带一路"合作的虚拟变量和上述几个联通指数交互项进行初步研究，没有引入对双边贸易可能产生影响的其他因素，如贸易开放度、贸易潜力、贸易成本等变量，这在后续研究中可以进一步考虑。

（2）本章的核心解释变量可能存在内生性问题。因为经济越开放的国家越注重基础设施互联互通的投资与建设，提升国际物流通道的联通性，以有利于降低国际贸易成本、提高国际贸易效率，因此可能存在解释变量和被解释变量互为因果的情形，即内生性问题，但由于本章的研究模型在现有的研究中很少有解决此类问题的情况，并且很难找到合适的严格外生的工具变量予以解决，这可能会导致本章研究在估计上存在一定偏误，这是本书后续研究亟待解决的一个问题。

（3）本章仅将"一带一路"建设中一条中欧走向的海丝国际物流通道沿线区域作为样本进行了较深入的研究，那么中欧方向的陆上新欧亚大陆桥经济走廊是否因依托于陆上国际物流通道联通而使其双边贸易效应有所不同，还有其他海丝和陆丝是否也存在这种现象呢？限于工作量和篇幅，在后续研究中将持续验证并进行比较分析。

第六章 "一带一路"国际物流通道联通的空间溢出效应

——基于海丝沿线国家的实证

第一节 引言

现有相关研究表明,基础设施主要通过两种途径促进区域经济增长:其一,通过基础设施的投资和建设直接促进经济增长;其二,基础设施,尤其是交通、通信等经济基础设施具有规模效应和网络效应(World Bank,1994),这种效应既可以通过提高产出效率促进经济增长,又可以间接带动周边区域的经济增长,即通过空间溢出效应来促进经济增长(刘生龙和胡鞍钢,2010)。

共建"一带一路"倡议是为促进中国与沿线各国加强经贸合作、共谋发展而提出的。"一带一路"的陆上经济走廊和海上蓝色经济通道的建设是以重要交通干线基础设施为依托的陆丝和海丝国际物流(运输)通道互联互通为前提,目的是推动沿线国家的经贸流通,本书第五章论证了共建"一带一路"合作显著改善了海丝国际物流通道的联通性,并促进了中国与海丝沿线国家的双边贸易。而国际经贸流通会进一步促使沿线各国产生更多或更紧密的经济关联,经济关联和空间溢出效应会表明一个国家和地区在经济发展过程中总会受到其他国家和地区或大或小、或正或负的影响(梁双陆和申涛,2019)。交通运输干线基础设施是联通区域之间的重要动脉,且随着交通运输一体化,物流一体化、全程化和专业化的发展,交通运输干线不仅承担运输服务,还需要在交通干线沿线的主要物流节点完成如包装、装卸搬运、流通加工等一系列物流活动，因此这些交通枢纽成为干线沿线重要的物流节点，各层次的物流节点和运输干线构成物流通道，该物流通道承担跨境物流服务则为国际物流通道。国际物流通道不仅要提供跨境的基本物流服务，同时还要完成海关查验、检验检疫、国际货代、保税仓储、出口监管、集装箱业务等延伸性和增值物流服务（董千里，2012），这些活动的完成离不开全程信息和通关服务的支持。共建"一带一路"倡议推进了陆上经济走廊与蓝色经济通道沿线区域的国际物流通道建设，可能促进沿线国家经济增长，并可能对沿线其他国家产生间接的影响（空间溢出效应），从而形成通道经济效应。但现有相关文献的验证相对较少，这是值得深入研究的领域，对印证"一带一路"通道经济建设成效具有重要的现实意义。

第二节　相关研究进展

本节在梳理交通基础设施对直接效应和溢出效应的基础上，进一步梳理运输、物流通道对区域经济发展影响的相关研究。

一、交通基础设施对区域经济影响的相关研究

（一）交通基础设施对区域经济增长直接效应的相关研究

交通运输基础设施是一种先行社会资本，必须优先发展（Paul Rosenstein-Rodan，1943）。Rostow（1960）提出，交通运输等基础设施发展是实现"经济起飞"的一个重要前提条件，应为社会先行资本。20 世纪 80 年代以后，学者开始实证验证交通运输基础设施对区域经济增长的作用，如 David（1989）运用新古典经济增长模型、基于时间序列数据得出交通运输等基础设施对经济增长有重要作用的结论，由此开创了交通运输等基础设施对经济增长影响的实证研究先河。随后，学者对研究方法和不同区域进行了大量的探索和实证，Bonaglia（2000）等认为时间序列数据可能存在"伪相关"而使产出弹性偏高，从而促使学者转向以区域为研究对象的面板数据实证研究。例如，Cantos 等（2005）、刘生龙和胡鞍钢（2010a）、张学良（2007）、Annala 等（2008）、王晓东等（2014）、刘志宏和王利辉（2017）、张勋等（2018）、徐瑾和潘俊宇（2019）、唐

升等（2021）以西班牙、中国、日本等不同国家和地区为研究对象，利用面板数据进行了相关实证研究，总体上得出了交通基础设施对区域经济增长具有积极影响的研究结论。

上述主要基于新古典经济理论的研究并没有考虑空间因素对经济活动的影响，因此经济分析是在一个没有空间维度、商品和要素的流动表现为无摩擦的瞬间物理运动，这与现实中商品和要素的流动需要在一定空间中花费成本是不相符的。因此，使用以运用时间序列和面板数据模型为基础的传统计量方法所获得的结论在精确性和解释力等诸多方面存在一定局限。而新经济地理学理论把空间问题引入经济分析中（Krugman，1991；Fujita et al.，1999），在规模报酬递增和垄断竞争条件下将运输成本引入一般均衡分析框架中，论证了运输成本的降低对区域经济集聚的影响。空间计量经济理论和研究方法应运而生，将地理空间要素与空间自相关性问题纳入模型研究，其基本思想是将地理位置与地理空间数据建立计量关系，进行相关实证分析。例如，刘秉镰等（2010）、王昌友和王遐见（2013）利用空间计量方法和省域面板数据，论证了中国交通运输基础设施对区域经济增长的影响。朱琳和罗宏翔（2022）利用空间 SDM 模型验证了交通基础设施建设有助于缩小中国省域层面的区域经济差距且存在明显的时空差异。

（二）交通基础设施空间溢出效应的相关研究

1. 理论层面的相关研究

德国学者 Werner Sombart 在 20 世纪 60 年代初提出的"生长轴"理论强调了交通干线建设对沿线经济活动的引导和促进作用，认为新的交通干线对产业和生产要素具有较强的吸引力，使产业和资源要素向交通干线集聚。该理论充分肯定了交通干线对区域经济发展的引导作用，把交通干线视为区域开发的纽带和经济运行的通道（张文尝等，2002）。

1984 年，中科院院士陆大道提出了"点—轴"系统理论，该理论强调的是社会经济要素在空间上的组织形态，重视主要交通干线，即"轴"的作用。他指出，经济集聚与扩散往往是沿着阻力最小的方向，即沿轴线（含动力线、水源线、运输线）进行的（陆大道，1995；张文尝等，2002；郭荣朝，2012）。

张文尝等（1992）提出了空间运输联系理论，探讨了空间运输联系在经济、社会、地理空间环境中的作用，指出交通运输基础设施是空间运输联系的实现基础，从侧面反映了区域经济聚散对交通运输基础设施的依赖。

新经济地理学理论用动态思想来解释产业集聚与地理空间集聚的相互促进及

城市化与生产、贸易的扩张过程，即把空间问题引入经济分析中（Krugman，1991；Fujita et al.，1999）。新经济地理学理论认为，在不完全竞争和规模报酬递增的条件下，由于交通运输成本随地理距离的增加而上升，产业部门更倾向于靠近消费市场或原材料产地以降低运输成本，从而在某一区域空间集聚而形成规模经济，同时也会吸引相关产业和生产要素的进一步流入，使在该区域呈现出空间集聚效应，但随着集聚程度的加深，集聚区也会因过度拥挤或市场竞争而出现负效应，在该区域中产生一种阻止产业或生产要素集聚的扩散力，使生产要素、技术和知识资源等具有越来越明显的外溢，从而形成这一地区对周边区域的经济带动和关联效应，即为空间溢出效应（颜银根，2014）。Fujita 等（1999）、Fujita和 Thisse（2002）强调了溢出是发生集聚的一个重要因子。新经济地理学认为，空间溢出效应的存在才会引起经济在空间上的集聚，空间溢出对区域经济增长趋同有着重要影响，空间溢出效应是通过对各种经济生产要素的集聚体现出来的（梁琪，2009）。因此，空间溢出效应是指由于区域空间相互作用，强度随着空间距离的增大而减小，使区域在经济发展的溢出效应也相应地表现出显著的空间特征（刘乃全，2012）。

2. 实证层面的相关研究

Romer（1986）、Lucas（1988）、Barro（1990）等利用内生增长模型进行研究，实证检验了（交通）基础设施对经济增长的正溢出效应。有学者在传统生产函数中加入邻近区域的基础设施，结果发现有可能存在正向溢出效应（Yilmaz，2002）；也有学者从（交通）基础设施是否对全要素生产率产生正向的促进作用来判断其溢出效应存在与否，如 Hulten 等（2006）研究发现基础设施对经济增长存在正的溢出效应。近年来，国内相关研究成果颇为丰富，刘生龙和胡鞍钢（2010b）验证了交通、信息、能源三大网络性基础设施对中国经济增长的溢出效应，研究发现，交通基础设施和信息基础设施有着显著的正溢出效应，而能源基础设施的溢出效应并不显著。张锦和陈以衡（2015）检验了物流设施的外部性，并发现物流设施推动区域经济发展的外部性，即溢出效应最为显著。王雨飞和倪鹏飞（2016）发现，中国高铁开通后，区域间经济增长的溢出效应确有提高。

上述验证均未考虑空间因素对经济活动的影响，因此一些学者们将空间因素纳入研究模型，建立空间计量模型来实证检验交通基础设施的空间溢出效应。例如，Douglas（1995）使用空间计量方法验证美国洲际交通运输的空间外溢效应，但其结论是不显著。Joseph 和 Ozbay（2006）进一步使用空间经济计量方法验证美国洲际、县域和行政市一级交通运输的外溢效应，发现洲际交通运输的空间溢出效应不明显，但是在县域和行政市层面的交通运输具有显著的空间溢出效应。胡鞍钢和刘生龙（2009）运用中国 1985~2006 年省级面板数据和空间计量模型验证了交通运输空间溢出效应的确存在，且为显著正溢出。刘秉镰等（2010）基于空间面板计量模型将交通基础设施分类、分时段研究发现，直接效应的部分较低，来自空间外溢效应的部分则较高。刘勇（2010）以中国省级面板数据为依据研究发现，公路、水运对区域经济增长起着正向作用，但在 2001 年之后为负向影响，而外地公路、水运交通对区域经济增长的正向效应显著但有时空差异。张学良（2012）在构建空间溢出模型并综合考虑多维要素协同作用下，验证了交通基础设施对中国区域经济增长的作用，认为若不考虑空间溢出效应就会高估其对区域经济增长的作用，同时发现外地交通基础设施对本地经济增长部分表现为空间负溢出。李涵和唐丽淼（2015）基于企业层面从交通基础设施影响经济增长的微观渠道验证了中国省级公路设施建设对企业库存的空间溢出效应，且中国公路设施在样本后期空间溢出效应更加显著。胡煜（2016）研究发现，中国不同等级交通枢纽对于周围区域的经济产出都有着显著的空间溢出效应，但发现 200 千米左右的范围内表现最为显著，且东、中、西部交通枢纽的空间溢出效应差异明显等。武勇杰和张梅青（2017）验证了中国铁路在地理距离作用下对经济增长有正向显著影响，而公路在经济、产业和技术距离作用下高度显著。

随着中国共建"一带一路"合作的推进，学者开始关注和研究"一带一路"沿线基础设施建设及其互联互通对沿线区域经济增长的影响及其空间溢出效应。张海涛（2017）利用空间计量模型验证了丝绸之路经济带沿线交通基础设施所带来的显著的经济增长及空间溢出效应，且新亚欧大陆桥经济走廊、中国—中南半岛经济走廊和中蒙俄经济走廊三条线路的空间效应差异明显。马卫等（2018）采用空间杜宾模型（SDM）验证了交通基础设施对丝绸之路经济带经济发展存在正向的空间溢出效应，溢出效应约为直接效应的 10 倍，同时也发现其空间溢出效应在丝绸之路经济带各区域存在显著差异。石超（2020）以丝绸之路经济带为研究区域，验证了交通基础设施对经济增长的空间溢出效应，同时划分中亚—南亚—东亚区域、独联体国、西亚—北非三个区域验证了交通基础设施对经济增长具有空间溢出效应，但存在区域异质性。

二、运输、物流通道对区域经济影响的相关研究

（一）运输、物流通道对区域经济发展推动方面的相关研究

1. 经验与定性分析方面的研究

20世纪四五十年代，西方学者开始就运输通道对区域经济及产业布局的影响进行了相关研究。例如，Gettmann（1942，1957）考察美国东北沿海城市化时发现沿主要交通干线的城市间联系紧密，提出了大都市连绵带的出现与交通运输通道有密切关系。Taffe等（1963）通过对西非的加纳与尼加拉调查研究，提出了著名的交通线与区域发展模型。Hoyle和Knowles（1992）则通过研究加拿大魁北克省的开发后提出了与Taffe和Morrill等（1963）类似的模型，并论述了水运通道发展对城市发展的推动作用。美国学者Sullivan等在20世纪90年代初提出了将交通运输通道建设与沿线经济开发作为整体的统一规划思想，充分重视交通运输通道与沿线区域经济的作用。Poul（2000）认为，在经济全球化发展中全球物流通道发挥着重要作用，指出其对非洲经济发展的影响，并详细分析了非洲内陆及洲际物流通道的运输体系和运输模式。

从20世纪90年代开始，我国学者开始对该领域进行深入的研究。例如，张国伍（1991）首创性提出了交通经济带理论，主张交通建设与沿线经济开发相结合。随后，倪祖彬（1997）、徐国弟（1999）、韩增林等（2000，2004）等对在中国铁路、长江、公路、高速公路等不同交通运输方式下交通经济带形成、演进及其对沿线区域经济的影响做了研究，其中韩增林等（2000）提出了以铁路、公路、江河或海上运输线路主干线和各干线综合的运输通道为经济带的生长轴线，以大中型陆路枢纽为经济带的生长点形成了沿海型、沿江（河）型、沿路型和综合运输通道型四种交通经济带。董千里（1998）将高速公路作为运输通道提出点—轴型区域经济发展理论，并论证了运输通道成为推动区域经济发展干线轴是不宜以单一轴线孤立发展的思想，并对以高速公路为依托的运输通道形成的点—轴型系统及促进区域经济发展的作用做了论证。荣朝和在《西方运输经济学》中提到美国交通经济学家Rocklin指出伊利运河使纽约城变为大西洋海岸的重要商业中心，这被认为是运输通道对区域经济发展影响的典型实例。张文尝等（2002）在张国伍（1991）的交通经济带基础上，对交通经济带理论、形成机理及模式进行了深入的研究，探讨了经济带这样的区域空间集聚形态中运输通道的区域经济聚散作用，认为运输通道是工业聚散的轴线，沿线逐渐扩散逐渐形成若

干工业中心和流通中心。董锁成等（2014）指出，丝绸之路经济带应以交通干线为发展轴线、轴线连接节点，通过节点和轴线形成运输通道推进深度建设，发展交通经济带。古璇等（2018）以交通经济带等理论为基础，剖析了以新亚欧大陆桥为依托的国际运输通道通过集聚经济、规模经济、开放型经济推进新亚欧大陆桥经济走廊形成的过程。

2. 在实证研究方面的相关研究

除经验和定性方面的分析外，学者开始尝试通过运输通道、物流通道对区域经济的影响进行实证方面的研究。王春芝（2004）、杨涛（2003）、杨涛和周蓦（2005）、林略（2010）等在对物流通道内涵进行阐释的基础上，从物流通道对区域经济发展影响视角研究物流通道优选、布局等问题。荆新轩（2009）提出了运输通道与其相应的经济带之间正耦合蛋筒模型。颜飞（2011）验证了京沪运输通道对区域经济增长的作用，并发现公路运输对区域经济增长的拉动作用最大，其次是水运，而铁路运输对区域经济增长有明显的瓶颈作用，并推断在"十二五"时期铁路将对区域经济增长产生显著的拉动作用。刘洁（2012）以新制度经济学理论为基础，建立了基于制度因素的亚欧大陆桥物流通道发展理论体系，主要从陆桥通道的运作和发展机理对其进行了系统研究。冯志涛（2016）运用C-D生产函数模型及索洛余值法定量测算了长江中上游综合运输通道建设对长江流域经济总量增长的贡献率。

（二）运输、物流通道的空间溢出效应方面的相关研究

专门研究运输通道、物流通道对经济增长的空间溢出效应的文献相对较晚也较少。例如，吴颖（2018）基于空间计量模型验证了综合运输通道连接区域的经济发展水平不同，运输通道的资源投入对区域经济发展的促进作用不同。范月娇（2018）以中国 11 条物流通道为实证对象，在综合测算物流通道技术水平的基础上，基于空间面板杜宾模型验证了中国物流通道总体上具有显著的正向空间溢出效应，但存在显著的空间差异。张子扬和曹荣光（2021）构建了中国各省的国际物流通道发展水平指标体系，定量评估了其国际物流通道建设情况及其空间联动效应。

但如果从运输及物流通道重要组成部分的交通运输干线和物流节点角度来看，研究成果颇丰。其中，将交通运输干线作为交通基础设施的空间溢出效应的相关研究前文已详述；关于交通枢纽、港口、机场等物流节点的空间溢出效应，也有较多的研究，如胡煜和李红昌（2015）在测度城市交通枢纽等级的基础上，

采用空间杜宾模型验证发现交通枢纽对所在城市及周围区域的经济产出有显著的正向作用，其中全国性枢纽作用最大、地区性枢纽最小，且在东、中、西部地区的空间溢出效应呈现明显差异。刁姝杰等（2021）、沈立新等（2022）分别验证了环渤海地区沿海港口和海上丝绸之路沿线44个国家港口对区域经济开放和沿线国家经济增长有显著的正向空间溢出效应。陈欣等（2019）、汤凯（2020）都以中国主要枢纽机场为研究对象，分别验证了机场和临空经济区对区域经济增长的空间溢出效应存在性和时空分异性。

三、文献述评与有待深入研究之处

综上所述，从梳理各个层面的相关文献发现，从交通基础设施到运输通道、物流通道对区域经济影响的相关研究经历了逐步推进的过程，也经历了从经验分析、理论推理到实证检验研究过程，总体上验证了不同区域、不同时期以交通干线和物流节点等交通、物流基础设施为主要构成要素的物流通道对沿线区域经济发展具有积极的推动作用，并通过集聚和溢出推动周边或沿线区域经济发展，最终推进形成以物流通道为依托的经济带或经济走廊，从而实现区域经济一体化。但梳理现有文献发现还有一些有待深入研究之处：

第一，鲜有专门研究国际物流通道对区域经济影响的文献。随着经济全球化和共建"一带一路"倡议的提出，国际物流通道作为经贸流通动脉已然引起关注，如辛曼玉（2015）、古璇等（2018）、龚英和饶光明（2021）、张子扬和曹荣光（2021）等，以及各地报纸杂志都提出了推动国际物流通道建设的相关建议，2021年5月"一带一路"国际物流大通道合作论坛在郑州召开。然而，现有研究绝大多数还停留在国际物流通道对经济流通和区域经济发展重要性等方面的讨论上，仅有张子扬和曹荣光（2021）站在共建"一带一路"倡议视角下对中国各省份的国际物流通道水平做了测度并验证了其经济效应。而共建"一带一路"倡议提出后，随着沿线各国陆续签订倡议合作协议，政策推动下基础设施互联，但推动国际物流通道互联互通及其对沿线各国区域经济发展的影响状况如何还有待深入研究。

第二，从国际物流通道联通的视角研究其空间溢出效应也鲜见。在现有研究中，如鲁渤等（2019）从理论方面探究交通通达性对经济增长的影响机理，并运用空间杜宾模型对中国东北地区公路交通通达性的经济增长的空间效应做了实证检验。李杰梅等（2021）在测算"腹地—口岸"通道能力的基础上采用空间面板杜宾模型验证了中国"腹地口岸"通道能力呈明显的群状集聚现象和廊道效应，具有显著的外贸促进作用和正向溢出效应且时空分异特征明显。显然，学者已经开始关注研究通道联通的空间效应，但在共建"一带一路"倡议下基础设施建设先行，目的是以此为依托实现中国与沿线国家和地区的互联互通，推动经贸流通并带动沿线区域经济发展。那么，国际物流通道作为共建"一带一路"合作交通基础设施的骨干综合物流服务系统，是陆丝和海丝的经济走廊和蓝色经济通道发展的依托，在考虑了空间因素和不同国家间的空间相关性后，"一带一路"国际物流通道联通会对沿线区域经济发展产生怎样的影响？是否推动其国家经济发展并对沿线相关国家产生空间溢出效应？该空间溢出效应的方向如何？这些问题还有待进一步验证。

为此，本章以共建"一带一路"重点建设的中欧走向中"21世纪海上丝绸之路"沿线的"中国—印度洋—非洲—地中海蓝色经济通道"为研究对象，验证"一带一路"国际物流通道联通对海丝沿线国家经济发展及其空间溢出效应。

第三节 理论模型构建与检验方法

一、理论模型构建

空间计量经济学理论认为，地区空间单元上相邻地区之间的某种经济地理现象或某一属性值是相关的，即某种经济地理现象或某一属性值具有空间自相关性（或称空间依赖性），这种特性打破了经典统计与计量分析中相互独立的基本假设（吴玉鸣和李建霞，2006）。王家庭和贾晨蕊（2009）指出，长期以来主流经济学理论是在具有空间事物无关联及均质性假定中研究的，也忽视了空间效应的 OLS 进行模型估计会使经济学研究结果和推论缺乏应有的解释力。沈体雁等（2010）认为，区域经济问题研究往往依赖于与地理空间相关的测量抽样数据，当抽样数据具有地区性因素时，在建立的地区数据模型中会产生空间异质性和观测中存在空间依赖性。因此，空间计量经济学方法是对经典回归模型通过一个空间权重矩阵进行修正，即将地理空间相互作用纳入模型。构建空间计量模型主要涉及对研究对象是否存在空间自相关性进行判断、对空间计量模型类型进行选择和空间权重矩阵的构造。

（一）空间自相关性检验

空间自相关性是指一定区域空间中数值集聚程度的一种度量，距离近的事物之间联系性强于距离远的事物之间联系性（沈体雁等，2010）。如果某事物在区域空间中有类似的数值集聚倾向，则表明该事物在区域空间中呈现正空间自相关；反之，则表明具有负空间自相关。空间自相关性检验是通过认识空间分布特征、选择适宜的空间尺度来进行空间分析的最常见思路和方法。Le Gallo 和 Ertur（2003）提出了可以描述和可视化数据空间分布状况的探索性空间数据分析方法，用以探测空间联系的模式和空间异质性的范围。探索性空间数据分析主要进行全局空间自相关和局部空间自相关两类空间自相关检验。

1. 全局空间自相关检验方法

全局空间自相关是分析空间数据在整个区域系统内表现出的分布特征，反映研究区域内具有相似属性观测值的平均聚集程度，常用的方法有 Moran's I 指数法、Geary C 指数法等。由于 Moran's I 指数法是最早应用且较成熟地用于全局空间自相关检验的方法，用该方法可以考察整个研究地理空间是空间正相关、负相关还是独立的。对于不同时期的 Moran's I 指数的刻画如式（6-1）所示。

$$MI_t = \frac{\sum_{i=1}^{n} \sum_{j=1}^{n} w_{ij} [(X_{it} - \overline{X}_t)(X_{jt} - \overline{X}_t)]}{S_t^2 \left(\sum_{i=1}^{n} \sum_{j=1}^{n} w_{ij} \right)} \tag{6-1}$$

且 $S_t^2 = \sum_{i=1}^{n} (X_{it} - \overline{X}_t)^2$，$\overline{X}_t = \frac{1}{n} \sum_{i=1}^{n} X_{it}$

其中，MI_t 为 Moran's I 指数，取值范围为 [−1，1]，该指数为正表示空间正相关，指数值越大其空间相关性越强；该指数为负表示空间负相关，指数值越小其负相关性越强；该指数为 0 表示空间呈现随机性。S_t^2 为某个事物 t 时期观测值的方差。X_{it} 和 X_{jt} 分别为 i 地区和邻近的 j 地区在 t 时期某一事物的观测值。$\overline{X}_t$ 为某一事物观测值在 t 时期的平均值。n 为研究地理空间中的地区总数。w_{ij} 为空间权重，该权重的设定下文将详细讨论。

2. 局部空间自相关检验方法

局部空间自相关是分析局部区域子系统表现出的分布特征，是在全局自相关的基础上进一步验证区域经济变量是否存在高值或低值的局部空间聚散、不同空间单元对全局空间自相关的贡献大小等，常用局部 Moran's I 指数、G 统计量、Moran's I 散点图等方法度量（沈体雁等，2010）。其中，Moran's I 散点图是最常用的和直观的局域空间自相关检验方法，以变量 z 为横轴、空间滞后向量 W_z（对空间单元观察值空间加权）为纵轴的二维散点图，将二维平面分为四个象限分别对应空间单元与相邻单元之间的空间联系形式，从第一象限到第四象限依次为高—高、低—高、低—低、高—低四种空间关联形式，该散点图可以识别出空间单元所属的局部空间聚集类型。

（二）理论模型构建

本章文献综述可以发现，在研究基础设施、交通基础设施、运输通道和物流通道等对区域经济增长的影响中，一般都是通过 C-D 生产函数来反映其与经济产出的关系，因此本书也以 C-D 生产函数为理论基础：

$$Y = AK^{\alpha}L^{\beta} \tag{6-2}$$

其中，Y 表示区域经济产出，A、K、L 分别表示全要素生产率、资本存量、劳动力数量，α、β 分别表示资本、劳动力的产出弹性系数。物流基础设施除投资建设的时候可以直接刺激经济增长外，其他时候可以通过影响其他投入要素的效率来改变产出（韩增林，2000）。因此，可以认为物流通道联通水平是全要素生产率中的一个重要因素，假设全要素生产率为：

$$A = A_0(e^{\gamma ILC}) \tag{6-3}$$

式（6-3）是关于物流通道联通性水平 ILC 的函数，γ 为物流通道联通性水平的弹性系数。将式（6-3）代入式（6-2），同时方程两边取对数可得线性模型：

$$\ln Y = \alpha_0 + \alpha\ln K + \beta\ln L + \gamma ILC + \varepsilon \tag{6-4}$$

其中，α_0 和 ε 分别为常数项和随机误差项。

区域的经济发展往往会受到周围地区的影响，由于经济系统的开放性，经济生产过程中往往会产生前、后向关联和技术、知识的扩散，从而表现出生产活动的关联性和外部性（韩增林，2000；张浩然和衣保中，2012），潘文卿（2010）指出区域经济发展本身也存在空间溢出效应。因此，为了考察国际物流通道联通水平对沿线国家经济发展的空间溢出效应，本书基于空间杜宾模型（Spatial Dubin Model，SDM）进行估计，结合式（6-4）的理论模型，构建 SDM 面板数据模型：

$$\ln Y_{it} = \rho \sum_{j=1}^{N} w_{ij} \ln Y_{jt} + X_{it}\beta + \sum_{j=1}^{N} w_{ij} X_{jt}\theta + u_i + \lambda_t + \varepsilon_{it} \quad (6\text{-}5)$$

其中，i 表示国际物流通道沿线国家；t 表示时期；j 表示与 i 国家的空间相关联国家；Y 表示被解释变量；X 表示包括物流通道联通性水平指标在内的核心变量和其他控制变量的解释变量集合；w_{ij} 表示空间权重元素；ρ 表示空间滞后项回归系数；$\sum_{j=1}^{N} w_{ij} \ln Y_{jt}$ 表示被解释变量的空间滞后项，用来分析国际物流通道沿线区域经济发展的空间滞后效应，即空间相关联的国家的观测值 Y 对本国经济发展的影响方向和程度；$\sum_{j=1}^{N} w_{ij} X_{jt}$ 表示解释变量的空间滞后项；θ 表示空间滞后解释变量系数向量；u_i、λ_t、ε_{it} 分别表示国家效应、时间效应、随机扰动项。

（三）构造空间权重矩阵

构造空间权重矩阵是研究区域空间相互作用联系中的一个重要环节，也是进行探索性空间数据分析和进行空间自相关分析的前提，合理正确地构建空间权重对于空间模型的检验、空间计量分析至关重要（黄飞和曹家和，2014）。构建空间权重矩阵有多种规则，在实际应用中，不同学者根据研究目的和研究对象特征对应的特定空间联系形式来构建。空间权重矩阵的设定一般采用"距离"来反映其地理联系，需要遵循有意义、有限性和非负性三个基本原则（沈体雁等，2010）。

在现有研究中，空间权重矩阵构造采用最多的是地理上的邻接关系，即如果两个国家或地区相邻则 $w_{ij}=1$，否则 $w_{ij}=0$，但邻接权重应用多在一个区域内，在跨多个国家的研究中较少。简单的邻接权重能否反映国家间相互联系实际，马卫等（2018）通过构建邻接、地理距离、经济距离三种空间权重矩阵验证了丝绸之路经济带交通基础设施的空间溢出效应，研究发现，邻接矩阵权重明显小于地理距离和经济距离空间权重且大部分变量不显著。由于本书中的中欧方向"21 世纪海上丝绸之路"为蓝色经济通道，为带状区域，每个沿线国家相邻的国家较少，也很难反映国家间的相互联系，因此不采用邻接权重。借鉴邹嘉龄等（2015）、马卫等（2018）的做法，采用地理距离和贸易距离空间权重，构造方法如下：

（1）构建地理距离的空间权重，用国家的欧式距离进行衡量：

$$w_{ij} = \begin{cases} 0 & i=j \\ \dfrac{1}{d_{ij}^{\sigma}} & i \neq j \end{cases} \quad (6\text{-}6)$$

其中，d_{ij} 表示 i 国和 j 国首都之间的距离，σ 表示距离衰变系数，本章用 $\sigma=2$ 近似地揭示跨国尺度上空间联系。

（2）构建贸易距离空间权重，在地理距离的基础上将国家间的经贸联系信息纳入进来建立非对称的贸易空间权重矩阵：

$$w_{ij}=\begin{cases}0 & i=j\\ \dfrac{trade_{ij}}{d_{ij}^{\sigma}} & i\neq j\end{cases} \tag{6-7}$$

其中，$trade_{ij}$ 表示 i 国和 j 国的双边贸易额，用来衡量一个国家对另一个国家的影响的权重大小，同时考虑国家间距离影响，处理方式同式（6-6）。

二、SDM 面板数据模型的相关估计与检验

（一）SDM 面板数据模型的直接效应与空间溢出效应估计

如果在计量经济模型中存在空间滞后项，其回归系数将不再仅仅反映解释变量对被解释变量的影响。为此，LeSage 和 Pace（2009）提出了一种将总效应分成直接效应和间接效应（空间溢出效应）来更好地描述可能存在的空间交互作用的方法。其中，直接效应是解释变量对本地区造成的平均影响，间接效应是解释变量对其他地区造成的平均影响，总效应则是解释变量对所有地区造成的平均影响，用偏微分测度解释变量影响的方法。

将 SDM 写成矩阵的形式为：

$$(I_n-\rho W)Y=X\beta+\rho WY+WY\theta+l_n\alpha+\varepsilon \tag{6-8}$$

再将式（6-8）转换为：

$$Y=\sum_{r=1}^{k}S_r(W)X_r+V(W)l_n\alpha+V(W)\varepsilon \tag{6-9}$$

且

$$S_r(W)=V(W)(I_n\beta_r+W\theta_r），V(W)=(I_n-\rho W)^{-1}=I_n+\rho W+\rho^2 W^2+\rho^3 W^3+\cdots$$

因此，有式（6-10）的矩阵形式：

$$\begin{bmatrix}y_1\\y_1\\\vdots\\y_1\end{bmatrix}=\sum_{r=1}^{k}\begin{bmatrix}S_r(W)_{11} & S_r(W)_{12} & \cdots & S_r(W)_{in}\\S_r(W)_{21} & S_r(W)_{22} & \cdots & S_r(W)_{2n}\\\vdots & \vdots & \ddots & \vdots\\S_r(W)_{n1} & S_r(W)_{n2} & \cdots & S_r(W)_{nn}\end{bmatrix}\begin{bmatrix}x_{1r}\\x_{2r}\\\vdots\\x_{nr}\end{bmatrix}+V(W)I_n\alpha+V(W)\varepsilon$$

$$\tag{6-10}$$

式（6-10）中，$S_r(W)_{ij}$ 表示 $S_r(W)$ 中的第 i、第 j 个元素，对于单个地区 i 来说，就有：

$$y_i = \sum_{r=1}^{k} \left[S_r(W)_{i1}x_{1r} + S_r(W)_{i2}x_{2r} + \cdots + S_r(W)_{in}x_{nr} \right] + V(W)_i I_n \alpha + V(W)_i \varepsilon$$

$$(6-11)$$

由此，在 t 时期各地区的被解释变量中，关于第 k 个变量的偏微分方程矩阵为：

$$\left[\frac{\partial Y}{\partial x_{1k}} \quad \cdots \quad \frac{\partial Y}{\partial x_{nk}} \right]_t = \begin{bmatrix} \frac{\partial y_1}{\partial x_{1k}} & \cdots & \frac{\partial y_1}{\partial x_{nk}} \\ \vdots & \ddots & \vdots \\ \frac{\partial y_n}{\partial x_{1k}} & \cdots & \frac{\partial y_n}{\partial x_{nk}} \end{bmatrix} = (I-\rho W)^{-1} \begin{bmatrix} \beta_k & w_{12}\theta_k & \cdots & w_{1n}\theta_k \\ w_{21}\theta_k & \beta_k & \cdots & w_{1n}\theta_k \\ \vdots & \vdots & \ddots & \vdots \\ w_{n1}\theta_k & w_{n2}\theta_k & \cdots & \beta_k \end{bmatrix}$$

$$(6-12)$$

由式（6-10）、式（6-11）和式（6-12）可知，$\frac{\partial y_i}{\partial x_{ik}} = S_r(W)_{ii} \neq \beta_k$，表明在 SDM 中 i 地区的第 k 个解释变量变化对被解释变量产生的直接影响并不等于 β_k，$\frac{\partial y_i}{\partial x_{ik}} = S_r(W)_{ij}$ 则表明 j 地区第 k 个解释变量对 i 地区解释变量的影响为 $S_r(W)_{ij}$。LeSage 和 Pace（2009）将式（6-12）中矩阵元素总和定义为总效应，对角线元素 β_k 的平均值为直接效应，非对角线元素 $w_{ij}\theta_k$ 的平均值为间接效应，即空间溢出效应可以通过总效应减去直接效应所得。其中，当 $\theta+\rho\beta=0$ 时，SDM 模型则退化为空间误差模型（SEM），式（6-12）中偏微分矩阵简化为对角矩阵且对角元素为 β_k，表明解释变量对被解释变量只有直接效应；当 $\theta=0$ 时，SDM 模型则退化为空间滞后模型（SAR），虽然式（6-12）中偏微分矩阵中的非对角线元素为零，但由于 $(I-\rho W)^{-1}$ 的存在，也存在直接效应和溢出效应。

（二）SDM 面板数据模型的估计与适用性检验

由于空间相关性的存在，采用最小二乘法估计 SDM 模型一般会导致回归参数、空间参数和标准误估计的不一致性。常见的空间计量估计方法有极大似然估计法（ML）、准极大似然估计法（QML）、工具变量法（IV）及广义矩估计法（GMM）等。上述估计方法在相关教科书中有详细的介绍，这里不再赘述。本章采用极大似然估计法对空间杜宾面板数据模型进行估计。前文已经分析到，SDM

是 SEM 和 SAR 模型的更一般化形式。当 $\theta+\rho\beta=0$ 时，SDM 则退化为 SEM；当 $\theta=0$ 时，SDM 则退化为 SAR。Elhorst（2010）指出，如果拉格朗日乘数（Largrange Multiplier—LM）的检验结果拒绝了原假设，则 SAR 和 SEM 两个模型中任意一个成立或两者同时成立，这时需要进一步检验 SDM 是否更合适（LeSage and Pace，2009）。对于 SDM，需要采用 Wald 统计量检验，两个假设为：H_0^1：$\theta=0$ 和 H_0^2：$\theta+\rho\beta=0$，这两个假设的 Wald 统计量均服从自由度为 k 的 χ^2 分布，如果检验结果同时拒绝 H_0^1 和 H_0^2 两个假设条件，则说明 SDM 更合适。

三、实证模型构建与数据来源

（一）实证模型

本章将"一带一路"建设重点方向之一的中欧走向海丝沿线区域形成的蓝色经济通道区域作为实证对象。作为我国古代海上丝绸之路的主要线路，它是贯通亚、非、欧三大洲及沿线国家最多的一条海上通道，是指从中国沿海出发，途经我国南海、印度洋、波斯湾、红海、地中海到达大西洋东岸的荷兰。本章将所有海丝沿线沿海的 53 个国家（本章研究中包含中国）作为国际物流通道贯通的国家（具体国家如第五章表 5-1 所示），通过收集 2006~2019 年的面板数据进行验证，其中文莱等 18 个国家的相关指标数据严重缺失，故纳入本章研究样本的有 34 个国家。

基于式（6-5）构建海丝国际物流通道联通水平对沿线国家经济发展的空间溢出效应的空间杜宾面板数据实证模型为：

$$
\begin{aligned}
\ln GDP_{it} = {}& \alpha + \rho \sum_{j=1}^{n} w_{ij}\ln GDP_{jt} + \beta_1 \ln ILC_{it} + \beta_2 \ln ILC_{it} \times D + \beta_3 \ln K_{it} + \\
& \beta_4 \ln L_{it} + \beta_5 \ln open_{it} + \beta_6 \ln ind_{it} + \beta_7 \ln qoi_{it} + \theta_1 \sum_{j=1}^{n} w_{ij}\ln ILC_{jt} + \\
& \theta_2 \sum_{j=1}^{n} w_{ij}\ln ILC_{jt} \times D_j + \theta_3 \sum_{j=1}^{n} w_{ij}\ln K_{jt} + \theta_4 \sum_{j=1}^{n} w_{ij}\ln L_{jt} + \\
& \theta_5 \sum_{j=1}^{n} w_{ij}\ln open_{jt} + \theta_6 \sum_{j=1}^{n} w_{ij}\ln ind_{jt} + \theta_7 \sum_{j=1}^{n} w_{ij}\ln qoi_{jt} + u_i + \lambda_t + \varepsilon_{it}
\end{aligned}
$$

$$(6-13)$$

（二）变量及数据来源说明

式（6-13）中的变量选择及数据处理如表 6-1 所示。

表 6-1　变量说明及数据处理

变量		变量选择、处理及含义	单位	数据来源
被解释变量	经济发展水平（GDP）	为了消除人口规模和价格变动影响，本章用海丝沿线各国 2010 年不变价的人均 GDP 来反映各国的经济发展水平	美元/人	世界银行数据库
核心解释变量	国际物流通道联通水平（ILC）	本书用"班轮运输联通指数"反映海丝沿线各国之间的国际物流通道联通水平。班轮运输联通指数表示各国航运网络与其他国家的联通程度，该指标是 UNCTAD 根据海运部门的船舶数量、船舶集装箱承载能力、最大船舶规模、服务量、在一国港口部署集装箱船舶的公司数量计算得出。对于每一部分数据，各国的数值除以 2004 年每部分数据的最大值，然后取每个国家五部分数据的均值，再用均值除以 2004 年的最大均值，最后乘以 100。对于拥有 2004 年最高平均指数的国家，其值定为 100。ILC 值越高，则表明该国的海上国际物流通道联通水平越好		世界银行数据库
	国际物流通道联通水平与政策虚拟变量交互项（ILC×D）	Frankel 和 Romer（1999）指出，政府实施的某些经济政策对一国经济增长具有重要的影响。中国提出共建"一带一路"倡议后，海丝沿线众多国家陆续参与倡议合作，这作为一个经济政策可能会对沿线国家的经济发展产生积极作用，本书设立反映经济政策变化的虚拟变量 D，以海丝沿线各国与中国签订共建"一带一路"合作年份为界，与中国签约当年及以后年份都取值为 1，否则为 0。同时考虑在共建"一带一路"合作下政策沟通有利于基础设施的互联互通（胡再勇，2021b；周学仁和张越，2021），为此，用国际物流通道联通水平与政策虚拟变量交互项验证共建"一带一路"合作有助于提升国际物流通道联通水平，进而促进沿线国家的经济发展		中国一带一路网、世界银行数据库

续表

变量		变量选择、处理及含义	单位	数据来源
控制变量	投资水平（K）	资本投入是新古典经济增长的要素之一，本书用海丝沿线国家的资本形成总额占 GDP 的比重反映其在土地改良、厂房、机器和设备的购置，建设公路、铁路、学校、办公室、医院、私人住宅和工商业建筑等有利于提升本国经济发展方面的投资水平	%	世界银行数据库
	劳动力规模（L）	劳动投入也是新古典经济增长要素之一。本书用海丝沿线国家的劳动力人数占总人口比重表示其劳动力规模	%	世界银行数据库
	经济开放程度（open）	新经济增长理论将出口内生化作为模型中的一个变量，认为出口企业通过出口中的学习效应一般比非出口企业更有生产效率，即对外开放有利于促进区域经济增长，本书用海丝沿线国家的出口额占 GDP 的比重反映该国对外经济开放程度	%	IMF 世界经济展望数据库、世界银行数据库
	产业结构（ind）	产业结构从低附加值的第一产业向高附加值第三产业升级显然也是提高经济效率的一种手段（刘生龙和胡鞍钢，2010b）。本书用第三产业增加值占 GDP 的比重来表示海丝沿线各国的产业结构	%	世界银行数据库
	基础设施质量（qoi）	基础设施质量（Quality of Overall Infra-structure）是通过《全球竞争力报告》调查所得，用来反映一国基础设施（主要包括交通、通信和能源）的总体状况（该值为 1~7，1 表示极度不发达，7 表示高效和发达）。该报告指出，广泛而高效的基础设施是确保经济有效运行的关键。其中，高质量的公路、铁路、港口和航空运输使企业能够安全、及时地将他们的商品和服务推向市场；经济也依赖于不受干扰和短缺的电力供应；一个坚实而广泛的电信网络允许信息的快速和自由流动，这有助于提高整体经济效率，从而有助于企业沟通，经济行为体可以根据所有可用的相关信息做出决策。本书同时借鉴前述相关文献将基础设施质量作为重要控制变量引入模型		《全球竞争力报告》

变量		变量选择、处理及含义	单位	数据来源
空间权重	地理距离的空间权重（w_dis）	地理距离的空间权重，以海丝沿线各国首都的距离为准，用国家间的欧式距离进行衡量。具体计算方法如式（6-6）所示		CEPII 数据库
	贸易距离的空间权重（w_trade）	贸易距离空间权重是在地理距离的基础上，将海丝沿线国家间的经贸联系信息引入建立非对称的贸易距离空间权重矩阵，具体计算方法如式（6-7）所示		IMF 世界经济展望数据库、CEPII 数据库

（三）变量描述性统计

本章各变量的描述性统计如表6-2所示。

表6-2 变量描述性统计

变量	样本量	Mean	Std. Dev.	Min	Max
GDP	476	16707.895	17081.335	649.930	59374.438
ILC	476	44.919	30.254	3.351	151.909
D	476	0.172	0.378	0	1
K	476	24.054	6.655	6.982	44.519
L	476	45.321	9.979	28.158	72.758
ind	476	60.903	15.431	27.631	91.053
open	476	36.035	29.211	3.006	182.874
qoi	476	4.356	1.166	1.712	6.704

第四节　实证验证与结果分析

一、空间自相关检验

（一）全局自相关检验

根据实证模型（6-13），本章研究的前提是需要先检验国家经济发展水平的空间自相关性。利用式（6-6）和式（6-7）的空间权重矩阵构造方法计算出基于地理距离的空间权重矩阵（w_dis）和基于贸易距离的空间权重矩阵（w_trade），再用式（6-1）计算反映各国经济发展水平的人均 GDP 的全局 Moran's I 指数，结果如表6-3所示。

表 6-3　海丝沿线国家人均 GDP 的 Moran's I 指数

年份	w_dis		w_trade	
	Moran's I	p-value	Moran's I	p-value
2006	0.205	0.000	0.293	0.008
2007	0.215	0.000	0.318	0.004
2008	0.230	0.000	0.351	0.002
2009	0.245	0.000	0.381	0.001
2010	0.239	0.000	0.372	0.001
2011	0.232	0.000	0.361	0.001
2012	0.227	0.000	0.353	0.002
2013	0.222	0.000	0.343	0.002
2014	0.221	0.000	0.339	0.002
2015	0.220	0.000	0.334	0.003
2016	0.218	0.000	0.330	0.003
2017	0.215	0.000	0.324	0.003
2018	0.212	0.000	0.322	0.004
2019	0.215	0.000	0.327	0.003

表6-3的检验结果显示，在两种权重下，2006～2019年海丝沿线国家人均GDP的全局 Moran's I 指数均在1%的水平下显著为正，表明海丝沿线国家人均GDP在空间上非随机分布，而是人均GDP较高国家倾向于与其他较高国家在空间上集聚、人均GDP较低的国家倾向于与其他较低的国家在空间上集聚。同时，本验证还发现地理距离空间权重下的全局 Moran's I 指数值均小于贸易距离空间权重下的对应时间的全局 Moran's I 指数值，该验证结果与马卫等（2018）的观点基本一致，则意味着相较于地理距离空间权重，贸易距离空间权重更可能增强国家间的空间集聚程度。

（二）局部自相关检验

对于人均 GDP 的局部空间自相关检验如图6-1和图6-2所示。

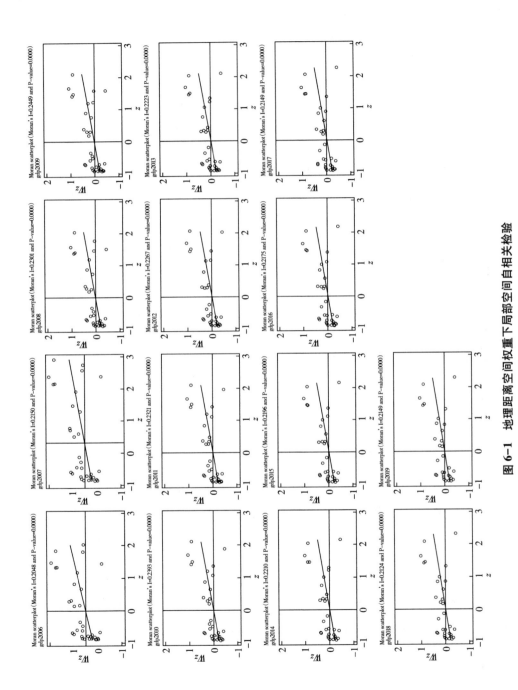

图6-1　地理距离空间权重下局部空间自相关检验

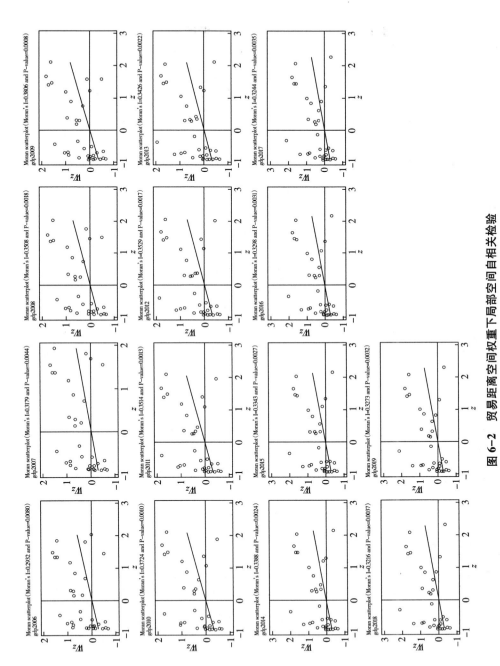

图 6-2 贸易距离空间权重下局部空间自相关检验

注: 限于篇幅以微缩图的形式呈现散点图, 未呈现各国名称, 在图中各国位置用○表示。

比较图 6-1 和图 6-2 可以发现，在 2006~2019 年现有海丝沿线 34 个国家样本中，各国空间集聚类型没有发生明显变化，且呈现出海丝沿线国家人均 GDP 空间联系形式主要为高—高和低—低空间集聚状态，高—高空间集聚主要分布在荷兰、比利时、英国、法国、西班牙、意大利、葡萄牙、马耳他、巴林、沙特阿拉伯、希腊和科威特 12 国，而低—低空间集聚主要分布在中国、泰国、巴基斯坦、斯里兰卡、菲律宾、印度、越南、柬埔寨、孟加拉国、缅甸、埃及和肯尼亚 12 国。此外，高—低空间集聚的主要是新加坡和阿拉伯联合酋长国 2 国，低—高空间集聚的主要有阿尔及利亚、马来西亚、土耳其、伊朗、印度尼西亚、苏丹、黎巴嫩、突尼斯 8 国。由此可见，2006~2019 年海丝沿线各国人均 GDP 存在显著的空间集聚效应，高—高和低—低空间集聚形式之和占 71%，研究中考虑要素的海丝沿线国家经济发展水平的空间自相关性是必要的。

二、海丝国际物流通道联通的空间溢出效应检验

（一）模型确定

1. LM 和 Wald 检验

首先，对空间滞后模型（SAR）和空间误差模型（SEM）进行 LM 检验，如表 6-4 所示。

表 6-4 LM 检验结果

检验名称	w_dis		w_trade	
	统计值	p 值	统计值	p 值
LM_lag	217.966	0.000	9.675	0.002
Robust LM_lan	177.803	0.000	8.972	0.003
LM_error	107.424	0.000	1.589	0.208
Robust LM_error	67.261	0.000	0.886	0.347

表 6-4 结果显示，在 w_dis 空间权重下 SAR 和 SEM 模型均在 1% 的显著性水平上拒绝了原假设，而在 w_trade 空间权重下仅 SAR 模型拒绝了原假设。前文提及如果 SAR 和 SEM 两个模型中任意一个成立或两者同时成立，就需要进一步检验 SDM 是否更合适。

进一步地，对 SDM 采用 Wald 统计量检验，即对于两个假设 $H_0^1: \theta = 0$ 和 H_0^2

: $\theta+\rho\beta = 0$，Wald 统计量在 w_dis 空间权重下分别为 chi2（7）= 79.05 和 chi2（7）= 120.03，在 w_trade 空间权重下分别为 chi2（7）= 37.88 和 chi2（7）= 60.94，均在 1% 的置信水平下通过显著性检验，即同时拒绝 H_0^1 和 H_0^2 两个假设条件，因此本章采用 SDM 更合适。

2. 估计模型选择

第一，随机效应和固定效应模型检验。在 w_dis 空间权重和 w_trade 空间权重下用 Hausman 检验，结果分别为 chi2（7）= 69.16 和 chi2（7）= 55.83，即在 1% 的显著性水平上拒绝了原假设是随机效应模型，因此本章研究应选择固定效应模型。

第二，时间、个体和双固定效应模型检验。本章研究进一步用 LR 检验，原假设为个体固定和时间固定效应模型时，在 w_dis 空间权重下 LR 统计量分别为 LR chi2（10）= 46.48 和 LR chi2（10）= 1964.40，在 w_trade 空间权重下 LR 统计量分别为 LR chi2（10）= 18.25 和 LR chi2（10）= 2087.96，均在 1% 的水平上通过显著性检验，拒绝了原假设是个体固定和时间固定效应模型，因此本章选择时间和个体双固定效应模型更合适。

（二）验证结果分析

基于上述检验，本章分别考虑 w_dis 和 w_trade 空间权重下，对 SDM 模型进行双固定效应估计，结果如表 6-5 所示。其中，Model2 和 Model4 分别是在 w_dis 和 w_trade 权重下加入国际物流通道联通水平变量（lnILC）与是否加入共建"一带一路"合作的政策虚拟变量（D）的交互项的估计结果。

表 6-5　模型总体估计结果

空间权重	w_dis		w_trade	
估计模型	Model1	Model2	Model3	Model4
lnILC	0.152 *** [0.025]	0.131 *** [0.025]	0.122 *** [0.027]	0.115 *** [0.027]
lnILC×D		0.0147 *** [0.004]		0.0166 *** [0.004]
ln$K$	0.260 *** [0.025]	0.271 *** [0.025]	0.244 *** [0.027]	0.250 *** [0.027]
ln$L$	−0.402 *** [0.119]	−0.452 *** [0.117]	−0.301 ** [0.128]	−0.325 *** [0.126]

续表

空间权重	w_dis		w_trade	
估计模型	Model1	Model2	Model3	Model4
lnopen	-0.016*	-0.016*	-0.013	-0.013
	[0.009]	[0.009]	[0.009]	[0.009]
lnind	0.233***	0.183***	0.312***	0.293***
	[0.065]	[0.065]	[0.063]	[0.063]
lnqoi	0.114***	0.112***	0.124***	0.121***
	[0.028]	[0.028]	[0.030]	[0.029]
WlnILC	0.520***	0.361***	0.0623	0.0267
	[0.133]	[0.138]	[0.062]	[0.062]
WlnILC×D		0.0288*		0.0069
		[0.017]		[0.007]
WlnK	0.671***	0.800***	0.121*	0.192***
	[0.146]	[0.149]	[0.070]	[0.072]
WlnL	-5.105***	-5.665***	-1.274***	-1.399***
	[0.790]	[0.803]	[0.249]	[0.252]
Wlnopen	-0.0258	-0.0413	-0.0479	-0.0458
	[0.059]	[0.058]	[0.039]	[0.039]
Wlnind	0.0521	0.411	0.773***	0.588***
	[0.382]	[0.401]	[0.220]	[0.222]
Wlnqoi	0.628***	0.631***	0.0500	0.0482
	[0.184]	[0.180]	[0.055]	[0.055]
Spatial-ρ	0.376***	0.343***	0.353***	0.308***
	[0.109]	[0.113]	[0.056]	[0.059]
σ^2	0.0051***	0.0048***	0.0057***	0.0055***
	[<0.000]	[<0.000]	[<0.000]	[<0.000]
时间效应	固定	固定	固定	固定
国家效应	固定	固定	固定	固定
直接效应 lnILC	0.172***	0.143***	0.133***	0.121***
	[0.028]	[0.027]	[0.029]	[0.028]
直接效应 lnILC×D		0.0155***		0.0174***
		[0.004]		[0.004]
直接效应 lnK	0.284***	0.300***	0.262***	0.274***
	[0.026]	[0.026]	[0.027]	[0.026]

续表

空间权重		w_dis		w_trade	
估计模型		Model1	Model2	Model3	Model4
直接效应	lnL	−0.563 *** [0.143]	−0.627 *** [0.134]	−0.416 *** [0.132]	−0.447 *** [0.125]
	lnopen	−0.017 * [0.010]	−0.018 ** [0.009]	−0.018 * [0.010]	−0.017 * [0.009]
	lnind	0.239 *** [0.070]	0.173 ** [0.072]	0.397 *** [0.073]	0.347 *** [0.071]
	lnqoi	0.137 *** [0.031]	0.132 *** [0.031]	0.134 *** [0.031]	0.129 *** [0.032]
空间溢出效应	lnILC	0.910 *** [0.240]	0.606 *** [0.217]	0.150 [0.094]	0.083 [0.081]
	lnILC×D		0.0529 ** [0.026]		0.0170 ** [0.008]
	lnK	1.208 *** [0.274]	1.356 *** [0.300]	0.296 *** [0.091]	0.371 *** [0.087]
	lnL	−8.264 *** [1.816]	−8.855 *** [1.899]	−1.973 *** [0.373]	−2.055 *** [0.340]
	lnopen	−0.047 [0.099]	−0.072 [0.095]	−0.071 [0.055]	−0.064 [0.055]
	lnind	0.215 [0.640]	0.587 [0.681]	1.275 *** [0.332]	0.905 *** [0.327]
	lnqoi	1.083 *** [0.359]	1.017 *** [0.317]	0.142 [0.087]	0.121 [0.076]
总效应	lnILC	1.081 *** [0.254]	0.749 *** [0.228]	0.283 *** [0.109]	0.203 ** [0.093]
	lnILC×D		0.0685 *** [0.027]		0.0344 *** [0.010]
	lnK	1.492 *** [0.286]	1.656 *** [0.311]	0.558 *** [0.102]	0.645 *** [0.096]
	lnL	−8.827 *** [1.909]	−9.482 *** [1.980]	−2.389 *** [0.448]	−2.502 *** [0.396]

空间权重			w_dis		w_trade	
估计模型			Model1	Model2	Model3	Model4
总效应		lnopen	−0.0641 [0.105]	−0.0904 [0.100]	−0.0890 [0.062]	−0.0813 [0.060]
		lnind	0.454 [0.687]	0.414 [0.732]	1.672*** [0.383]	1.252*** [0.377]
		lnqoi	1.220*** [0.376]	1.149*** [0.330]	0.275*** [0.103]	0.249*** [0.091]
Log-likelihood			582.159	591.937	547.982	557.152
R^2			0.241	0.138	0.219	0.180
N			476	476	476	476

注：*表示 $p<0.1$，**表示 $p<0.05$，***表示 $p<0.01$；中括号内数值为标准误。

1. 被解释变量的空间溢出效应验证结果

从 Model1～Model4 的估计结果看，在 w_dis 和 w_trade 两种空间权重下，Spatial-ρ 均在 1% 的水平上显著为正，表明海丝沿线各国经济发展存在显著的空间溢出效应，即意味着海丝沿线空间相关联国家经济发展水平提升有利于促进本国经济发展。

2. 核心解释变量（lnILC 和 lnILC×D）

第一，在 w_dis 空间权重下的验证结果分析为：①表 6-5 的 Model1 结果显示，国际物流通道联通水平在 1% 的水平上显著促进了海丝沿线国家的经济发展，其空间滞后项估计系数也在 1% 的水平上显著为正，表明海丝沿线国家经济发展受空间相关国家的国际物流通道联通性水平的正向影响；从分解效应来看，国际物流通道联通水平的直接效应、空间溢出效应和总效应均在 1% 的水平上显著为正，表明海丝国际物流通道联通性水平提升不仅对本国经济发展有积极影响，而且对空间相关的国家经济发展也有显著的推动作用，其总效应也反映出国际物流通道联通水平对海丝沿线国家经济发展有积极作用。②在表 6-5 的 Model2 中加入国际物流通道联通水平变量与政策虚拟变量的交互项后，其验证结果显示，除国际物流通道联通水平变量的估计系数依然显著外，交互项的估计系数也在 1% 的水平上显著为正，说明海丝沿线国家加入共建"一带一路"合作有助于提升其国际物流通道联通水平进而促进本国经济发展，其空间滞后项的估计系数在

5%的水平上显著为正，也表明海丝沿线国家经济发展受空间相关国家加入共建"一带一路"合作后的国际物流通道水平提升的影响；从分解效应看，交互项的直接效应、空间溢出效应和总效应均在5%的水平上显著为正，这充分证明了海丝沿线国家与中国进行共建"一带一路"合作有助于推动其国际物流通道水平的提升，有利于本国及其空间相关国家的经济发展，从总体上也推动了海丝沿线国家的经济发展。

第二，在 w_trade 空间权重下的验证结果分析为：①表6-5中 Model3 的验证结果显示，国际物流通道联通水平在1%的水平上显著为正，即国际物流通道联通性水平提升有利于促进海丝沿线国家的经济发展，其空间滞后项估计系数为正但不显著，也意味着在现有样本下海丝沿线各国经济发展未受到空间相关国家的国际物流通道联通水平影响；从效应分解看，国际物流通道联通水平的直接效应和总效应均在1%的水平上显著为正，但空间溢出效应不显著，表明海丝国际物流通道联通水平提升对本国经济发展有积极影响，而且空间相关国家的经济发展也没有显著的推动作用，但总体上对海丝沿线国家经济发展有积极的促进作用。②在表6-5的 Model4 中加入国际物流通道联通水平与政策虚拟变量的交互项后，并未明显改变国际物流通道联通变量对海丝沿线国家经济发展的影响，交互项的估计系数在1%的水平上显著为正，但其空间滞后项估计系数不显著，表明海丝沿线国家加入共建"一带一路"合作有助于提升其国际物流通道联通水平并促进本国经济发展，但未受到空间相关国家加入共建"一带一路"合作后的国际物流通道水平提升的影响；从效应分解看，交互项的直接效应、空间溢出效应和总效应均在5%的水平上显著为正，显示出海丝沿线国家与中国进行共建"一带一路"合作有助于推动其国际物流通道联通水平提升，并通过提升国际物流通道联通水平促进本国和空间相关联国家的经济发展，总体上积极推动了海丝沿线国家的经济发展。

3. 控制变量

投资水平（$\ln K$）、产业结构（$\ln ind$）和基础设施质量（$\ln qoi$）均在 w_dis 和 w_trade 空间权重下正向促进了本国经济的发展，但三个变量的空间滞后项估计系数有显著性差异，其中投资水平在10%的水平上显著，而产业结构在 w_dis 权重下不显著，基础设施质量在 w_trade 权重下不显著；从效应分解来看，三个变量在两种空间权重下的直接效应均显著为正，投资水平在两种空间权重下的空间溢出效应和总效应显著为正，产业结构的空间溢出效应仅在 w_trade 权重下显著为正，而基础设施质量的空间溢出效应在 w_dis 权重下显著为正，总效应中仅有产业结构在 w_dis 权重下不显著但估计系数为正。上述验证结果显示，投资水平、产业结构和基础设施质量在一定程度上会促进本国及其空间相关国家、海丝沿线国家经济的发展。劳动力规模（$\ln L$）在两种空间权重下呈现显著负向影响，该结果与马卫等（2018）研究丝绸之路经济带时的验证结果基本一致，意味着劳动力规模在现有样本下对本国经济发展、空间相关联国家及海丝沿线国家经济发展有抑制作用，也意味着劳动力规模还有待优化；而经济开放程度（$\ln open$）在两种空间权重下各项估计结果基本不显著，表明海丝沿线国家的经济开放程度还有待进一步提升。

（三）稳健性分析

从表6-5中分别在地理距离和贸易距离空间权重下的估计结果对比看，除个别变量显著性有所变化外，绝大多数变量的显著性和符号基本没有发生明显变化；其次在两种空间权重下，分别在模型中加入国际物流通道联通水平和政策虚拟变量的交互项后，绝大多数变量的显著性和符号依然没有发生明显变化，这也在一定程度上表明本实证检验的稳健性和结果的可靠性。

为了进一步验证稳健性，先结合表6-2从样本中去掉在经济发展水平、班轮运输联通指数、经济开放程度三个变量中最大值与最小值极差非常大的国家，分别为中国、新加坡、苏丹、柬埔寨和孟加拉国，估计结果如表6-6中Model5~Model8所示；然后将研究期从提出共建"一带一路"倡议的年份开始，即缩短到2013~2019年作为研究期验证，估计结果如表6-6中Model9~Model12所示。

表6-6 稳健性检验

	去掉部分极值样本				缩短研究周期			
	w_dis		w_trade		w_dis		w_trade	
	Model5	Model6	Model7	Model8	Model9	Model10	Model11	Model12
$\ln ILC$	0.122*** [0.028]	0.109*** [0.029]	0.120*** [0.030]	0.114*** [0.030]	0.088*** [0.023]	0.090*** [0.023]	0.094*** [0.025]	0.099*** [0.024]
$\ln ILC \times D$		0.0046 [0.005]		0.0048 [0.005]		0.0052** [0.002]		0.0054** [0.002]
$\ln K$	0.216*** [0.026]	0.223*** [0.026]	0.201*** [0.028]	0.206*** [0.028]	0.068** [0.029]	0.062** [0.029]	0.051* [0.029]	0.050 [0.030]

续表

	去掉部分极值样本				缩短研究周期			
	w_dis		w_trade		w_dis		w_trade	
	Model5	Model6	Model7	Model8	Model9	Model10	Model11	Model12
ln$L$	−0.0980	−0.126	−0.127	−0.135	−0.568 ***	−0.551 ***	−0.526 ***	−0.489 ***
	[0.126]	[0.126]	[0.128]	[0.129]	[0.158]	[0.156]	[0.159]	[0.158]
ln$open$	0.0112	0.0114	0.0075	0.0069	−0.059 **	−0.057 **	−0.099 ***	−0.096 ***
	[0.009]	[0.009]	[0.009]	[0.010]	[0.025]	[0.025]	[0.028]	[0.028]
lnind	0.338 ***	0.307 ***	0.373 ***	0.362 ***	−0.565 ***	−0.592 ***	−0.730 ***	−0.776 ***
	[0.064]	[0.068]	[0.062]	[0.062]	[0.134]	[0.136]	[0.141]	[0.143]
lnqoi	0.149 ***	0.148 ***	0.125 ***	0.126 ***	0.106 ***	0.112 ***	0.121 ***	0.128 ***
	[0.029]	[0.029]	[0.030]	[0.030]	[0.030]	[0.030]	[0.033]	[0.033]
WlnILC	0.262 *	0.181	0.000078	0.0252	0.246 *	0.222	0.0401	0.0223
	[0.142]	[0.150]	[0.065]	[0.066]	[0.148]	[0.147]	[0.070]	[0.070]
Wln$ILC×D$		0.0198		0.0078		0.0051		0.0038
		[0.018]		[0.007]		[0.010]		[0.004]
Wln$K$	0.414 ***	0.485 ***	0.072	0.107	−0.135	−0.178	−0.217 ***	−0.222 ***
	[0.142]	[0.149]	[0.072]	[0.075]	[0.165]	[0.171]	[0.062]	[0.068]
Wln$L$	−3.314 ***	−3.586 ***	−1.379 ***	−1.434 ***	−4.863 ***	−4.895 ***	−1.652 ***	−1.637 ***
	[0.774]	[0.807]	[0.266]	[0.274]	[1.168]	[1.157]	[0.386]	[0.384]
Wln$open$	0.037	0.035	−0.014	−0.011	−0.387 **	−0.397 **	−0.110	−0.106
	[0.047]	[0.047]	[0.027]	[0.027]	[0.156]	[0.157]	[0.069]	[0.069]
Wlnind	0.588	0.337	1.029 ***	0.912 ***	−0.481	−0.240	−0.753 **	−0.681 **
	[0.376]	[0.411]	[0.232]	[0.244]	[0.807]	[0.868]	[0.320]	[0.319]
Wlnqoi	0.756 ***	0.748 ***	0.0486	0.0516	1.016 ***	0.985 ***	0.136	0.133
	[0.181]	[0.180]	[0.056]	[0.056]	[0.213]	[0.212]	[0.086]	[0.085]
Spatialρ	0.105 **	0.098 **	0.137 *	0.121 *	0.427 ***	0.425 ***	0.435 ***	0.436 ***
	[0.042]	[0.042]	[0.072]	[0.072]	[0.136]	[0.135]	[0.076]	[0.076]
σ^2	0.0046 ***	0.0045 ***	0.0050 ***	0.0050 ***	0.0010 ***	0.0009 ***	0.0011 ***	0.0011 ***
	[<0.000]	[<0.000]	[<0.000]	[<0.000]	[<0.000]	[<0.000]	[<0.000]	[<0.000]
时间效应	固定	固定	固定	固定	固定	固定	固定	固定
国家效应	固定	固定	固定	固定	固定	固定	固定	固定
Log-likelihood	517.955	519.373	498.062	499.407	487.580	490.046	466.433	468.960
R^2	0.321	0.286	0.217	0.210	0.0213	0.0650	0.0833	0.0794
N	406	406	406	406	238	238	238	238

注：* 表示 p<0.1，** 表示 p<0.05，*** 表示 p<0.01；中括号内数值为标准误。

表6-6给出了稳健性检验结果，其中Model5~Model8去掉了部分极值后在两种空间权重下的检验结果，Model9~Model12则是在缩短研究期后在两个权重下的检验结果。并对比表6-5的验证结果可以发现，除了控制变量中产业结构和经济开放程度的符号有部分变化，其余的核心解释变量和控制变量的估计系数及其空间滞后项估计系数的显著性和符号都未发生明显变化。因此，进一步证明了本验证的稳健性及其估计结果的可靠性。

三、分区域异质性检验

本章和第五章一样，将海丝国际物流通道沿线国家划分为三个区域：中国—东南亚（中国及太平洋西南岸沿海国家）、南亚—西亚（印度洋北部及西北岸，包括波斯湾沿海国家）和西亚—非洲—欧洲（红海、地中海沿岸及大西洋东岸沿海国家）国际物流通道沿线区域，具体分类如第五章表5-1所示，这里不再赘述。由于数据的可获性，本章的研究样本为东南亚通道沿线中国、越南、柬埔寨、泰国、马来西亚、新加坡、印度尼西亚、菲律宾8国；南亚—西亚通道沿线缅甸、孟加拉、印度、斯里兰卡、巴基斯坦、伊朗、阿拉伯联合酋长国、科威特、巴林9国；西亚—非洲—欧洲通道沿线肯尼亚、沙特阿拉伯、苏丹、埃及、突尼斯、阿尔及利亚、土耳其、黎巴嫩、希腊、意大利、马耳他、西班牙、葡萄牙、法国、英国、比利时、荷兰17国。

本章同样在双固定效应下对SDM模型采用最大似然法估计上述三个区域国际物流通道联通性的空间溢出效应，验证结果如表6-7、表6-8和表6-9所示。

（一）中国—东南亚国际物流通道联通的空间溢出效应

表6-7的验证结果显示，在 w_dis 和 w_trade 两种空间权重下，Spatial-ρ 至少在10%的水平上显著为正，表明中国—东南亚国际物流通道沿线区域各国经济发展存在显著的空间溢出效应，也表明空间相关国家的经济水平的提升有利于促进本国经济发展。

表6-7　中国—东南亚国际物流通道联通的空间溢出效应验证结果

空间权重	w_dis		w_trade	
估计模型	Model1	Model2	Model3	Model4
ln*ILC*	0.178 *** [0.044]	0.165 *** [0.042]	0.191 *** [0.047]	0.176 *** [0.045]

续表

空间权重		w_dis		w_trade	
估计模型		Model1	Model2	Model3	Model4
ln*ILC*×*D*			0.0154*** [0.004]		0.0161*** [0.005]
控制变量		控制	控制	控制	控制
W ln*ILC*		0.166 [0.186]	0.142 [0.176]	0.123 [0.111]	0.125 [0.106]
W ln*ILC*×*D*			0.0257 [0.027]		0.0015 [0.012]
控制变量 空间滞后项		控制	控制	控制	控制
Spatial-ρ		0.405* [0.221]	0.418* [0.216]	0.263** [0.134]	0.297** [0.132]
σ^2		0.0010*** [<0.000]	0.0009*** [<0.000]	0.0017*** [<0.000]	0.0015*** [<0.000]
时间效应		固定	固定	固定	固定
国家效应		固定	固定	固定	固定
直接效应	ln*ILC*	0.174*** [0.040]	0.162*** [0.039]	0.190*** [0.048]	0.174*** [0.045]
	ln*ILC*×*D*		0.0139*** [0.004]		0.0160*** [0.005]
空间溢出 效应	ln*ILC*	0.0783 [0.150]	0.0541 [0.124]	0.1130 [0.114]	0.1000 [0.092]
	ln*ILC*×*D*		0.0163 [0.020]		0.0017 [0.011]
总效应	ln*ILC*	0.252 [0.171]	0.216 [0.141]	0.303** [0.134]	0.274*** [0.105]
	ln*ILC*×*D*		0.0302 [0.021]		0.0143 [0.013]
Log-likelihood		223.234	229.497	198.481	204.081
R^2		0.123	0.154	0.0680	0.096
N		112	112	112	112

注：*表示 p<0.1，**表示 p<0.05，***表示 p<0.01；中括号内数值为标准误。

从两种空间权重下的 Model1 和 Model3 的估计结果来看，该国际物流通道联通水平均在 1% 的水平上显著促进了中国—东南亚国际物流通道沿线国家经济发展，其国际物流通道联通水平变量的空间滞后项未能通过显著性检验，但估计系数为正，即表明该通道沿线国家经济发展未受到空间相关国家的国际物流通道联通水平的显著促进。该国际物流通道联通水平的直接效应在两种空间权重下均显著为正，表明该区域沿线各国的国际物流通道联通水平提升有效促进了本国经济的发展；而其空间溢出效应在两种空间权重下估计结果为正，但均不显著，即现有样本下该区域的国际物流通道联通水平未对空间相关国家经济发展产生显著的促进作用；该国际物流通道联通水平的总效应在 w_trade 空间权重下显著为正，表明该区域的国际物流通道联通性水平提升有助于沿线国家经济发展。

在 Model2 和 Model4 中加入国际物流通道联通水平变量和政策虚拟变量的交互项后验证发现，在两种空间权重下的交互项估计系数均在 1% 的水平上显著为正，即表明该区域沿线国家与中国进行共建"一带一路"合作有助于提升其国际物流通道的联通性水平并进而促进沿线国家经济发展；而交互项的空间滞后项估计系数为正但不显著，意味着在该区域与本国空间相关联的国家进行共建"一带一路"合作未能有效改善其国际物流通道的联通性水平来促进该区域经济发展。从分解效应看，交互项的直接效应显著为正，而空间溢出效应和总效应均不显著，这表明在现有样本下，中国—东南亚国际物流通道沿线区域各国加入共建"一带一路"合作有利于本国国际物流通道联通水平的提升进而推动本国经济发展。

（二）南亚—西亚国际物流通道联通的空间溢出效应

表 6-8 的验证结果显示，在 w_dis 和 w_trade 两种空间权重下，Spatial-ρ 至少在 10% 的水平上显著为正，表明南亚—西亚通道沿线区域各国经济发展均存在显著的空间溢出效应，也表明空间相关国家的经济发展水平的提高有利于促进本国经济发展。

表 6-8　南亚—西亚国际物流通道联通的空间溢出效应验证结果

空间权重	w_dis		w_trade	
估计模型	Model1	Model2	Model3	Model4
lnILC	0.206 *** ［0.036］	0.188 *** ［0.035］	0.301 *** ［0.038］	0.303 *** ［0.038］

续表

空间权重	w_dis		w_trade	
估计模型	Model1	Model2	Model3	Model4
ln*ILC*×D		0.0014 [0.006]		0.0023 [0.008]
控制变量	控制	控制	控制	控制
Wln*ILC*	−0.0244 [0.106]	−0.0453 [0.103]	0.1630 [0.153]	0.1190 [0.154]
Wln*ILC*×D		0.0788*** [0.024]		0.0225 [0.016]
控制变量、空间滞后项	控制	控制	控制	控制
Spatial-ρ	0.254* [0.154]	0.311** [0.154]	0.373*** [0.124]	0.392*** [0.123]
σ^2	0.0022*** [<0.000]	0.0020*** [<0.000]	0.0032*** [<0.000]	0.0032*** [<0.000]
时间效应	固定	固定	固定	固定
国家效应	固定	固定	固定	固定
直接效应 ln*ILC*	0.207*** [0.039]	0.189*** [0.038]	0.333*** [0.053]	0.330*** [0.049]
直接效应 ln*ILC*×D		0.00288 [0.007]		0.0000056 [0.008]
空间溢出效应 ln*ILC*	0.0061 [0.133]	−0.0298 [0.108]	0.4310 [0.272]	0.3680 [0.233]
空间溢出效应 ln*ILC*×D		0.0899*** [0.030]		0.0360 [0.027]
总效应 ln*ILC*	0.2130 [0.162]	0.1590 [0.135]	0.763** [0.314]	0.698*** [0.270]
总效应 ln*ILC*×D		0.0927*** [0.034]		0.0360 [0.032]
Log-likelihood	206.197	211.672	181.594	182.661
R^2	0.702	0.727	0.144	0.137
N	126	126	126	126

注：* 表示 p<0.1，** 表示 p<0.05，*** 表示 p<0.01；中括号内数值为标准误。

表 6-8 中，从两种空间权重下的 Model1 和 Model3 的验证结果看，该国际物

流通道联通水平均在1%的水平上显著促进了沿线国家的经济发展，但其空间滞后项未能通过显著性检验，且在 w_dis 权重下的估计系数为负，即表明该通道沿线国家经济发展未受到空间相关国家国际物流通道联通水平的影响。该国际物流通道联通水平的直接效应在两种空间权重下均显著为正，表明南亚—西亚通道沿线各国国际物流通道联通水平的提升显著促进了本国经济发展；而其空间溢出效应在两种空间权重下估计结果为正但均不显著，说明现有样本下该区域的国际物流通道联通未对空间相关国家产生显著的影响；该国际物流通道联通水平的总效应在 w_trade 空间权重下和5%的水平上显著为正，证明了该区域的国际物流通道联通水平的提升有助于其沿线国家经济发展。

在 Model2 和 Model4 中加入国际物流通道联通水平变量和政策虚拟变量的交互项后的验证结果显示，在两种空间权重下的交互项估计系数均为正但不显著，这意味着在现有样本下该通道沿线国家与中国进行共建"一带一路"合作未能改善其国际物流通道的联通性水平并促进沿线国家经济发展；而交互项的空间滞后项在 w_dis 权重下的估计系数为正，表明在该区域与本国空间相关国家进行共建"一带一路"合作会改善其国际物流通道的联通性水平进而促进沿线区域经济发展。从分解效应来看，交互项仅在 w_dis 权重下的空间溢出效应和总效应显著为正，表明在现有样本下，南亚—西亚国际物流通道沿线区域各国加入共建"一带一路"合作有利于其空间相关国家国际物流通道联通水平的提升进而推动其经济发展，且总体上沿线区域各国通过共建"一带一路"合作有利于提升其国际物流通道联通水平并促进沿线国家经济发展。

（三）西亚—非洲—欧洲国际物流通道联通的空间溢出效应

表6-9验证结果可见，西亚—非洲—欧洲国际物流通道沿线区域在 w_dis 和 w_trade 两种空间权重下，Spatial-ρ 均在1%的水平上显著为负，表明该区域各国经济发展存在显著的负向空间溢出效应，也表明其空间相关国家经济发展水平的提升不利于本国经济发展。

表6-9　西亚—非洲—欧洲国际物流通道联通的空间溢出效应验证结果

空间权重	w_dis		w_trade	
估计模型	Model1	Model2	Model3	Model4
lnILC	0.0301 [0.029]	0.0234 [0.028]	−0.0028 [0.030]	−0.0049 [0.029]

续表

空间权重		w_dis		w_trade	
估计模型		Model1	Model2	Model3	Model4
ln*ILC*×D			−0.0004 [0.004]		0.0037 [0.004]
控制变量		控制	控制	控制	控制
Wln*ILC*		0.1530 [0.163]	0.1220 [0.160]	−0.0305 [0.067]	−0.0100 [0.066]
Wln*ILC*×D			−0.0362*** [0.014]		−0.0165*** [0.006]
控制变量 空间滞后项		控制	控制	控制	控制
Spatial−ρ		−0.853*** [0.215]	−0.890*** [0.215]	−0.435*** [0.097]	−0.453*** [0.096]
σ^2		0.0016*** [<0.000]	0.0015*** [<0.000]	0.0016*** [<0.000]	0.0016*** [<0.000]
时间效应		固定	固定	固定	固定
国家效应		固定	固定	固定	固定
直接效应	ln*ILC*	0.0233 [0.029]	0.0177 [0.029]	0.0010 [0.032]	−0.0034 [0.032]
直接效应	ln*ILC*×D		0.0017 [0.004]		0.0053 [0.004]
空间溢出 效应	ln*ILC*	0.0744 [0.099]	0.0606 [0.086]	−0.0250 [0.057]	−0.0059 [0.051]
空间溢出 效应	ln*ILC*×D		−0.0204** [0.009]		−0.0138*** [0.005]
总效应	ln*ILC*	0.0977 [0.101]	0.0784 [0.087]	−0.0240 [0.056]	−0.0093 [0.048]
总效应	ln*ILC*×D		−0.0188** [0.007]		−0.0085** [0.004]
Log-likelihood		422.046	425.671	425.918	429.718
R^2		0.133	0.159	0.167	0.149
N		238	238	238	238

注: *表示 p<0.1, **表示 p<0.05, ***表示 p<0.01; 中括号内数值为标准误。

从两种空间权重下 Model1 和 Model3 的估计结果看，西亚—非洲—欧洲国际物流通道的联通及其空间滞后项均未通过显著性检验，这表明在现有样本下，该通道沿线国家经济发展未受到本国与其相关国家国际物流通道联通水平的积极推动，且该国际物流通道联通性水平的直接效应、空间溢出效应和总效应均不显著，意味着现有样本下该区域各国国际物流通道联通水平既未对本国经济发展产生积极作用，也未对其空间相关国家产生推动性作用，对西亚—非洲—欧洲通道沿线区域经济发展总体上还未产生显著影响。

在 Model2 和 Model4 中加入国际物流通道联通水平变量和政策虚拟变量的交互项后发现，在两种空间权重下的交互项估计系数均不显著，表明在现有样本下该通道沿线国家签订共建"一带一路"合作协议后未能改善其国际物流通道联通水平并促进沿线国家经济发展；而交互项的空间滞后项的估计系数在两种空间权重下均在1%的水平上显著为负，表明在该通道沿线国家的空间相关国家签订共建"一带一路"合作协议后未改善其国际物流通道联通性水平并抑制该区域经济发展；从分解效应看，交互项的直接效应在两种空间权重下均不显著，但其空间溢出效应和总效应在两种空间权重下、在5%的水平上均显著为负，表明在现有样本下西亚—非洲—欧洲通道沿线国家加入共建"一带一路"不利于其空间相关国家国际物流通道联通水平提升和经济发展，且在现有研究周期和样本下，在该区域各国通过共建"一带一路"合作还未对国际物流通道联通水平和经济发展发挥显著的推动作用。

第五节　研究结论与政策建议

一、研究结论

本章基于前人在基础设施、交通基础设施对区域经济增长影响及其空间溢出效应经验分析、理论论证和实证验证，考虑以跨境交通干线基础设施为支撑国际物流通道的联通性也应同样对沿线区域经济发展产生积极作用。为此，本章以"中国—印度洋—非洲—地中海蓝色经济通道"沿线区域为研究对象，即中欧走向的"21世纪海上丝绸之路"沿线国家和地区，该海丝沿线国际物流通道贯通了太平洋、印度洋和大西洋，连接了亚、非、欧三大洲，沿海共有 52 个国家。本章研究基于数据可获性选取 34 个国家（含中国）作为样本，并收集了 2006~2019 年的相关变量数据，在多维变量协同控制下，通过模型检验与识别，最后在时间和国家双固定效应下利用 SDM 模型验证了国际物流通道联通对海丝沿线国家经济发展的影响及其空间溢出效应，同时观察了海丝沿线国家与中国签订共建 "一带一路" 合作协议后可能通过基础设施互联互通建设提升国际物流通道的联通水平，进而对沿线国家经济发展带来的效应。为保证本章研究结果的可靠性，本章同时做了稳健性检验。研究结论如下：

（1）海丝国际物流通道联通水平总体上促进了沿线国家经济发展，且具有正向空间溢出效应。其一，在两种空间权重下，海丝国际物流通道联通水平显著促进了海丝沿线各国的经济发展，但因空间权重不同而国际物流通道联通水平的空间滞后项估计系数显著性有差异，其中在地理距离空间权重下海丝沿线各国经济发展受空间相关国家国际物流通道联通性水平的正向影响。其二，在两种空间权重下，海丝国际物流通道联通水平的直接效应和总效应均显著为正，即证明了海丝国际物流通道联通性水平提升对本国经济发展有积极影响，也对海丝沿线国家经济发展有显著的促进作用；且在地理距离空间权重下海丝国际物流通道联通水平具有显著的正向空间溢出效应，表明海丝国际物流通道联通水平提升有助于带动相关国家经济发展，而在贸易距离空间权重下，海丝国际物流通道联通水平的空间溢出效应为正但不显著，意味着其联通性对空间相关国家经济发展的作用还未显现出来。

（2）加入共建 "一带一路" 合作有助于提升海丝国际物流通道联通水平进而促进沿线国家经济发展。本章研究样本为 34 个国家（含中国），仅有 7 个国家在本章研究期截至 2019 年底未加入共建 "一带一路" 合作，其余国家从 2014 年后陆续与中国签订了共建 "一带一路" 合作协议。因此，本章将国际物流通道联通水平变量与反映是否加入共建 "一带一路" 合作的政策虚拟变量的交互项作为解释变量，验证表明，海丝沿线国家加入共建 "一带一路" 合作有助于提升国际物流通道联通水平进而促进沿线国家经济发展；并且其交互项具有显著的直接效应和空间溢出效应，表明海丝沿线国家加入共建 "一带一路" 合作有助于推动其国际物流通道水平的提升，进而不仅推动本国经济发展，而且带动沿线相关国家的经济发展。这一研究结论也是对中国共建 "一带一路" 倡议对基础设施互联互通建设和推动成效的充分印证。

（3）国际物流通道联通水平对海丝沿线国家经济发展的影响具有明显的区域异质性。为了进一步验证其区域异质性，本章以国际物流通道沿线贯通的地理区域为依据对中国—东南亚、南亚—西亚、西亚—非洲—欧洲三个分区域分别进行了验证。由于三个区域所处的地理环境、经济环境及发展状况不同，因此三个区域的国际物流通道联通水平对沿线区域经济发展及空间溢出效应检验结果各异。

第一，中国—东南亚和南亚—西亚国际物流通道联通水平对沿线区域经济发展的影响有一定的相似性，主要表现在国际物流通道联通水平都对其通道沿线区域经济发展有显著的正向影响，其直接效应也均正向促进了本国经济的发展；但二者也有差异，比如中国—东南亚国际物流通道联通水平与政策虚拟变量的交互项显著促进了该区域的经济发展，即意味着共建"一带一路"合作在该区域初见成效，而该交互项的估计系数在南亚—西亚通道区域并不显著，中国—东南亚国际物流通道联通水平对沿线区域经济发展未产生空间溢出效应，而南亚—西亚国际物流通道联通水平在地理距离空间权重下有显著的正向空间溢出效应。

第二，西亚—非洲—欧洲国际物流通道对沿线区域经济发展的影响大部分不显著，但在其国际物流通道联通水平与政策虚拟变量交互项中存在着显著的负向空间溢出效应。西亚—非洲—欧洲国际物流通道沿线区域的国际物流通道联通水平总体上未对沿线国家经济发展发挥显著作用，这可能是由于该区域贯通红海沿线的部分西亚和非洲国家、地中海沿岸的欧洲和非洲国家、大西洋东岸的部分国家，一是空间跨度大，二是国家经济发展水平和国际物流通道联通性水平差距较大，三是本章研究期内该区域大多数欧洲发达国家（如英国、法国、比利时、荷兰、西班牙等）还未加入共建"一带一路"合作。

二、政策建议

本章基于上述从宏观和分区域两个层面的研究结论，提出如下政策建议：

（1）海丝国际物流通道联通性水平对其沿线国家经济发展有重要作用，应充分重视并不断提升其联通性水平。由于国际物流通道是以交通输运干线和重要物流节点以及信息通道等为基础的国际经贸流通动脉，因此本章用班轮运输联通指数来反映海丝沿线各国之间海丝国际物流通道联通水平，并在包含交通、通信等要素信息的基础设施质量控制下，证明了海丝国际物流通道联通水平对其沿线国家经济发展有积极推动作用，而且可以通过空间溢出效应带动沿线空间相关国家的经济发展。但本章的验证结果显示，两种空间权重下估计的国际物流通道联通水平的影响系数都比较低，而且其空间溢出效应也相对较小，甚至在贸易距离空间权重下其空间溢出效应并不显著。因此，证明了海丝沿线国际物流通道联通水平虽然发挥了一定的经济效应，但要支撑沿线国际经贸高效流通还应进一步在交通运输干线、物流节点、通信服务等国际物流通道重要构成要素上加大投入和建设力度。

（2）共建"一带一路"倡议政策沟通与交通基础设施互联互通已初见成效，但应注重因地制宜地推动共建"一带一路"深度合作并带动国际物流通联通水平进一步提升。本章在宏观层面和分区域两个层面都验证了共建"一带一路"合作在一定程度上可以推动海丝国际物流通道联通水平的提高并促进沿线区域经济发展，但区域异质性明显。例如，中国—东南亚、南亚—西亚国际物流通道联通水平的直接效应显著，但空间溢出效应仅部分显著，而西亚—非洲—欧洲国际物流通道联通水平的直接效应不显著，而且呈现出负向空间溢出效应。由此可见，区域差别明显，对于中国—东南亚和南亚—西亚通道区域，已有绝大多数国家加入共建"一带一路"合作建设，应注重共建"一带一路"政策深度沟通和交通基础设施互联互通的进一步推进，从而推动其国际物流通道联通水平提升并推动沿线区域经济发展；而对于西亚—非洲—欧洲通道区域，在现有样本中还有多个发达国家未与中国展开共建"一带一路"合作，应注重推动这些发达国家积极参与共建"一带一路"合作来改善基础设施互联互通，从而促进国际物流通道联通水平提升，进而使其成为带动沿线区域经济发展的重要基础设施，最终实现海丝沿线区域的"共建共享共赢"目标。

三、有待改进之处

第一，国际物流通道联通水平代理变量问题。本章中国际物流通道联通水平变量并未采用本书第四章测度的国际物流通道联通指数，主要是因为前文测度的是中国与海丝沿线国家的国际物流通道联通性，而本章主要关注海丝沿线每个国家间的国际物流通道的联通性问题。但关于两两国家间国际物流通道的联通性方面没有统一的测度指标，由于本章的研究对象为海丝沿线国家，每个国家都有对外港口和班轮运输，而且国际贸易中海运占比远高于陆上和航空运输，因此本章选取世界银行测算班轮运输联通指数作为国际物流通道联通水平的代理变量，在一定程度上可以反映两国之间的国际物流通道联通性水平。但也存在一定的缺陷，因为班轮运输联通指数是根据各国船舶数量、船舶集装箱承载能力、最大船舶规模、服务量和在一国港口部署集装箱船舶的公司数量计算而来的，并未考虑港口、通信、通关等可能在物流运作中产生的影响，为此本章将包含交通、通信等信息的综合基础设施质量作为控制变量引入模型予以控制，然而从指标的综合性考虑，还应进行综合测度各国之间国际物流通道的联通状况，这是后续有待进一步研究和完善的地方。

第二，研究对象的选择问题。其一，本章针对"21世纪海上丝绸之路"沿线区域进行了研究，并没有以当前官方公布的相关国家为研究对象，主要考虑到从中国到大西洋东岸的沿海国家与中国都有较长历史的经贸往来，随着共建"一带一路"倡议的推进，未来必然依托沿线国际物流通道建立密切的经贸联系，因此本章研究包含了沿线所有拥有港口的国家，而且研究周期较长。其二，陆上丝绸之路建设中六大经济走廊的国际物流通道联通水平对沿线区域的经济效应也是值得关注的，但现有可收集的相关指标数据，特别是每条走廊上以公路或铁路干线为基础国际物流通道数据难以统计。但随着中欧、中亚班列的陆续开通，今后可以以中欧、中亚班列的铁路干线为基础研究国际物流通道联通对新亚欧大陆桥经济走廊、中国—中亚—西亚经济走廊等的经济效应，这是本书后续研究努力的一个方向。

第七章 "一带一路"国际物流通道联通与区域经济一体化

——基于海丝沿线国家的实证

第一节 引言

本书第六章验证了海丝沿线国际物流通道联通不仅可以通过直接效应来影响本国的经济发展,而且可以通过间接效应(空间溢出效应)来影响沿线相关国家的经济发展,因此,随着国际物流通道建设及其联通性水平的提升,必将提升海丝沿线国家的经济并带动周边国家经济发展。

然而,随着资源配置全球化、经济贸易全球化、市场全球化成为全世界各国发展的迫切需求,但多边自由贸易谈判难度使全球自由贸易体系举步维艰,然而双边或有限多边的国际区域经济一体化合作却一路高歌猛进,国际区域经济一体化已经成为当今世界经济发展的一大显著特征,中国参与国际区域经济一体化的进程正在不断加快(梁双陆和程小军,2007)。欧盟(EU)、亚太经合组织(APEC)、中国—东盟自由贸易区(CAFTA)以及《区域全面经济伙伴关系协定》(RCEP)等自由贸易区的建立,使国际区域经济一体化成为20世纪90年代以来最具活力的经济现象,也逐步塑造出新的世界经济格局(陈航航等,2018)。随着国际区域经济一体化的快速发展,国家之间的边界对经济要素跨境流动的阻碍受到学者们的关注,在不影响国家经济主权的基础上降低国家边界对经贸活动的影响,即通过边界效应研究区域经济一体化成为当前区域经济、经济地理等领域关注和研究的焦点之一（梁双陆，2008）。

中国提出共建"一带一路"倡议正是在经济全球化大背景下，致力于维护全球自由贸易体系和开放型经济体系，顺应世界区域经济一体化发展趋势，以"一带一路"沿线国家合作为基础加快实施自由贸易，实现商品、生产要素等的自由流动，从而促进国际区域经济一体化发展（李新和张鑫，2016）。共建"一带一路"倡议是为促进中国与沿线各国加强经贸合作、共克时艰、共谋发展而提出的，通过与沿线各国建立共建"一带一路"合作机制，以"五通"建设为合作重点内容，不仅成为推动世界经济发展的重要动力，也带动沿线区域经贸合作快速发展，必然促进中国与"一带一路"沿线国家区域经济一体化发展，实现"共建共享共赢"的目标。从提出共建"一带一路"倡议至2023年6月，中国已经同152个国家和32个国际组织签署200余份共建"一带一路"合作文件①，已经形成与多国（地区或组织）共商共建共享的合作局面。在各方的共同努力下，"一带一路"的"六廊六路多国多港"互联互通架构基本形成，意味着国际物流通道的联通性水平逐步提升，中国与沿线国家间的物流成本和贸易成本降低，有利于增强"一带一路"沿线国家的联系，带动沿线区域内贸易、经济、产业等方面更多的合作。那么，经过与沿线各国"一带一路"合作及其基础设施的互联互通先行建设，在改变国际物流通道联通的同时是否改变了边界效应进而促进了"一带一路"区域经济一体化的发展？该问题的深入探讨具有重要的现实意义，也是印证共建"一带一路"合作与建设成效的重要依据。

第二节　相关文献综述

一、边界效应与区域经济一体化的相关研究

地理学界对边界的研究分为两个阶段：20世纪上半叶主要关注边界的位置、形成和历史，到了20世纪末转向边界的"功能"和"效应"。而经济学领域的

---

① 我国已与152个国家、32个国际组织签署共建"一带一路"合作文件［EB/OL］.［2023-01-06］. http://paper.people.com.cn/rmrb/html/2023-08/26/nw.D110000renmrb_20230826_6-03.htm.

边界内涵基于地理学领域有所拓展，将边界视为各种资源要素跨界自由流动的"门户"，从而探究边界对国家和地区经济发展能力等方面的影响（朱延福等，2023）。最早涉及边界效应的是研究边界对经济活动区位选择的影响（Barjak and Heimpold，1999）。McCallum（1995）最早基于加拿大和美国之间的双边贸易流量数据研究发现，加拿大与美国之间的跨国贸易存在边界效应，这掀起了边界效应的研究热潮。

边界效应的概念因测度方法与研究尺度不同而在经济学领域尚未形成统一认知（朱延福等，2023）。在测度方法方面，一是运用引力模型并基于贸易流数据测度，将边界效应定义为一国内部贸易量是跨国贸易量的倍数（McCallum，1995；Liu et al.，2010）；二是运用"一价定律"、基于商品价格数据测度，将边界效应定义为跨国城市对的价格差异大于同一国家城市对的价格差异的情况（Engel and Rogers，1996；Parsley and Wei，2001）。在研究尺度方面，主要是国际边界效应、地区边界效应和产业边界效应，其中国际边界效应是在国家尺度下研究主权国家边境线对跨界经济行为的影响，其跨界行为主体既可以是毗邻国家，也可以是非毗邻国家（McCallum，1995；Parsley and Wei，2001；Coughlin and Novy，2013；王成龙等，2016）。基于上述相关研究，朱延福等（2023）认为边界效应是边界对行为主体跨界经济、社会行为所产生的影响，具体表现为阻碍经济主体相互联系的屏蔽效应，或者促进经济主体彼此合作的中介效应，且这两种效应并存，在一定条件下可以相互转化。如果两个国家经贸往来很友好、经贸快速发展，以及特殊的边境人文、民族等关系对双方经贸交往有促进作用，则称为正向边界效应，即边界中介效应；但如果两个国家间存在诸如经济政治军事，乃至历史或者某类发展保护政策等，即会产生负向边界效应，即边界屏蔽效应（黄森，2014）。本章主要考虑共建"一带一路"合作可以通过"五通"发展，特别是先行的基础设施互联互通对双方经贸产生的促进作用，即本书关注的边界效应是边界中介效应。

基于前文区域经济一体化理论研究的各个领域，众多国内外学者进行了大量实证研究以测度不同国家之间、国家内部的区域一体化程度。其中，1995 年 McCallum 在引力模型中引入边界效应变量建立的"引力—边界效应模型"引起了国内外经济学家的关注并广泛应用于区域经济一体化实证研究。McCallum（1995 年）利用该模型对 1988 年加拿大各省和美国各州的数据研究发现国内贸易是国际贸易的 22 倍，Helliwell（1998）进一步采用 1994～1996 年面板数据继续验证加拿大与美国区域经济一体化，研究发现其边界效应为12，远低于Mc-Callum的结果，也印证了1994年实施的北美自由贸易协定（NAFTA）促进了区域经济一体化水平的提高。此后，众多学者对该模型修正并进一步应用于美加及其他合作区域的一体化验证方面，如Wei（1996年）引入"相邻效应"并验证OECD国家的区域经济一体化程度，Nitsch（2000）在Wei（1996）研究的基础上控制了语言变量，验证欧盟国家区域经济一体化状况，而Anderson和Wincoop（2003）认为McCallum测度的加拿大与美国可能因为传统引力模型遗漏变量而使边界效应估计偏大，便基于CES效用函数、收入约束等贸易理论重新推导了贸易引力模型并利用1993年的数据重新估计美国和加拿大边界效应，结果显示美加边界效应不对称且均低于McCallum（1995）、Helliwell（1998）的估计值。后续如Chen（2004）、刘生龙和胡鞍钢（2011b）、刘育红和王曦（2014）、石超（2020）、何敏（2020）、何敏等（2020）基本都是基于"引力—边界效应模型"对欧盟、中国国内区域、丝绸之路经济带中国区域、丝绸之路经济带、"一带一路"、中国—东盟等国际区域一体化和国内一体化进行了论证。

二、交通基础设施、边界效应与区域经济一体化的相关研究

上述文献主要讨论和验证边界效应对区域经济一体化的影响，但如何提高区域经济一体化程度呢？较早关注交通基础设施是其重要因素的是Vanables和Limão（2002），研究发现，交通基础设施建设的不足使发展中国家在贸易中面临较高的运输成本，会在一定程度上阻碍区域经济一体化发展。Behrens（2004）认为，一个国家的基础设施会对国际经济一体化及其区域经济不平等产生影响，而且一个拥有更好的交通基础设施的国家会因为交通运输成本的降低而取得更大的国际贸易流量，从而更容易取得区域经济的均衡发展和实现区域经济一体化。Helble（2007）采用法国和德国的地区物流数据测算了法国和德国的边界效应。刘生龙和胡鞍钢（2011）通过验证中国国内省域交通基础设施对区域经济一体化的影响，并证实加强区域间交通基础设施建设能够降低区域之间的贸易成本并提升贸易效率，可以增加区域之间的贸易往来、扩大市场的规模效应、促进专业分工，交通基础设施的改善是促进区域经济一体化的重要手段。吴旗韬等（2012）研究认为，珠港澳高速公路、高速铁路可提高交通可达性、促进地区间经济联系，有利于实现区域经济一体化。黄森（2014）验证了2011年交通基础设施对中国区域经济一体化的影响。梁双陆和张梅

（2016）研究认为，基础设施互联互通对我国与周边国家贸易具有很强的边界屏蔽效应，即会影响区域经济一体化。刘勇（2020）认为，互联互通的基础设施和均衡一致的公共服务体系是区域经济一体化的重要软硬件环境，也是促进区域经济一体化的重要抓手。郭鹏飞和胡歆韵（2021）认为，能源、交通和通信基础设施作为一种运输通道，能实现各种生产要素（劳动、资本、原材料、能源）和信息在区域间流动，故加强该类基础设施建设有利于促进区域间经济一体化，打破国内市场分隔。

国内外相关研究充分证实了基础设施、交通基础设施会通过降低贸易成本提高贸易效率，降低边界屏蔽效应，提高边界中介效应，从而促进区域经济一体化。上述文献显示，我国学者主要基于引力—边界效应模型验证国内区域经济一体化及其交通基础设施的作用。近年来，随着我国共建"一带一路"合作的推进，中国与沿线国家倡议合作和基础设施互联互通优先建设，一些学者开始关注和研究"一带一路"的基础设施、交通基础设施对区域经济一体化的影响。董锁成等（2014）认为，亚欧大陆桥、空中和海上运输通道的建设及网络信息技术为区域经济一体化发展提供了必要的物质基础和支撑。刘育红和王曦（2014）以"新丝绸之路"经济带国内段的17个城市为研究对象，在引力—边界效应模型中加入交通密度变量，检验了经济带上城际交通基础设施对区域经济一体化的影响，结果显示，交通基础设施增加了城际与区域贸易并促进了区域经济一体化。张海涛（2017）用与刘育红和王曦（2014）相同的模型，验证了丝绸之路经济带新亚欧大陆桥、中国—中南半岛和中蒙俄经济走廊三个经济带国内184个沿线城市区域一体化程度及交通基础设施对一体化的积极影响。石超（2020）选取丝绸之路经济带31个国家2016年的相关数据，利用引力—边界效应模型验证了加强交通基础设施建设可以降低丝绸之路经济带的边界效应，进而推动区域经济一体化。何敏（2020）同样基于引力—边界效应模型验证了共建"一带一路"倡议提出以来中国与"一带一路"沿线国家的区域经济一体化水平状况，研究发现中国与"一带一路"共建国家边界正效应较低，即中国与"一带一路"沿线国家的双边贸易是中国与其他国家双边贸易倍数在0.75倍以内，认为区域经济一体化水平仍然相对较低，同时验证了交通、能源、通信等各项基础设施联通对"一带一路"区域经济一体化的贡献，发现铁路和港口设施联通贡献显著改善了边界中介效应，进而促进区域经济一体化水平的提升。

三、文献述评和有待深入研究之处

上述文献虽然都关注了"一带一路"区域经济一体化及其基础设施、交通基础设施的影响，但相关研究基本都存在一定的局限：其一，刘育红和王曦（2014）、张海涛（2017）虽然研究丝绸之路经济带的区域一体化，但仅以国内城市相关数据为研究证据；其二，石超（2020）基于2016年丝绸之路经济带31个国家截面数据做了验证，该研究验证的是丝绸之路经济带内所有国家的双边贸易下的区域经济一体化状况，但实际上，当前共建"一带一路"合作仅为中国与沿线每个国家间的双边经贸合作，并非其他国家之间的区域合作政策或机制等，因此该研究与现实不太符合；其三，何敏（2020）基于全球114个国家，其中47个为"一带一路"共建国家，利用2013~2018年数据，将"一带一路"共建国家作为边界虚拟变量验证其边界中介效应，但在设施联通水平变量的确定上用两国基础设施评价在全球的排名的简单平均值来表示，理论上也不太好解释，应该说只能反映相对状况，很难反映两国之间基础设施联通的实际状况。

基于此，本章测算"一带一路"建设的重点方向之一——中欧走向的"21世纪海上丝绸之路"沿线国家（不仅限于签订共建"一带一路"合作的国家）的以交通干线、通信、通关服务为基础设施的综合性指标，即海丝国际物流通道联通指数（International Logistics Corridor Index-ILCI），该指数的测度不仅应考量货运通道联通、信息通道联通，也应考虑通关服务通道联通，这些要素共同作用才能提高国际物流通道联通性及其服务效率、降低运输成本，从而支撑两国或两个区域之间的经贸往来。具体测算方法及测算结果在本书第四章，本章不再赘述。同时，本章基于何敏（2020）的研究思路，将与中国签订共建"一带一路"合作的中欧方向的"21世纪海上丝绸之路"沿线国家形成的蓝色经济通道带状区域作为研究对象，并参考前述大多数文献采用的引力—边界效应模型，验证中国与海丝沿线国家的边界效应对区域经济一体化的影响，以及在引入海上国际物流通道联通指数后对其边界效应和区域经济一体化的影响。本章的边际贡献在于：其一，基于交通经济带理论，以国际物流通道联通的海丝沿线国家构成的经济带为研究对象，验证边界效应对区域经济一体化的影响；其二，通过构建综合指标体系测度中国与海丝沿线国家的海上国际物流通道联通指数，并将其引入引力—边界效应验证对边界效应、区域经济一体化的影响，这在当前相关研究中还很匮乏。

第三节 模型构建与数据说明

一、模型构建

现有多数文献研究表明，用贸易流来衡量区域经济一体化是最为合适的，这是因为贸易流直接地反映了区域间的往来程度（刘生龙和胡鞍钢，2011）。本章要验证中国与海丝沿线国家的国际物流通道联通对区域经济一体化的影响，且区域经济一体化一般通过两国间的贸易流进行衡量，但现有的大量文献都是通过贸易引力模型，并在贸易引力模型基础上引入其他变量来进行验证。本章基于 Tingbergen（1962）、Anderson（1979）、Bergstrand（1985，1989）等提出和完善的贸易引力模型——被 Anderson（1979）认为有可能是当时贸易理论中最为成功的经验模型，其标准的贸易引力模型为：

$$\ln trade_{ij,t}(\ln export_{ij,t},\ \ln import_{ij,t}) = \alpha + \beta_1 \ln GDP_{i,t} + \beta_2 \ln GDP_{j,t} + \beta_3 \ln distcap_{ij} + \varepsilon_{ij,t}$$

$$(7-1)$$

其中，在本章中 i 国特指中国，$trade_{ij,t}$、$export_{ij,t}$、$import_{ij,t}$ 分别表示 t 时期中国与 j 国的双边贸易额、中国向 j 国的出口额、中国向 j 国的进口额；$GDP_{i,t}$ 和 $GDP_{j,t}$ 分别表示 t 时期中国和 j 国的 GDP；本章为了消除国家人口规模的差异，对双边贸易额、进出口贸易额和 GDP 均用各国人均量来衡量；$distcap_{ij}$ 表示中国与 j 国首都之间的距离，代表两国之间的贸易距离；$\varepsilon_{ij,t}$ 表示随机误差项，本章将其他影响国际贸易的因素都归入随机误差项。

前文已经提及，最早将边界效应变量引入贸易引力模型并测算区域经济一体化的是 McCallum（1995），后来得到国内外学者的广泛应用，引力—边界效应模型为：

$$\ln trade_{ij,t}(\ln export_{ij,t},\ \ln import_{ij,t}) = \alpha + \beta_1 \ln GDP_{i,t} + \beta_2 \ln GDP_{j,t} + \beta_3 \ln distcap_{ij} + \varphi border + \varepsilon_{ij,t}$$

$$(7-2)$$

其中，$border$ 为虚拟变量，$border=1$ 表示与中国签订共建 "一带一路" 合作协议的海丝沿线国家，$border=0$ 则表示是海丝沿线其他国家；系数 φ 的反对数 e^{φ} 为边界效应，表示在控制经济规模和贸易距离后，中国与签订共建 "一带一路"

合作协议的海丝沿线国家的贸易是中国与其他各国间贸易的倍数。由于本章是从签订共建"一带一路"合作协议有利于中国与他国国际贸易流通的角度进行研究的，因此预期系数 φ 为正，且边界效应为正向中介效应，即边界效应越大，意味着共建"一带一路"合作越有利于海丝区域经济一体化。

本章的重要目的是验证中国与海丝沿线国家的国际物流通道联通对其区域经济一体化的影响，与大多数文献一样，将国际物流通道联通指数（ILCI）作为基础设施综合指标及其一级指标的货物通道联通指数（frei）、信息通道联通指数（comm）及通关服务通道联通指数（cust），分别引入引力—边界效应模型：

$$
\begin{aligned}
\ln trade_{ij,t}(\ln export_{ij,t}, \ \ln import_{ij,t}) = & \alpha + \beta_1 \ln GDP_{i,t} + \beta_2 \ln GDP_{j,t} + \beta_3 \ln distcap_{ij} + \\
& \varphi border + \theta ILCI_{ij,t}(frei_{ij,t}, \ comm_{ij,t}, \ cust_{ij,t}) + \\
& \lambda_t + \varepsilon_{ij,t}
\end{aligned} \tag{7-3}
$$

模型（7-3）反映的是中国与海丝沿线国家间的国际物流通道联通指数及其一级指标对两国贸易的影响，如果系数 θ 显著为正，则表明国际物流通道联通及其一级指标联通对海丝区域经济一体化提升有积极作用；同时观察边界变量估计系数和边界效应的变化，如果边界效应增加，则表明国际物流通道联通及其一级指标联通会改善边界效应，进而促进海丝区域经济一体化。此外，由于贸易引力模型存在如距离等不随时间变化的变量，为避免多个解释变量产生多重共线性问题，本章和当前大多数文献（Kimura and Lee，2006；黄满盈，2015；胡再勇等，2019）的研究一样，在模型（7-3）中未纳入国家固定效应，用 η_t 表示时间固定效应。

二、研究对象、数据来源及处理

（一）研究对象范围确定

本章以"一带一路"建设重点方向之一的中欧走向的"21 世纪海上丝绸之路"沿线区域形成的蓝色经济通道为实证对象，这也是我国古代海上丝绸之路的主要线路，是一条贯通亚、非、欧三大洲及沿线最多国家的海上通道经济带，从中国沿海出发，途经我国南海、印度洋、波斯湾、红海、地中海到达大西洋东岸的荷兰。本章将所有海丝沿线的 52 个国家作为国际物流通道贯通的国家（具体国家如第五章表 5-1 所示），但由于本章收集 2006~2019 年的面板数据进行验证，而文莱等 15 个国家的相关指标数据严重缺失，故纳入本章的研究样本为37 个国家。

（二）变量及数据说明

本章的相关变量及其含义、数据来源如表7-1所示。

表7-1 变量及数据说明

	变量	变量处理及其含义	单位	数据来源
被解释变量	双边人均贸易总额（trade）、中国向他国人均出口额（export）、中国向他国人均进口额（import）	中国与海丝沿线国家的双边贸易总额、出口额、进口额除以所在国家总人口数，反映国际贸易流量	美元/人	IMF世界经济展望数据库、世界银行数据库
核心解释变量	国际物流通道联通指数（ILCI）	本书计算所得，指数值为0~1。该指数值越高，表明通道联通性水平越高	—	本书第四章的指标构建及计算方法
	货运通道联通指数（frei）			
	信息通道联通指数（comm）			
	海关服务通道联通指数（cust）			
	边界变量（border）	为0和1虚拟变量，border = 1表示签订共建"一带一路"合作协议的海丝沿线国家，否则border = 0，该变量系数的反对数为边界效应值	—	根据中国一带一路网公布的合作倡议签订情况统计所得
控制变量	经济规模（GDP_i和GDP_j）	中国和海丝沿线各国的名义GDP除以所在国人口总数，反映各国经济规模	美元/人	世界银行数据库
	贸易距离（distcap）	中国与海丝沿线国家的首都之间的距离，距离越远意味着贸易成本越高，越不利于国际贸易的开展，因此预期待估系数为负	千米	CEPII数据库
工具变量	贸易政策优惠指数（gov_index）	参考相关研究构造（具体见下文），表示通过加入各类贸易自由组织可能有利于组织内各国之间的贸易流通	—	本书计算所得

一般，经济越开放的国家越会增加交通、通信及通关服务等基础设施投资，以促使其国际贸易快速发展。同时，为了降低国际贸易成本、提高贸易效率，也容易催生交通、通信及通关服务等基础设施的投资。因此，本章的解释变量是以

交通、通信和通关服务基础设施为一级指标构造的国际物流通道联通指数可能存在内生性问题，会导致参数估计有偏。为了解决内生性问题，一般采用工具变量法（IV），而选取合适的工具变量尤为重要，选择的工具变量必须符合外生性、与潜在的内生解释变量高度相关两个条件。为此，参考刘生龙和胡鞍钢（2011）的做法，构造了海丝沿线各国的贸易政策优惠指数。这些贸易政策优惠主要是有利于该国进行国际贸易，并且有利于和中国同时加入的各种自由贸易组织成员进行国际贸易的优惠政策。主要包括的自由贸易组织有世界贸易组织（WTO）、亚太经合组织（APEC）、自由贸易协定（FTA，由于本章研究期内区域全面经济伙伴关系协定 RCEP 还未实施，因此仅含东盟 ASEAN）。其一，为了加入各贸易合作组织，各国往往会加大基础设施的投资与建设以有利于从事国际贸易，贸易政策优惠指数必然与该国的交通、信息和通关服务等基础设施高度相关，因此与本章以这些基础设施为指标综合构建的国际物流通道联通指数及其一级指标也高度相关；其二，贸易政策优惠指数完全由大环境及其政策因素所决定，因此在本章的研究中是外生变量。综上所述，用贸易政策优惠指数作为国际物流通道联通及其一级指标变量的工具变量是比较合适的。所构造的贸易政策优惠指数主要由该政策在该国实施的起始时间决定，如新加坡 1995 年加入 WTO、1991 年加入 APEC、2008 年加入 FTA，则该国的贸易政策优惠指数为本章研究期内的年份分别减去该国加入各自由贸易组织起始年份的总和，但如果起始年份在研究期内的某一年，则前面年份均为零；如果某国家未加入该自由贸易组织，则为零。具体计算如新加坡 2006 年的贸易政策优惠指数为 26 [（2006-1995）+（2006-1991）+（2006-2008 = 0）= 26]；新加坡 2019 年的贸易政策优惠指数为 63 [（2019-1995）+（2019-1991）+（2019-2008）= 63]。为了简便起见，仅呈现本章研究样本 37 个国家 2006 年、2014 年和 2019 年的贸易政策指数（见表 7-2）。

表 7-2 各国不同年份的贸易政策指数

国家	加入各自由贸易组织的年份（"—"表示未加入，且赋值为 0）			贸易政策优惠指数		
	WTO	APEC	FTA（含东盟）	2006 年	2014 年	2019 年
越南	2006	1998	2010	8	28	43
柬埔寨	2004	—	2010	2	14	24
泰国	1995	1991	2010	26	46	61

续表

国家	加入各自由贸易组织的年份（"—"表示未加入，且赋值为0）			贸易政策优惠指数		
	WTO	APEC	FTA（含东盟）	2006年	2014年	2019年
菲律宾	1995	1991	2010	26	46	61
马来西亚	1995	1989	2010	28	48	63
新加坡	1995	1991	2008	26	48	63
印度尼西亚	1995	1989	2010	28	48	63
缅甸	1995	—	2010	11	23	33
孟加拉	1995	—	—	11	19	24
印度	1995	—	—	11	19	24
斯里兰卡	1995	—	—	11	19	24
马尔代夫	1995	—	—	11	19	24
巴基斯坦	1995	—	2006	11	27	37
伊朗	—	—	—	0	0	0
阿拉伯联合酋长国	1996	—	—	10	18	23
科威特	1995	—	—	11	19	24
巴林	1995	—	—	11	19	24
卡塔尔	1996	—	—	10	18	23
沙特阿拉伯	2005	—	—	1	9	14
土耳其	1995	—	—	11	19	24
黎巴嫩	—	—	—	0	0	0
叙利亚	—	—	—	0	0	0
肯尼亚	1995	—	—	11	19	24
苏丹	2019	—	—	0	0	0
埃及	1995	—	—	11	19	24
利比亚	—	—	—	0	0	0
突尼斯	1995	—	—	11	19	24
阿尔及利亚	—	—	—	0	0	0
希腊	1995	—	—	11	19	24
意大利	1995	—	—	11	19	24
马耳他	1995	—	—	11	19	24
法国	1995	—	—	11	19	24

续表

国家	加入各自由贸易组织的年份（"—"表示未加入，且赋值为0）			贸易政策优惠指数		
	WTO	APEC	FTA（含东盟）	2006年	2014年	2019年
西班牙	1995	—	—	11	19	24
葡萄牙	1995	—	—	11	19	24
英国	1995	—	—	11	19	24
比利时	1995	—	—	11	19	24
荷兰	1995	—	—	11	19	24

资料来源：各贸易组织网站或百度百科；贸易政策优惠指数为本书计算所得。

（三）变量描述性统计

本章各变量的描述性统计如表7-3所示。

表7-3　变量的描述性统计

变量	样本量	Mean	Std. Dev.	Min	Max
trade	518	1301.403	2362.183	8.84	15785.96
export	518	790.287	1509.785	6.916	9607.754
import	518	511.116	998.484	0.051	6178.205
ILCI	518	0.379	0.218	0.071	0.878
frei	518	0.506	0.221	0.101	0.980
comm	518	0.295	0.248	0.007	0.935
cust	518	0.689	0.147	0.175	0.949
border	518	0.811	0.392	0	1
GDP_i	518	6232.518	2577.430	2069.344	10188.566
GDP_j	518	17377.604	18911.987	294.163	86979.797
distcap	518	6360.485	2112.666	2330.799	9675.630
gov_index	518	18.114	13.447	0	63

第四节 实证结果分析

众所周知，由于贸易引力模型中变量的特殊性，在模型（7-3）中未纳入国家固定效应，以避免多重共线问题，故仅对时间固定，因此本章主要对基准模型（标准贸易引力模型、引力—边界效应模型）进行 Pool 回归，对于引入海丝国际物流通道联通指数及其一级指标变量的模型采用时间固定的工具变量法进行估计，下文各估计方法一样，本章不再赘述。

一、全样本估计

模型（7-1）、模型（7-2）、模型（7-3）估计结果如表7-4所示。

表7-4　全样本估计结果

估计方法	Model1			Model2			Model3		
	Pool			Pool			IV		
被解释变量	lntrade	lnexport	lnimport	lntrade	lnexport	lnimport	lntrade	lnexport	lnimport
$\ln GDP_i$	0.405 *** [0.064]	0.468 *** [0.060]	0.253 * [0.138]	0.401 *** [0.064]	0.466 *** [0.060]	0.244 * [0.135]	0.322 *** [0.109]	0.344 *** [0.099]	0.042 [0.255]
$\ln GDP_j$	1.034 *** [0.024]	0.907 *** [0.027]	1.531 *** [0.052]	1.053 *** [0.025]	0.916 *** [0.028]	1.570 *** [0.049]	0.869 *** [0.080]	0.643 *** [0.079]	0.812 *** [0.221]
$\ln distcap_{ij}$	−1.435 *** [0.089]	−1.122 *** [0.084]	−2.678 *** [0.183]	−1.368 *** [0.087]	−1.091 *** [0.084]	−2.541 *** [0.173]	−1.334 *** [0.084]	−1.043 *** [0.076]	−2.407 *** [0.188]
$border_{ij}$				0.415 *** [0.075]	0.192 ** [0.086]	0.849 *** [0.136]	0.704 *** [0.157]	0.622 *** [0.155]	2.042 *** [0.355]
$ILCI_{ij}$							1.644 ** [0.735]	2.446 *** [0.703]	6.780 *** [1.998]
时间							固定	固定	固定
F 统计量							46.517	46.517	46.517
_cons	5.801 *** [0.860]	3.251 *** [0.848]	11.74 *** [1.756]	4.750 *** [0.860]	2.766 *** [0.869]	9.587 *** [1.710]	5.924 *** [1.234]	4.556 *** [1.089]	14.21 *** [3.177]
边界效应				1.514	1.212	2.337	2.022	1.863	7.706

估计方法	Model1			Model2			Model3		
	Pool			Pool			IV		
被解释变量	lntrade	lnexport	lnimport	lntrade	lnexport	lnimport	lntrade	lnexport	lnimport
N	518	518	518	518	518	518	518	518	518
adj. R²	0.784	0.754	0.614	0.795	0.756	0.630	0.792	0.784	0.555

注：＊表示 p<0.1，＊＊表示 p<0.05，＊＊＊表示 p<0.01；中括号内数值为标准误。

表7-4中，分别以中国与海丝沿线国家的双边贸易、出口贸易和进口贸易为被解释变量进行验证，Model1 和 Model2 是对标准贸易引力面板数据模型、引力—边界效应面板数据模型进行 Pool 回归，Model3 是在引力—边界效应模型中引入国际物流通道联通指数，由于考虑到国际物流通道联通指数的内生性问题，用贸易政策优惠指数作为工具变量，用工具变量法对时间固定效应模型进行了估计。表7-4给出了工具变量的诊断检验值，从检验结果来看，第一阶段的 F 统计值为 46.517，即大于 10，说明所选择的工具变量与内生解释变量之间是高度相关的，不存在弱工具变量问题。此外，本章只选用一个工具变量，因此不存在工具变量过度识别的问题，未做工具变量过度识别检验。

表7-4的估计结果与贸易引力模型的预期结果是完全相符的，经济规模对中国与各国之间双边贸易、出口贸易的影响显著为正，仅有中国国家经济规模在中国向各国进口贸易影响中引入国际物流通道联通指数后不显著，但符号为正；中国与各国之间的贸易距离对两国之间双边贸易、出口和进口贸易具有显著的负影响，而且均在 1% 的水平上显著。除特殊情形外，下文论证不再对经济规模和贸易距离对国际贸易的影响估计结果进行重复解释，主要对本章关心的核心解释变量进行分析。

对于边界变量，表7-4的 Model2 验证结果和预期一致，即显著为正，表明海丝沿线国家加入共建“一带一路”合作有利于促进双边贸易及进出口贸易。从边界效应看，在控制经济规模和贸易距离后，中国与海丝沿线国家在双边贸易、出口和进口贸易方面分别是中国与其他各国的 1.514 倍、1.212 倍和 2.337 倍，这充分印证了共建“一带一路”合作有利于海丝区域经济一体化。

在引力—边界效应模型中引入国际物流通道联通指数变量后，从表7-4中 Model3 的估计结果可以发现，国际物流通道联通对国际贸易流通有显著的正向影响，且对出口贸易和进口贸易的影响有明显差异，这印证了 Celbis 等（2014）的研究，此研究认为每一种贸易流都是有方向性的，贸易来源地（出口国）的基础设施条件对贸易流的影响可能不同于贸易目的地（进口国）的条件。

进一步地，本章发现在引力—边界效应模型中引入国际物流通道联通指数后，边界效应均有明显变化。由表 7-4 可知：其一，无论被解释变量是双边贸易还是出口和进口贸易，引力—边界效应模型基准估计的边界效应均小于引入国际物流通道联通指数变量后估计的边界效应值，这表明国际物流通道的联通提升了边界效应，即在控制经济规模和贸易距离后，中国与海丝沿线国家的双边贸易、出口和进口贸易使中国与其他各国间贸易的倍数都在增大。例如，被解释变量为双边贸易时，相较于基准估计的边界效应值为 1.514，其边界效应值增加为 2.022，即提升了 50.8%，意味着国际物流通道联通有助于改善边界中介效应，并促进了海丝区域经济一体化。其二，国际物流通道联通指数引入引力—边界效应模型后对出口和进口贸易影响有明显差异，其中被解释变量为进口贸易时的边界效应值增幅更大，这表明国际物流通道的联通更有利于中国向共建"一带一路"合作的海丝沿线国家进行进口贸易，更有利于海丝区域经济一体化推进。

二、进一步讨论

（一）将货运通道、信息通道、通关服务通道联通指数作为解释变量进行验证

如前文所述，货运通道、信息通道和通关服务通道共同作用才能提高国际物流通道联通性及其服务效率、降低运输成本，从而支撑两国之间的贸易畅通，因此本章进一步将货运通道联通指数、信息通道联通指数和通关服务通道联通指数均引入模型（7-3），同样以贸易政策优惠指数为工具变量，用工具变量法估计时间固定效应模型，估计结果如表 7-5 所示。同时，表 7-5 给出了工具变量的诊断检验值，从检验结果来看，第一阶段的 F 统计值均大于 10，说明所选择的工具变量与内生解释变量之间是高度相关的，不存在弱工具变量问题。

表 7-5　改变解释变量估计结果

估计方法	Model4			Model5			Model6		
	IV	IV	IV	IV	IV	IV	IV	IV	IV
被解释变量	lntrade	lnexport	lnimport	lntrade	lnexport	lnimport	lntrade	lnexport	lnimport
$\ln GDP_i$	0.370*** (0.102)	0.416*** (0.095)	0.156 (0.215)	0.244* (0.135)	0.228* (0.132)	0.363 (0.372)	0.416*** (0.103)	0.484*** (0.092)	0.345 (0.238)

续表

估计方法	Model4			Model5			Model6		
	IV	IV	IV	IV	IV	IV	IV	IV	IV
被解释变量	ln$trade$	ln$export$	ln$import$	ln$trade$	ln$export$	ln$import$	ln$trade$	ln$export$	ln$import$
$\ln GDP_j$	0.968*** (0.037)	0.790*** (0.041)	1.218*** (0.097)	0.738*** (0.155)	0.448*** (0.160)	0.272 (0.471)	0.949*** (0.050)	0.761*** (0.051)	1.139*** (0.142)
$\ln distcap_{ij}$	−1.254*** (0.096)	−0.924*** (0.097)	−2.075*** (0.187)	−1.473*** (0.105)	−1.250*** (0.093)	−2.979*** (0.299)	−1.143*** (0.132)	−0.758*** (0.132)	−1.618*** (0.309)
$border_{ij}$	0.560*** (0.106)	0.407*** (0.112)	1.447*** (0.180)	0.907*** (0.263)	0.924*** (0.269)	2.878*** (0.736)	0.542*** (0.102)	0.381*** (0.105)	1.372*** (0.204)
$frei_{ij}$	0.790** (0.333)	1.176*** (0.330)	3.259*** (0.881)						
$comm_{ij}$				2.662** (1.332)	3.961*** (1.358)	10.98*** (3.952)			
$cust_{ij}$							1.411** (0.681)	2.099*** (0.650)	5.818*** (1.950)
时间	固定	固定	固定	固定	固定	固定	固定	固定	固定
F 统计量	111.927	111.927	111.927	14.053	14.053	14.053	53.055	53.055	53.055
_cons	4.279*** (1.091)	2.108** (1.061)	7.424*** (2.158)	8.627*** (2.293)	8.577*** (2.218)	25.35*** (6.811)	2.558* (1.472)	−0.453 (1.445)	0.326 (3.374)
边界效应	1.751	1.502	4.250	2.477	2.519	17.779	1.719	1.464	3.943
N	518	518	518	518	518	518	518	518	518
adj. R^2	0.796	0.771	0.635	0.760	0.724	0.284	0.780	0.766	0.511

注：*表示 $p<0.1$，**表示 $p<0.05$，***表示 $p<0.01$。

第一，在本章研究期内，货运通道联通、信息通道联通、通关服务通道联通在 5% 的显著性水平上促进了中国与海丝沿线国家的双边贸易、出口和进口贸易，这充分印证了交通基础设施、通信基础设施、通关服务基础设施对海丝沿线国际贸易流通发挥的重要作用。

第二，表 7-5 显示，无论被解释变量是双边贸易还是出口和进口贸易，三个解释变量被引入引力—边界效应模型后，均使其边界效应值相较于基准估计有所提升，这表明货运通道联通、信息通道联通、通关服务通道联通均能够提升边界效应，即在控制经济规模和贸易距离后，中国与签订共建"一带一路"合作协议的海丝沿线国家的双边贸易、出口和进口贸易使中国与其他各国间贸易的倍数都在增大，表明海丝货运通道联通、信息通道联通、通关服务通道联通不仅有利于国际贸易流通，也促进了海丝区域经济一体化的发展。

第三，从表7-5验证结果来看，相较于货运通道联通和通关服务通道联通对边界效应的改善，信息通道联通使边界中介效应增幅更大，表明良好的信息基础设施保证信息流在商贸流、物流活动中发挥更重要的协调、控制及支撑作用，信息通道联通在国际贸易和海丝区域经济一体化进程中发挥了更大的作用。

（二）分期（2006~2013年和2014~2019年）验证

本章研究期为2006~2019年，跨度较长，而中国共建"一带一路"倡议提出时间为2013年底，实质性推进则从2014年开始，因此，本章以此为时间节点，将其划分为两个时间段进一步验证，以观察共建"一带一路"合作协议签订及其建设是否真正推动了海丝区域经济一体化。为了简便起见，本验证仅以中国与海丝沿线国家双边贸易为被解释变量，在引力—边界效应模型中也仅引入国际物流通道联通指数以综合反映交通运输、信息和通关服务联通情况，估计结果如表7-6所示。

表7-6 分研究期估计结果

研究周期	2006~2013 年			2014~2019 年		
估计方法	Pool	Pool	IV	Pool	Pool	IV
被解释变量	lntrade	lntrade	lntrade	lntrade	lntrade	lntrade
$\ln GDP_i$	0.460 *** [0.111]	0.453 *** [0.109]	0.382 *** [0.142]	0.349 [0.393]	0.346 [0.379]	0.147 [0.541]
$\ln GDP_j$	1.025 *** [0.034]	1.045 *** [0.035]	0.920 *** [0.081]	1.046 *** [0.034]	1.063 *** [0.035]	0.824 *** [0.158]
$\ln distcap_{ij}$	−1.390 *** [0.128]	−1.331 *** [0.125]	−1.285 *** [0.116]	−1.484 *** [0.123]	−1.408 *** [0.122]	−1.417 *** [0.114]
$border_{ij}$		0.413 *** [0.101]	0.622 *** [0.188]		0.416 *** [0.115]	0.754 *** [0.263]
$ILCI_{ij}$			1.206 [0.848]			2.847 ** [1.251]
时间			固定			固定
F 统计量			50.203			16.495
_cons	5.061 *** [1.388]	4.084 *** [1.374]	4.799 *** [1.596]	6.618 * [3.629]	5.498 [3.495]	8.521 [5.229]

研究周期	2006~2013 年			2014~2019 年		
估计方法	Pool	Pool	IV	Pool	Pool	IV
被解释变量	ln*trade*	ln*trade*	ln*trade*	ln*trade*	ln*trade*	ln*trade*
边界效应		1.511	1.863		1.516	2.125
N	296	296	296	222	222	222
adj. R²	0.769	0.778	0.781	0.795	0.807	0.795

注： * 表示 p<0.1， ** 表示 p<0.05， *** 表示 p<0.01；中括号内数值为标准误。

表 7-6 中，对比 2006~2013 年与 2014~2019 年两个研究期验证结果：

第一，经济规模和贸易距离基本与贸易引力模型的预期一致，仅 2014~2019 年中国的经济规模不显著但符号为正。边界变量在两个研究期内均在 1% 的水平上显著为正，表明海丝沿线国家加入共建"一带一路"合作有利于国际贸易流通。

第二，在引力—边界效应模型中引入国际物流通道联通指数后发现，2006~2013 年，国际物流通道联通指数对双边贸易影响为正但不显著，而 2014~2019 年国际物流通道指数在 5% 的水平上对双边贸易有积极的推动作用。这表明，我国共建"一带一路"合作的逐步推动及"五通"建设实施，确实产生了明显效果，推动了海丝沿线国际贸易的畅通。

第三，从边界效应看，两个研究期在未引入国际物流通道联通指数前略有差异，分别为 1.511 和 1.516，即在控制经济规模和贸易距离后，中国与签订共建"一带一路"合作协议的海丝沿线国家的双边贸易和中国与其他各国间双边贸易相比略有增长，但不明显；引入国际物流通道联通指数后发现二者边界效应均有提高，分别为 1.863 和 2.125，即 2006~2013 年和 2014~2019 年两个研究期分别提高 23.3% 和 40.2%。这说明，一方面，无论加入共建"一带一路"与否，良好国际物流通道联通性都有利于改善边界中介效应，促进区域经济一体化；另一方面，2014 年开始海丝沿线国家陆续加入共建"一带一路"合作后，国际物流通道的联通性得到了进一步推动，有效推动了双边贸易流，与此同时，也显著改善了中国与这些国家的边界中介效应。因此，2014~2019 年边界效应显著高于2006~2013 年，即在控制经济规模和贸易距离并引入国际物流通道联通指数后，中国与签订共建"一带一路"合作协议的海丝沿线国家的双边贸易和中国与其他各国间双边贸易倍数在增加，这充分印证了共建"一带一路"合作有利于推动海丝区域经济一体化。

（三）分区域验证

世界银行提出的 2018 年划分标准为：人均 GDP 高于 12055 美元的国家属于高收入国家。本章以此为据，将现有样本的 37 个国家划分为中等及以下收入国家（22 个）和高收入国家（15 个）两个样本群体分别进行验证，以观察共建"一带一路"合作使中国与海丝沿线中等及以下国家和高收入国家的区域经济一体化是否有差异。同样，为了简便起见，仅验证以中国与海丝沿线国家双边贸易为被解释变量，在引力—边界效应模型中仅引入国际物流通道联通指数以综合反映交通运输、信息和通关服务联通情况，估计结果如表 7-7 所示。

表 7-7　分区域估计结果

研究区域	中等及以下收入国家			高收入国家		
估计方法	Pool	Pool	IV	Pool	Pool	IV
被解释变量	lntrade	lntrade	lntrade	lntrade	lntrade	lntrade
$\ln GDP_i$	0.337 *** [0.079]	0.358 *** [0.078]	0.250 [0.163]	0.488 *** [0.100]	0.490 *** [0.100]	0.411 *** [0.149]
$\ln GDP_j$	1.083 *** [0.054]	1.027 *** [0.055]	0.635 ** [0.271]	0.734 *** [0.151]	0.665 *** [0.147]	0.653 *** [0.136]
$\ln distcap_{ij}$	-1.241 *** [0.090]	-1.203 *** [0.087]	-0.879 *** [0.226]	-2.948 *** [0.204]	-3.112 *** [0.320]	-3.296 *** [0.255]
$border_{ij}$		0.558 *** [0.127]	0.767 *** [0.175]		-0.106 [0.126]	0.0955 [0.166]
$ILCI_{ij}$			4.704 [3.221]			1.006 *** [0.342]
时间			固定			固定
F 统计量			15.436			135.842
_cons	4.360 *** [0.888]	3.803 *** [0.863]	3.743 *** [1.292]	21.65 *** [2.882]	23.88 *** [3.934]	25.57 *** [3.502]
边界效应		1.747	2.153	—	—	—
N	308	308	308	210	210	210
adj. R^2	0.686	0.704	0.650	0.527	0.526	0.544

注：＊表示 p<0.1，＊＊表示 p<0.05，＊＊＊表示 p<0.01；中括号内数值为标准误。

第一，由表 7-7 可知，与前文的验证一样，经济规模和贸易距离的估计结果与贸易引力模型的预期基本一致，仅在中国与中等及以下收入的海丝沿线国家双边贸易中显著，在引入国际物流通道联通指数后中国的经济规模不显著但符号为正。边界变量在中等及以下收入国家和高收入国家两个样本下均在1%的置信水平下显著为正，表明无论是哪类国家，加入共建"一带一路"合作都有利于国际贸易流通。

第二，对于中等及以下收入国家，在引力—边界效应模型中引入国际物流通道联通指数后发现其对双边贸易影响为正，但不显著，这表明中国与海丝沿线中等及以下收入国家的国际物流通道联通水平还有待提升；而对于高收入国家，本章研究期内国际物流通道指数在1%的水平上对双边贸易有积极的推动作用，也表明中国与海丝沿线高收入国家的国际物流通道联通性较好。在本章研究期和现有样本下本验证结果表明，国际物流通道的联通性及其对国际贸易的影响在中等及以下收入国家和高收入国家有明显差异。

第三，从边界效应来看，表7-7的验证结果显示二者边界效应有明显的差别。其一，对于高收入国家，在引力—边界效应模型下，边界变量为负且不显著，将国际物流通道联通指数引入引力—边界效应模型后，边界变量虽然为正但不显著，因此并未计算其边界效应，如表7-7的最后两列所示。由此可见，在现有样本和研究期内，即在控制了经济规模和贸易距离后，中国与签订共建"一带一路"倡议合作的海丝沿线高收入国家的双边贸易和中国与其他海丝沿线高收入国家的双边贸易没有差别。虽然加入国际物流通道联通指数变量后改变了边界变量的影响方向，但并未显著促进海丝区域经济一体化。其二，对于中等及以下收入国家，在引力—边界效应模型下，边界变量显著为正，将国际物流通道联通指数引入引力—边界效应模型后，边界变量也正向影响了双边贸易。由此可见，在该样本下和现有研究期内，即控制了经济规模和贸易距离后，中国与签订共建"一带一路"合作协议海丝沿线中等及以下收入国家的双边贸易是中国与其他海丝沿线中等及以下收入国家的双边贸易的1.747倍和2.153倍，表明中国与加入共建"一带一路"合作的海丝沿线中等及以下收入国家促进了海丝区域经济一体化，而且随着国际物流通道的联通水平提升，边界中介效应改善更有利于海丝区域经济一体化的形成。

三、稳健性检验

（一）基于上文验证结果进行稳健性分析

第一，改变核心解释变量进行验证。将解释变量国际物流通道联通指数改为货运通道、信息通道、通关服务通道的联通指数作为解释变量进行验证（见表 7-4 和表 7-5），验证结果表明本章的解释变量和控制变量在符号和显著性上没有明显改变，说明本验证具有良好的稳健性。

第二，改变样本量进行验证。将样本以共建"一带一路"合作开展的时间点为依据划分为 2006~2013 年和 2014~2019 年两个研究期，以世界银行国际标准划分人均 GDP 为依据，将样本划分为中等及以下国家和高收入国家，对以上分研究期和分区域样本分别进行验证，结果表明，模型的各变量在符号和显著性上并未发生明显变化（见表 7-6 和表 7-7），仅在高收入国家的样本下边界变量有所不同但符合研究预期，因此也显示了本验证的稳健性和研究结论的可靠性。

（二）利用不同估计方法进行稳健性检验

第一，在混合回归的基础上，引入国际物流通道联通指数及其分级指标变量后，考虑其内生性问题，以贸易政策优惠指数为工具变量，采用工具变量两阶段回归法进行验证，验证结果基本符合贸易引力模型的预期，也在全样本、分研究期和分区域样本下，模型的各变量在符号和显著性上并未发生明显变化（见表 7-4 和表 7-5），因此可以认为验证具有稳健性，研究结论也具有较好的可靠性。

第二，本章前述验证都是将国际物流通道联通指数及其分级指标引入引力—边界效应模型后，在时间固定效应模型下用工具变量法进行的验证。为了观察其验证的稳健性，本章进一步采用工具变量法对随机效应模型进行验证，如表 7-8 的 Model1、Model3、Model5、Model7 所示；用对弱工具变量最不敏感的有限信息最大似然法 LIML 对时间固定效应模型进行验证，如表 7-8 中 Model2、Model4、Model6、Model8 所示。

表 7-8　稳健性检验结果

	Model1	Model2	Model3	Model4	Model5	Model6	Model7	Model8
被解释变量	lntrade	lntrade	lntrade	lntrade	lntrade	lntrade	lntrade	lntrade
估计方法	IV_RE	LIML	IV_RE	LIML	IV_RE	LIML	IV_RE	LIML
$\ln GDP_i$	0.328 *** [0.074]	0.322 *** [0.109]	0.376 *** [0.065]	0.370 *** [0.102]	0.264 *** [0.099]	0.244 * [0.135]	0.388 *** [0.066]	0.416 *** [0.103]
$\ln GDP_j$	0.884 *** [0.079]	0.869 *** [0.080]	0.973 *** [0.038]	0.968 *** [0.037]	0.774 *** [0.146]	0.738 *** [0.155]	0.952 *** [0.052]	0.949 *** [0.050]
$\ln distcap_{ij}$	-1.339 *** [0.084]	-1.334 *** [0.084]	-1.262 *** [0.095]	-1.254 *** [0.096]	-1.464 *** [0.103]	-1.473 *** [0.105]	-1.149 *** [0.134]	-1.143 *** [0.132]

续表

	Model1	Model2	Model3	Model4	Model5	Model6	Model7	Model8
被解释变量	lntrade	lntrade	lntrade	lntrade	lntrade	lntrade	lntrade	lntrade
估计方法	IV_RE	LIML	IV_RE	LIML	IV_RE	LIML	IV_RE	LIML
$border_{ij}$	0.682*** [0.155]	0.704*** [0.157]	0.552*** [0.106]	0.560*** [0.106]	0.854*** [0.249]	0.907*** [0.263]	0.539*** [0.102]	0.542*** [0.102]
$ILCI_{ij}$	1.518** [0.729]	1.644** [0.735]						
$frei_{ij}$			0.745** [0.338]	0.790** [0.333]				
$comm_{ij}$					2.370* [1.256]	2.662** [1.332]		
$cust_{ij}$							1.381* [0.707]	1.411** [0.681]
时间		固定		固定		固定		固定
F 统计量	47.455	46.512	109.880	111.927	15.425	14.053	48.634	53.055
_cons	5.844*** [1.023]	5.924*** [1.234]	4.271*** [0.859]	4.279*** [1.091]	8.212*** [2.059]	8.627*** [2.293]	2.819** [1.241]	2.558* [1.472]
N	518	518	518	518	518	518	518	518
adj. R^2	0.797	0.792	0.800	0.796	0.773	0.760	0.785	0.780

注：* 表示 $p<0.1$，** 表示 $p<0.05$，*** 表示 $p<0.01$；中括号内数值为标准误。

与表7-4和表7-5相比，表7-8用两种不同方法验证可以看出，本章在引力—边界效应模型中引入国际物流通道联通指数，各变量的符号和显著性基本没有发生变化，表明本章研究估计结果的稳健性和研究结论的可靠性。同时，采用弱工具变量最不敏感的有限信息最大似然法 LIML 验证也可以进一步表明本章不存在弱工具变量问题。

第五节　研究结论与政策建议

一、研究结论

本章以"中国—印度洋—非洲—地中海蓝色经济通道"沿线带状区域为研

究对象，该通道是古代海上丝绸之路的主要方向，也是"21世纪海上丝绸之路"的重点方向之一。该中欧走向的海丝国际物流通道贯通太平洋、印度洋和大西洋，连接亚、非、欧三大洲，沿海共有52个国家，本章基于数据可获性选取37个国家为样本，并收集2006~2019年的相关变量数据作为研究证据，同时基于现有相关研究用反映区域间往来程度的贸易流来衡量区域经济一体化的基本思想，借鉴相关文献，基于贸易引力模型和引力—边界效应模型，即在贸易引力模型中引入边界变量，用边界效应测度区域经济一体化状况；同时，鉴于现有研究基础设施、交通基础设施对区域经济一体化的贡献，本章进一步将综合货运通道联通、信息通道联通和通关服务通道联通三个一级指标考量的国际物流通道联通指数引入引力—边界效应模型，以验证国际物流通道联通对海丝沿线国家国际贸易流通和海丝区域经济一体化的影响。研究结论如下：

（1）中国与海丝沿线国家进行共建"一带一路"合作有利于促进区域经济一体化，但存在一定时空差异。

第一，在全样本下，被解释变量分别为中国与海丝沿线国家的双边贸易、出口贸易和进口贸易，边界变量的估计系数显著为正，表明海丝沿线国家加入共建"一带一路"合作后有利于促进双边贸易及进出口贸易。从边界效应来看，在控制了经济规模和贸易距离后，中国与签订共建"一带一路"合作协议的海丝国家的双边贸易、出口和进口贸易是中国与其他各国间的1.5~2.4倍，表明共建"一带一路"合作有利于海丝区域经济一体化发展。

第二，从分期研究来看，在没有考虑国际物流通道联通的影响下，边界效应在2006~2013年与2014~2019年两个研究期略有差异，表明在控制经济规模和贸易距离后，中国与签订共建"一带一路"合作协议的海丝沿线国家的双边贸易和中国与其他各国间双边贸易相比，略有增长，但不明显。

第三，从分区域研究来看，边界效应在海丝沿线中等及以下收入国家和高收入国家的差异较大。对于中等及以下收入国家，在控制了经济规模和贸易距离后，中国与签订共建"一带一路"合作协议的海丝沿线中等及以下收入国家的双边贸易是中国与其他海丝沿线中等及以下收入国家的双边贸易的1.747倍，也充分表明加入共建"一带一路"合作促进了海丝区域经济一体化；但对于高收入国家，其边界变量估计系数为负但不显著，因此并未计算其边界效应，即在现有样本和研究期内，中国与签订共建"一带一路"合作协议的海丝沿线高收入国家的双边贸易和中国与其他高收入国家的双边贸易没有差别，表明在本章研究样本下，共建"一带一路"合作未对区域经济一体化产生积极作用。

（2）国际物流通道联通有利于促进海丝区域经济一体化，且时空差异明显。

第一，解释变量为国际物流通道联通指数的情形。①从全样本估计来看，在引力—边界效应模型中引入国际物流通道联通指数变量后，国际物流通道联通不仅对贸易流通有显著的正影响，而且与 Celbis 等（2014）的研究结论一致，即对出口贸易和进口贸易的正向影响有明显差异。同时验证显示，加入国际物流通道联通指数变量并在控制经济规模和贸易距离后，中国与签订共建"一带一路"合作协议的海丝沿线国家的双边贸易、出口和进口贸易和中国与其他各国间贸易的倍数都在增大，也表明海丝沿线国际物流通道的联通不仅有利于国际贸易流通，也促进了海丝区域经济一体化的发展；同时，验证结果也发现，在现有样本和研究期内，国际物流通道的联通更有利于中国向共建"一带一路"合作的海丝沿线国家进行进口贸易，即更有利于海丝区域经济一体化推进。②从分期研究看，在 2006~2013 年和 2014~2019 年两个研究期分别引入国际物流通道联通指数到引力—边界效应后，使其边界效应分别提高了 23.3%和 40.2%，表明良好的国际物流通道联通性有利于改善边界中介效应并促进海丝区域经济一体化；同时验证发现，2014 年海丝沿线国家陆续开始与中国进行共建"一带一路"合作后，国际物流通道的联通性有效推动了双边贸易流，且提升了边界中介效应，边界效应显著高于 2006~2013 年，即相较于 2006~2013 年，2014~2019 年中国与签订共建"一带一路"合作文件的海丝沿线国家的双边贸易和中国与其他各国间双边贸易的倍数在增加，印证了共建"一带一路"合作后国际物流通道的联通更有利于海丝区域经济一体化的推进。③从分区域研究看，对于中等及以下收入国家，将国际物流通道联通指数变量引入引力—边界效应模型后，边界效应值相较于引力—边界效应模型的基准估计值提高了 23.2%，因此表明共建"一带一路"合作有利于国际物流通道的联通并有效促进边界中介效应提升，从而推动海丝区域经济一体化；但对于高收入国家，将国际物流通道联通指数变量引入引力—边界效应模型后，边界变量虽然为正但不显著，因此并未计算其边界效应，也表明在本章研究期和现有样本下，未对海丝区域经济一体化有促进作用。

第二，解释变量为货运通道、信息通道和通关服务通道联通指数的情形。在分别以双边贸易、出口和进口贸易为被解释变量的情形下，货运通道、信息通道和通关服务通道联通指数变量分别引入引力—边界效应模型后，三个解释变量均对国际贸易流有积极的影响，均使其边界效应值相较于引力—边界效应模型基准估计有明显提升，显示了海丝沿线货运通道联通、信息通道联通、通关服务通道联通不仅有利于国际贸易流通，也促进了海丝区域经济一体化的发展。同时，验证还发现，信息通道的联通在贸易流通和区域经济一体化的推进中发挥了更大的作用。由此可见，信息基础设施使信息流在商贸流、物流的流通中发挥了不容忽视的协调、控制及支撑作用。

二、政策建议

汪同三（2019）提出丝绸之路首先是路，其次是带，再才是区域，因此伴随其中的是通道建设到经济带再到经济区发展，由点连成线，带动区域发展，这是一个客观规律。因此，从国际物流通道联通到海丝蓝色经济带发展，促进其实现区域经济一体化成为必然。基于本章论证结论，提出以下两个层面的政策建议：

（1）加深共建"一带一路"合作，进一步推进海丝区域经济一体化。现有样本和研究周期内的研究表明加入共建"一带一路"合作有利于海丝沿线国家与中国经贸往来，也有力推进海丝区域经济一体化的实现。但目前签订共建"一带一路"合作文件的海丝沿线国家与中国多为中等及以下收入的国家，本章证明了仅在中等及以下收入国家的样本中，海丝区域经济一体化明显，但在高收入国家中还未显现。虽然我国目前正在积极推进与这些高收入国家的共建"一带一路"合作，如2018年与希腊和葡萄牙、2019年与意大利签订了合作文件，但由于合作时间较晚，在本章研究期的期末，可能其效应还未显现。与此同时，与现有样本中的英国、法国、西班牙、荷兰、比利时等高收入国家都有待推进合作，只有与沿线所有国家建立良好的共建"一带一路"合作机制及其相关合作建设内容推进，才能促进边界效应转化，即降低边界屏蔽效应、提高边界中介效应，才更有利于海丝区域经济一体化的形成。

（2）提升国际物流通道的联通，改善边界中介效应并促进海丝沿线区域经济一体化。现有相关研究都表明改善基础设施、交通基础设施可以降低国家之间、国内区域之间的运输成本和贸易成本，即降低边界屏蔽效应、提高边界中介效应，从而推动区域经济一体化。本章将支撑国际贸易流通的综合性指标——国际物流通道联通指数作为基础设施，从改善边界中介效应的视角验证了加入共建"一带一路"合作有利于推动海丝区域经济一体化。但研究显示：其一，在共建"一带一路"合作的推动下国际物流通道联通性有改善，但还有待提升，这从分期研究的验证结果可以看出，2013年以前国际物流通道联通性对双边贸易影响不显著，而 2014~2019 年在 5%的水平上显著正影响；从分区域研究来看，中国与海丝沿线高收入国家的国际物流通道联通并没有显著推动双边贸易。因此，积极推进国际物流通道的联通水平依然是"五通"建设中先行的"基础设施"互联互通的重要任务，以期通过改善国际物流通道联通水平降低中国与海丝沿线国家的物流成本、提高物流效率和贸易效率，从而提高两国之间的边界中介效应，有利于促进海丝区域经济一体化。其二，本章将衡量国际物流通道联通的三个一级指标——货运通道、信息通道和通关服务通道的联通指数分别引入引力—边界效应模型后验证发现，三者对双边贸易、出口与进口贸易都有积极作用，且在贸易方向影响上存在差异，同时对边界效应影响也存在明显差异，即在海丝区域经济一体化中发挥着不同的作用。因此，本章印证了在共建"一带一路""五通"合作建设的基础设施互联互通中，应重视交通与物流、通信、通关等基础设施要素在整体基础设施系统中各自发挥的作用，并因地制宜、因势利导地积极建设与完善。

三、有待改进之处

第一，由于共建"一带一路"倡议是中国提出的，目标是通过中国与沿线各国之间的"五通"建设实现互联互通和共建共享共赢，因此本章无法遵循现有相关研究主要关注的国家与国家之间、国家内区域之间、一国与另一国的区域之间两两贸易的边界屏蔽效应，而是建立在中国与海丝沿线国家的区域经济一体化的层面。因此，本章中边界变量的设定和现有大部分研究有所不同，主要借鉴了何敏的做法，将签订共建"一带一路"文件的国家和未签订的国家作为边界虚拟变量设定，为此本章关注的是边界中介效应，即通过共建"一带一路"合作和国际物流通道联通带来的积极作用。因此，与当前的相关研究相比，这可能是本章还不尽完善的地方，未来在研究方法上还有待进一步完善。

第二，本章没有过多考虑多边阻力贸易引力模型中一些关于如共同语言、宗教信仰、地理邻近、贸易保护政策等相关因素。本章主要考虑中国与海丝沿线国家的区域一体化验证，如地理上相邻的国家很少等原因并未引入模型进行验证，但这些因素都可能对贸易流、边界效应及区域经济一体化产生不同程度的影响，这也是后续研究中有待进一步完善之处。

第三，本章仅对"一带一路"建设的重点方向之一——中欧方向的"21 世纪海上丝绸之路"形成的蓝色经济通道区域进行了验证，核心变量是国际物流通道联通指数。陆上由于物流环境、物流基础设施差别较大，如中欧方向的新亚欧大陆桥经济走廊，依托中欧班列及其他陆上干线铁路和公路通道为支撑货运通道与海丝货运通道差异较大，因此测算陆丝国际物流通道联通性和海丝国际物流通道联通性的指标会不同，因而对其沿线区域经济一体化的影响应该有较大的差异。本章限于时间和篇幅，在后续研究中将会进行比较验证，从而寻求各自对区域经济一体化影响的政策建议。

参考文献

［1］阿尔弗雷德·韦伯．工业区位论［M］．李刚剑等，译．北京：商务印书馆，2010.

［2］白重恩，冀东星．交通基础设施与出口：来自中国国道主干线的证据［J］．世界经济，2018（1）：101-122.

［3］彼得·罗布森．国际一体化经济学［M］．戴炳然等，译．上海：上海译文出版社，2001.

［4］蔡昉，马丁·雅克，王灵桂，等．"一带一路"手册（2020）［M］．北京：中国社会科学出版社，2021.

［5］曹冲．"一带一路"倡议下中国与中亚五国基础设施的贸易效应研究［J］．大连理工大学学报（社会科学版），2021，42（3）：36-45.

［6］陈航．中国交通运输地理［M］．北京：科学出版社，2000.

［7］陈航航，贺灿飞，毛熙彦．区域一体化研究综述：尺度、联系与边界［J］．热带地理，2018，38（1）：1-12.

［8］陈虹，刘纪媛．"一带一路"沿线国家基础设施建设对中国对外贸易的非线性影响——基于面板门槛模型的研究［J］．国际商务（对外经济贸易大学学报），2020（4）：48-63.

［9］陈继勇，刘燚爽．"一带一路"沿线国家贸易便利化对中国贸易潜力的影响［J］．世界经济研究，2018（9）：41-54.

［10］陈万灵，何传添．海上丝绸之路的各方博弈及其经贸定位［J］．改革，2014（3）：74-83.

［11］陈欣，袁建，戴靓．基于空间计量模型的机场网络溢出效应研究［J］．交通运输系统工程与信息，2019，19（4）：211-217.

［12］程中海，柴永乐．交通基础设施、对外贸易与全要素生产率［J］．华东经济管理，2021，35（5）：91-99.

［13］刁姝杰，匡海波，李泽，等．港口发展对经济开放的空间溢出效应研究——基于两区制空间 Durbin 模型的实证分析［J］．管理评论，2021，33（1）：54-67.

［14］丁金学．综合运输通道发展理论与实践［M］．北京：人民交通出版社股份有限公司，2018.

［15］董千里．高速公路点—轴型区域经济发展理论研究［J］．西安公路交通大学学报，1998，18（1）：107-112.

［16］董千里．物流集成场：国际陆港理论与实践［M］．北京：社会科学文献出版社，2012.

［17］董锁成，黄永斌，李泽红，等．丝绸之路经济带经济发展格局与区域经济一体化模式［J］．资源科学，2014，36（12）：2452-2458.

［18］范月娇，权春妮．物流通道的空间溢出效应检验——基于中国 11 条物流通道的实证［J］．交通运输系统工程与信息，2018，18（1）：37-43.

［19］范月娇，王健．物流通道的空间形成与区域经济空间结构演变［J］．中国科技论坛，2016（7）：105-110，153.

［20］范月娇，王金燕．21 世纪海上丝绸之路运输通道的海运效率评价——基于 SBM 模型和 DEA 窗口分析方法［J］．中国流通经济，2020，34（4）：3-11.

［21］范月娇．论物流通道及其在区域经济空间结构演进中的地位［J］．综合运输，2015，37（5）：52-57.

［22］范月娇．物流通道的区域经济聚散机制及其集聚效应检验——基于中国 11 条物流通道的实证［J］．中国软科学，2018（2）：103-117.

［23］范月娇．物流通道体系化建设助推共建一带一路［N］．中国社会科学报（国家社科基金专版），2019-07-31.

［24］范月娇．中国物流通道的区域空间效应［M］．北京：社会科学文献出版社，2019.

［25］冯芬玲．"一带一路"与中欧班列［M］．北京：中国铁道出版社有限公司，2019.

［26］冯志涛．长江中上游综合运输通道建设对流域经济发展贡献研究

[D]．武汉：武汉理工大学，2016.

[27] 傅志妍．区域防灾物流通道系统规划研究 [D]．成都：西南交通大学，2009.

[28] 龚英，饶光明．"一带一路"国际物流大通道的可持续协同发展研究 [M]．北京：科学出版社，2021.

[29] 古璇，古龙高，赵巍，等．新亚欧大陆桥：从国际运输通道到经济走廊 [M]．长春：吉林人民出版社，2018.

[30] 顾朝林．经济全球化与中国城市发展 [M]．北京：商务印书馆，2000.

[31] 管楚度．交通区位论及应用 [M]．北京：人民交通出版社，2000.

[32] 郭鹏飞，胡歆韵．基础设施投入、市场一体化与区域经济增长 [J]．武汉大学学报（哲学社会科学版），2021，74（6）：142-157.

[33] 郭荣朝．区域发展前沿理论与水源区经济社会可持续发展 [M]．北京：社会科学文献出版社，2012.

[34] 国家发展改革委，等．推动共建丝绸之路经济带和21世纪海上丝绸之路的愿景与行动 [M]．北京：人民出版社，2015.

[35] 国家文物局．丝绸之路 [M]．北京：文物出版社，2014.

[36] 国务院发展研究中心"一带一路"课题组．构建"一带一路"设施联通大网络 [M]．北京：中国发展出版社，2017.

[37] 韩增林，杨荫凯，张文尝，等．交通经济带的基础理论及其生命周期模式研究 [J]．地理科学，2000，20（4）：295-300.

[38] 韩增林，尤飞，张小军．高速公路经济带形成演化机制与布局规划方法探讨 [J]．地理研究，2004，20（4）：471-478.

[39] 郝克路．交通运输与城市的造就——19世纪中美区域城市化的比较 [J]．天津外国语学院学报，1996（4）：51-57.

[40] 何敏，郭宏宇，竺彩华．基础设施互联互通对中国东盟贸易的影响——基于引力模型和边界效应模型的研究 [J]．国际经济合作，2015（9）：56-63.

[41] 何敏，韩杨，齐晓萱．中国与东盟的区域经济一体化水平实证测度——来自边界效应引力模型的最新证据 [J]．中国—东盟研究，2020（2）：113-132.

［42］何敏．设施联通与区域一体化——基于我国与"一带一路"国家的实证分析［J］．中国流通经济，2020（7）：34-42．

［43］胡鞍钢，刘生龙．交通运输、经济增长及溢出效应——基于中国省际数据空间经济计量的结果［J］．中国工业经济，2009，254（5）：5-14．

［44］胡天勇．区域国际物流大通道建设与发展模式分析［J］．中国物流与采购，2019（19）：48-49．

［45］胡煜，李红昌．交通枢纽等级的测定及其空间溢出效应——基于中国城市面板数据的空间计量分析［J］．中国工业经济，2015，326（5）：32-43．

［46］胡煜．中国交通枢纽的空间溢出效应研究［D］．北京：北京交通大学，2016．

［47］胡再勇，付韶军，张璐超．"一带一路"沿线国家基础设施的国际贸易效应研究［J］．数量经济技术经济研究，2019（2）：24-44．

［48］胡再勇．"一带一路"倡议促进了基础设施的双边贸易效应吗？——基于六大经济走廊的研究［J］．当代经济管理，2021b，43（5）：36-45．

［49］胡再勇．中国与"一带一路"六大经济走廊基础设施的双边贸易成本效应研究［J］．长安大学学报（社会科学版），2021a，23（2）：48-60．

［50］黄承锋．运输通道合理运行及经济聚集作用研究［D］．重庆：重庆大学，2001．

［51］黄飞，曹家和．基于空间权重矩阵变化下 Moran's I 检验研究［J］．统计与决策，2014（20）：8-12．

［52］黄华华，赵凯，徐圣翔．"一带一路"倡议与沿线国家贸易畅通——基于 2006-2018 年中国对外贸易的双重差分检验［J］．调研世界，2020（5）：9-16．

［53］黄玖立，徐旻鸿．境内运输成本与中国的地区出口模式［J］．世界经济，2012，35（1）：58-77．

［54］黄满盈．中国双边金融服务贸易出口潜力及贸易壁垒研究［J］．数量经济与技术经济研究，2015（2）：3-18．

［55］黄茂兴，贾学凯．"21 世纪海上丝绸之路"的空间范围、战略特征与发展愿景［J］．东南学术，2015（4）：71-79．

［56］黄森．空间视角下交通基础设施对区域经济的影响研究［D］．重庆：重庆大学，2014．

［57］黄寿峰，王艺明．我国交通基础设施发展与经济增长的关系研究——基于非线性 Granger 因果检验［J］．经济学家，2012（6）：28-34.

［58］戢晓峰，张玲，陈方．旅游运输通道演化对区域旅游空间模式的影响机理——以云南省为例［J］．经济地理，2015，35（2）：202-208.

［59］江小群．我国运输通道的空间格局及演化趋势［J］．地理学与国土研究，1991，7（1）：25-30.

［60］姜宝，李剑，江晓霞．"海上丝绸之路"上的"互联互通"与贸易效率［J］．华东经济管理，2018，32（10）：54-60.

［61］金凤君．基础设施与经济社会空间组织［M］．北京：科学出版社，2012.

［62］荆新轩．运输通道—经济带系统耦合与协调的研究［D］．上海：同济大学，2009.

［63］孔庆峰，董虹蔚．"一带一路"国家的贸易便利化水平测算与贸易潜力研究［J］．国际贸易问题，2015（12）：158-168.

［64］李国旗，金凤君，刘思婧．物流枢纽形成的驱动力与演化机理［J］．经济地理，2015，35（4）：84-89.

［65］李涵，唐丽淼．交通基础设施投资、空间溢出效应与企业库存［J］．管理世界，2015（4）：126-136.

［66］李红启，常馨玉，李嫣然．国外典型运输通道发展概况与启示［J］．综合运输，2014（9）：70-75.

［67］李杰梅，钱飞燕，杨扬．中国地级及以上城市"腹地-口岸"通道能力测算及其对外贸易空间溢出效应［J］．国际贸易，2021（7）：49-60+137.

［68］李新，张鑫．"一带一路"视域下区域一体化发展探析［J］．新疆师范大学学报（哲学社会科学版），2016，37（4）：109-115.

［69］梁甲瑞．中国—大洋洲—南太平洋蓝色经济通道构建研究［M］．北京：中国社会科学出版社，2022.

［70］梁琪．分工、集聚与增长［M］．北京：商务印书馆，2009.

［71］梁双陆，程小军．国际区域经济一体化理论综述［J］．经济问题探索，2007（1）：40-46.

［72］梁双陆，申涛．中国—中南半岛经济走廊沿线国家经济关联与增长的空间溢出效应［J］．亚太经济，2019（5）：24-31+130.

［73］梁双陆，张梅．基础设施互联互通对我国与周边国家贸易边界效应的影响［J］．亚太经济，2016（1）：101-106.

［74］梁双陆．国际区域经济一体化进程中的边界效应研究综述［J］．思想战线，2008，34（2）：109-114.

［75］林略．内陆保税港区保税收益分析及其国际物流通道构建［D］．重庆：重庆大学，2010.

［76］刘秉镰，武鹏，刘玉海．交通基础设施与中国全要素生产率增长——基于省域数据的空间面板计量分析［J］．中国工业经济，2010，264（3）：54-64.

［77］刘洁．亚欧大陆桥物流通道发展理论与实证研究［D］．北京：北京交通大学，2012.

［78］刘进宝．"丝绸之路"概念的形成及其在中国的传播［J］．中国社会科学，2018（11）：181-202+207.

［79］刘力，宋少华．发展中国家经济一体化新论［M］．北京：中国财政经济出版社，2002.

［80］刘乃全．空间集聚论［M］．上海：上海财经大学出版社，2012.

［81］刘生龙，胡鞍钢．基础设施的外部性在中国的检验：1988-2007［J］．经济研究，2010b（3）：4-15.

［82］刘生龙，胡鞍钢．交通基础设施与经济增长：中国区域差距的视角［J］．中国工业经济，2010a，265（4）：14-23.

［83］刘生龙，胡鞍钢．交通基础设施与中国区域经济一体化［J］．经济研究，2011（3）：72-82.

［84］刘卫东，刘志高．"一带一路"建设对策研究［M］．北京：科学出版社，2016.

［85］刘晓雷．中国西北陆港建设对丝绸之路经济带区域贸易的影响研究［D］．上海：华东师范大学，2016.

［86］刘勇．交通基础设施投资、区域经济增长及空间溢出作用——基于公路、水运交通的面板数据分析［J］．中国工业经济，2010，273（12）：36-47.

［87］刘勇．推动区域经济一体化的国际经验［N］．经济日报（理论版），2020-12-23.

［88］刘玉海．交通基础设施的空间溢出效应及其影响机理研究——基于中

国制造业的理论分析与实证检验［D］. 天津：南开大学，2012.

［89］刘育红，王曦. "新丝绸之路" 经济带交通基础设施与区域经济一体化——基于引力模型的实证研究［J］. 西安交通大学学报（社会科学版），2014，34（2）：43-48+80.

［90］刘志红，王利辉. 交通基础设施的区域经济效应与影响机制研究——来自郑西高铁沿线的证据［J］. 经济科学，2017（2）：32-46.

［91］鲁渤，周祥军，宋东平，等. 公路交通通达性与经济增长空间效应研究［J］. 管理评论，2019，31（9）：3-17.

［92］陆大道. 区域发展及其空间结构［M］. 北京：科学出版社，1995.

［93］陆玉麟. 双核型空间结构模式的探讨［J］. 地域研究与开发，1998，17（4）：44-48.

［94］马卫，曹小曙，黄晓燕，等. 丝绸之路沿线交通基础设施空间经济溢出效应测度［J］. 经济地理，2018，38（3）：21-29+71.

［95］毛保华. 一带一路与交通运输［M］. 北京：人民交通出版社，2018.

［96］毛敏. 城市化进程中区域客运通道的发展研究［D］. 成都：西南交通大学，2005.

［97］蒙英华，裴瑱. 基础设施对服务出口品质的影响研究［J］. 世界经济研究，2013（12）：32-38.

［98］倪祖彬. 京九铁路经济带开发研究［M］. 北京：气象出版社，1997.

［99］聂华林，赵超. 区域空间结构概论［M］. 北京：中国社会科学出版社，2008.

［100］P. 罗伯逊. 国际一体化经济学［M］. 戴炳然，译. 上海：上海世纪出版集团，1984.

［101］潘文卿. 中国区域经济差异与收敛［J］. 中国社会科学，2010（1）：72-84+223.

［102］裴长洪，刘斌. 中国对外贸易的动能转换与国际竞争新优势的形成［J］. 经济研究，2019（5）：4-15.

［103］荣朝和. 交通规划的综合框架与方法［M］. 北京：中国科学技术出版社，2006.

［104］荣朝和. 西方运输经济学［M］. 北京：经济科学出版社，2002.

［105］沈立新，徐阳，杨琴. 海上丝绸之路沿线港口发展对经济增长的空间

溢出效应 [J]. 大连海事大学学报, 2022, 48 (1): 42-51.

[106] 沈体雁, 冯等田, 孙铁山. 空间计量经济学 [M]. 北京: 北京大学出版社, 2010.

[107] 盛丹, 包群, 王永进. 基础设施对中国企业出口行为的影响: "集约边际" 还是 "扩展边际" [J]. 世界经济, 2011, 34 (1): 17-36.

[108] 施震凯. 交通基础设施改善对出口贸易的影响效应研究 [D]. 南京: 东南大学, 2018.

[109] 石超. 交通基础设施的空间效应研究——基于丝绸之路经济带实证分析 [D]. 昆明: 云南大学, 2020.

[110] 孙久文, 姚鹏. 京津冀产业空间转移、地区专业化与协同发展——基于新经济地理学的分析框架 [J]. 南开学报 (哲学社会科学版), 2015 (1): 81-89.

[111] 汤凯. 我国临空经济区对地区经济增长的影响——基于离散型空间溢出效应 [J]. 中国流通经济, 2020 (8): 81-90.

[112] 唐升, 李红昌, 郝璐璐, 等. 交通基础设施与区域经济增长: 基于多种运输方式的分析 [J]. 中国软科学, 2021 (1): 145-157.

[113] 藤田昌久, 蒂斯. 集聚经济学: 城市、产业区位与区域增长 [M]. 刘峰等, 译. 成都: 西南财经大学出版社, 2004.

[114] 田凤调. 秩和比法及其应用 [M]. 北京: 中国统计出版社, 1993.

[115] 推进 "一带一路" 建设工作领导小组办公室. 共建 "一带一路" 倡议: 进展、贡献与展望 [N]. 人民日报, 2019-04-23.

[116] 推进 "一带一路" 建设工作领导小组办公室. 中欧班列发展报告 (2021) [M]. 北京: 中国铁道出版社有限公司, 2022.

[117] 汪洁, 全毅. 21世纪海上丝绸之路贸易便利化研究 [J]. 国际商务 (对外经济贸易大学学报), 2015 (6): 36-46.

[118] 汪同三. "一带一路" 研究一个全新的视阈——评《新亚欧大陆桥: 从国际运输通道到经济走廊》[J]. 思路时评, 2019 (2): 42-46.

[119] 王成龙, 刘慧, 张梦天. 边界效应研究进展及展望 [J]. 地理科学进展, 2016, 35 (9): 1109-1118.

[120] 王春芝. 国际物流通道优选理论方法与实证研究 [D]. 长春: 吉林大学, 2004.

［121］王桂军，卢潇潇．"一带一路"倡议可以促进中国企业创新吗？［J］.财经研究，2019a（1）：19-34.

［122］王桂军，卢潇潇．"一带一路"倡议与中国企业升级［J］.中国工业经济，2019b（3）：43-61.

［123］王家庭，贾晨蕊．我国城市化与区域经济增长差异的空间计量研究［J］.经济科学，2009（3）：94-102.

［124］王建伟．空间运输联系与运输通道系统合理配置研究［D］.西安：长安大学，2004.

［125］王珏，陈雯．全球化视角的区域主义与区域一体化理论阐释［J］.地理科学进展，2013，32（7）：1082-1091.

［126］王良举，陈甬军．考虑基础设施因素的集聚经济效应估计——基于中国地级区域动态面板数据的实证研究［J］.云南财经大学学报，2014，166（2）：27-37.

［127］王晓东，邓丹萱，赵忠秀．交通基础设施对经济增长的影响——基于省际面板数据与 Feder 模型的实证检验［J］.管理世界，2014（4）：173-174.

［128］王欣，吴殿廷，王红强．城市间经济联系的定量计算［J］.城市发展研究，2006（3）：55-59.

［129］王雄元，卜落凡．国际出口贸易与企业创新——基于"中欧班列"开通的准自然实验研究［J］.中国工业经济，2019（10）：80-98.

［130］王义桅．世界是通的——"一带一路"的逻辑［M］.北京：商务印书馆，2017.

［131］王雨飞，倪鹏飞．高速铁路影响下的经济增长溢出与区域空间优化［J］.中国工业经济，2016（2）：21-36.

［132］吴旗韬，张虹鸥，叶玉瑶．基于交通可达性的港珠澳大桥时空压缩效应［J］.地理学报，2012，67（6）：723-732.

［133］吴颖．综合运输通道识别及对区域经济发展的影响研究［D］.长沙：长沙理工大学，2018.

［134］吴玉鸣，李建霞．中国区域工业全要素生产率的空间计量经济分析［J］.地理科学，2006，26（4）：385-391.

［135］武勇杰，张梅青．交通基础设施、空间溢出与经济增长关系的实证分析［J］.统计与决策，2017，479（11）：116-120.

［136］夏杰长，刘奕，徐紫嫣，等．中欧班列与"一带一路"［M］．北京：中国社会科学出版社，2022.

［137］小岛清．对外贸易论［M］．周宝廉，译．天津：南开大学出版社，1987.

［138］辛曼玉．"一带一路"战略下国际物流大通道建设研究［J］．物流技术，2015，34（8）：90-92.

［139］徐国弟．21世纪长江经济带综合开发［M］．北京：中国计划出版社，1999.

［140］徐瑾，潘俊宇．交通基础设施促进经济增长的时空差异与机制分析——基于双向固定效应模型的研究［J］．经济问题探索，2019（12）：29-42.

［141］徐俊，李金叶．东道国交通基础设施质量对双边贸易合作的影响——基于"一带一路"沿线国家的实证分析［J］．国际商务研究，2020（5）：5-14.

［142］徐照林，朴钟恩，王竞楠．"一带一路"建设及全球贸易及文化交流［M］．南京：东南大学出版社，2016.

［143］颜飞．多种运输方式对GDP拉动作用分析——以京沪运输通道的面板数据分析为基础［J］．物流技术，2011（2）：9-11+68.

［144］颜银根．微观主体异质性行为：新经济地理学的最新研究方向——评《产业空间差异与我国区域经济协调发展研究》一书［J］．经济地理，2014，34（12）：15-20.

［145］杨浩，张秀媛，赵鹏．综合运输与区域经济［M］．北京：中国铁道出版社，1995.

［146］杨鹏．通道经济——区域经济发展的新兴模式［M］．北京：中国经济出版社，2012.

［147］杨涛，周蕃．快速物流通道布局规划方法［J］．系统工程，2005，143（11）：7-10.

［148］杨涛．物流通道布局和区位改善研究［D］．上海：同济大学，2003.

［149］杨荫凯，韩增林．交通经济带的基本理论探讨［J］．人文地理，1999，14（2）：1-5.

［150］姚言伟．重庆国际物流大通道构建研究——以电子产业为例［D］．重庆：重庆交通大学，2011.

［151］姚影．城市交通基础设施对城市集聚与扩展的影响机理研究［D］．

北京：北京交通大学，2009.

[152] 叶昌友，王遐见. 交通基础设施、交通运输业与区域经济增长——基于省域数据的空间面板模型研究 [J]. 产业经济研究，2013，63（2）：40-47.

[153] 尤飞，韩增林. 高速公路产业——经济带形成演化研究 [J]. 中国软科学，2000（5）：99-103.

[154] 约翰·冯·杜能. 孤立国同农业和国民经济的关系 [M]. 吴衡康，译. 北京：商务印书馆，2018.

[155] 岳中刚，叶茂坤. “一带一路”沿线国家交通基础设施改善的贸易效应研究 [J]. 上海研究，2021（6）：19-32.

[156] 张国伍. 交通运输系统分析 [M]. 成都：西南交通大学出版社，1991.

[157] 张海涛. 丝绸之路经济带交通基础设施建设的空间效应研究 [D]. 长春：吉林大学，2017.

[158] 张浩然，衣保中. 基础设施、空间溢出与区域全要素生产率——基于中国 266 个城市空间面板杜宾模型的经验研究 [J]. 经济学家，2012（2）：61-67.

[159] 张锦，陈以衡. 物流设施的外部经济性研究与实证分析 [J]. 中国流通经济，2015（12）：46-53.

[160] 张鹏飞. 基础设施建设对“一带一路”亚洲国家双边贸易影响研究：基于引力模型扩展的分析 [J]. 世界经济研究，2018（6）：70-82+136.

[161] 张文尝，金凤君，樊杰. 交通经济带 [M]. 北京：科学出版社，2002.

[162] 张文尝，金凤君，荣朝和，等. 空间运输联系——理论研究、实证研究、预测方法 [M]. 北京：中国铁道出版社，1992.

[163] 张文尝. 运输通道系统分析 [J]. 交通运输系统工程与信息，2001（2）：134-139.

[164] 张文忠. 经济区位论 [M]. 北京：科学出版社，2000.

[165] 张学良. 中国交通基础设施促进了区域经济增长吗——兼论交通基础设施的空间溢出效应 [J]. 中国社会科学，2012（3）：60-77+206.

[166] 张学良. 中国交通基础设施与经济增长的区域比较分析 [J]. 财经研究，2007，33（8）：51-66.

［167］张勋，王旭，万广华，等．交通基础设施促进经济增长的一个综合框架［J］．经济研究，2018（1）：50-64.

［168］张子扬，曹荣光．"一带一路"倡议下国际物流通道建设及其区域空间效应［J］．商业经济研究，2021（19）：158-161.

［169］赵放．区域贸易中的物流通道成本研究［D］．成都：西南交通大学，2007.

［170］周学仁，张越．国际运输通道与中国进出口增长——来自中欧班列的证据［J］．管理世界，2021，37（4）：52-63+97.

［171］朱琳，罗宏翔．交通基础设施建设影响区域经济差距的特征、机理及其实证研究［J］．云南财经大学学报，2022，239（3）：31-45.

［172］朱延福，姚陈敏，谢靖．边界效应在经济学领域的应用进展述评［J］．世界地理研究，2023，32（5）：169-180.

［173］邹嘉龄，刘春腊，尹国庆．中国与"一带一路"沿线国家贸易格局及其经济贡献［J］．地理科学进展，2015，34（5）：598-605.

［174］Alderighi M，Gaggero A A. Fly and Trade：Evidence from the Italian Manufacturing Industry［J］. Economics of Transportation，2017（9）：51-60.

［175］Anderson J E，Wincoop E V. Gravity with Gravitas：A Solution to the Border Puzzle［J］. The American Economic Review，2003，93（3）：170-192.

［176］Anderson J E. A Theoretical Foundation for the Gravity Equation［J］. American Economic Review，1979，69（1）：106-116.

［177］Annala C N，Batina R G，Feehan J P. Empirical Impact of Public Infra-structure on the Japanese Economy［J］. The Japanese Economic Review，2008，59（4）：419-437.

［178］Baier S L，Bergstrand J H. Economic Determinants of Free Trade Agree-ments［J］. Journal of International Economics，2004，64（1）：29-63.

［179］Balassa B A. The Theory of Economic Integration［M］. New York：Green-wood Press，1961.

［180］Bandyopadhyay U. Trade and the Distribution Sector：Some Evidence for OECD Countries［J］. Canadian Journal of Economics，1999，32（5）：1299-1312.

［181］Barjak F，Heimpold G. Development Problems and Policies at the German Border with Poland［C］. 39th Congress of the European Regional Science Association：

"Regional Cohesion and Competitiveness in 21st Century Europe", 1999.

［182］ Barro R J. Government Spending in a Simple Model of Endogenous Growth ［J］. Journal of Political Economy, 1990, 98（5）: 103-125.

［183］ Beckman. A Continuous Model of Transportation ［J］. Economitrica, 1952, 20（4）: 643-660.

［184］ Behrens K. International Integration and Regional Inequalities: How Important is National Infrastructure? ［J］. Regional and Spatial Economics, 2011, 79（5）: 952-971.

［185］ Bensassi S, Márquez-Ramos L, Martínez-Zarzoso I, et al. Relationship between Logistics Infrastructure and Trade: Evidence from Spanish Regional Exports ［J］. Transportation Research Part A: Policy and Practice, 2015, 72: 47-61.

［186］ Bergstrand J. The Generalized Gravity Equation, Monopolistic Competition, and the Factor-Proportions Theory in International Trade ［J］. Review of Economics and Statistics, 1989（1）: 143-153.

［187］ Bergstrand J. The Gravity Equation in International Trade: Some Microeconomic Foundations and Empirical Evidence ［J］. Review of Economics and Statistics, 1985, 67: 474-481.

［188］ Biehl D. The Contribution of Infrastructure to Regional Development ［M］. Luxembourg: Office for Official Publications of the European Communities, 1986.

［189］ Bonaglia F, Marcellino M. Pubulic Capital and Economic Performance Evidence from Italy ［J］. SSRN Electronic Journal, 2000, 59（2）: 221-244.

［190］ Bottasso A, Conti M, de Sa Porto P C. Port Infrastructures and Trade: Empirical Evidence from Brazil ［J］. Transportation Research Part A: Policy and Practice, 2018, 107: 126-139.

［191］ Bouet A, Mishra S, Roy D. Does Africa Trade Less than It Should, and If So, Why? The Role of Market Access and Domestic Factors ［M］. Washington: IFPRI, 2008.

［192］ Bougheas S, Demetriades P O, Morgenroth E L. Infrastructure, Transport Costs and Trade ［J］. Journal of International Ecomonics, 1999, 47（1）: 169-189.

［193］ Bruinsma F, Nijkamp P, Rietveld P. Employment Impacts of Infrastructure Investments: A Case Study for the Netherlands ［M］. New York: Springer Berlin

Heidelberg, 1990.

[194] Cantos P, Gumbau-Albert M, Maudos J. Transport Infrastructures, Spillover Effects and Regional Growth: Evidence of the Spanish Case [J]. Transport Reviews, 2005, 25 (1): 25-50.

[195] Carrere C. Revisiting the Effects of Regional Trade Agreements on Trade Flows with Proper Specification of the Gravity Model [J]. European Economic Review, 2006, 50 (2): 223-247.

[196] Celbis G, Nijkamp P, Poot J. Infrastructure and Trade: A Metal-analysis [J]. Region, 2014, 1 (1): 25-64.

[197] Chen N. Intra-national Versus International Trade in the European Union: Why do National Borders Matter [J]. Journal of International Economics, 2004, 63 (1): 93-126.

[198] Cizelj B. The Challenges of South-South Cooperation [M]. Boulder Colorado: Westview Press, 1983.

[199] Coughlin C C, Novy D. Is the International Border Effect Larger than the Domestic Border Effect? Evidence from US trade [J]. Cesifo Economic Studies, 2013, 59 (2): 249-276.

[200] Coşar A K, Demir B. Domestic Road Infrastructure and International Trade: Evidence from Turkey [J]. Journal of Development Economics, 2016, 118: 232-244.

[201] David A A. Is Public Expenditure Productive? [J]. Journal of Metary Economics, 1989, 23 (2): 177-200.

[202] De P. Empirical Estimates of Trade Costs for Asia [M]//Brooks D H, Menon. Infrastructure and Trade in Asia. Northampton: Edward Elgar Publishing, 2008.

[203] Donaubauer J, Glas A, Meyer B, et al. Disentangling the Impact of Infrastructure on Trade using a New Index of Infrastructure [J]. Review of World Economics, 2018, 154: 745-784.

[204] Donaubauer J, Meyer B E, Nunnenkamp P. A New Global Index of Infrastructure: Construction, Rankings and Applications [J]. The World Economy, 2016, 39 (2): 236-259.

［205］Douglas H E. Spatial Productivity Spillovers from Public Infrastructure——Evidence from State Highways ［J］. International Tax and Public Finance, 1995, 2 (3): 459-468.

［206］Efron B. Bootstrap Methods ［J］. The Annals of Statistics, 1979, 7 (1): 1-26.

［207］Elhorst J P. Applied Spatial Econometrics: Raising the Bar ［J］. Spatial Economic Analysis, 2010 (5): 9-28.

［208］Engel C, Rogers J H. How Wide is the Border? ［J］. American Economic Review, 1996, 86 (5): 1112-1125.

［209］Francois J, Manchin M. Institutions, Infrastructure and Trade ［J］. World Development, 2013, 46: 165-175.

［210］Frankel J, Romer D. Does Trade Cause Growth? ［J］. American Economic Review, 1999, 89 (3): 379-399.

［211］Friedmann J. Regional Development Policy: A Case Study of Venezuela ［M］. Cambridge MA: MIT Press, 1966.

［212］Fujita M J, Thisse. Economics of Agglomeration ［M］. Oxford: Oxford Unversity Press, 2002.

［213］Fujita M, Krugman P, Venables A J. The Spatial Economy: City, Regions and International Trade ［M］. Cambridge MA: MIT Press, 1999.

［214］Gottmann J. Megalopolis or the Urbanization of the Northeastern Seaboard ［J］. Economic Geography, 1957, 33 (3): 189-200.

［215］Granato M F. Regional Export Performance: First Nature, Agglomeration and Destiny? The Role of Infrastructure ［R］. Mimeographed Document, 2008.

［216］Grigoriou C. Landlockedness, Infrastructure and Trade: New Estimates for Central Asian Countries ［M］. Washington: World Bank Publications, 2007.

［217］Helble M. Is God Good for Trade? ［J］. International Review for Social Sciences, 2007, 60 (3): 385-413.

［218］Helliwell J F. How Much do National Border Matter? ［R］. The Brookings Institution, Washington, D. C, 1998.

［219］Hernandez J, Taningco A B. Behind-the-Border Determinants of Bilateral Trade Flows in East Asia ［R］. ARTNeT Working Paper Series, 2010.

［220］Herrero A G, Xu J. China's Belt and Road Initiative: Can Europe Expect Trade Gains? [J]. China & World Economy, 2017, 25 (6): 84-99.

［221］Hoyle B S, Knowles R D. Modem Transport Geography [M]. London: Belhaven Press, 1992.

［222］Hulten C, Bennathan E, Srinivasan S. Infrastructure, Externalities and Economic Development: A Study of the Indian Manufacturing Industry [J]. World Bank Economic Review, 2006, 20 (2): 291-308.

［223］Jan W. Evaluating the Transport-Mode-Specific Trade Effects of Different Transport Infrastructure Types [J]. Transport Policy, 2019, 78: 42-57.

［224］Jansen M, Nordås H K. Institutions, Infrastructure, Trade Policy and Trade Flows [R]. Centre for Economic Policy Research (CPER) Discussion Papers, 2004.

［225］Jayathilaka R, Keembiyahetti N. FTA Negotiations in Asia-Pacific Region [J]. Korea and the World Economy, 2009, 10 (1): 93-125.

［226］Joseph B D, Ozbay O K. Empirical Analysis of Transportation Investment and Economic Development at State, County and Municipality Levels [J]. Transportation, 2006, 33 (6): 537-551.

［227］Kimura F, Lee H H. The Gravity Equation in International Trade in Services [J]. Review of World Economics, 2006, 142 (1): 92-121.

［228］Krugman P. Increasing Returns and Economic Geography [J]. Journal of Political Economy, 1991, 99 (3): 483-499.

［229］Le Gallo J, Ertur E. Exploratory Spatial Data Analysis of the Distribution of Regional Percapita GDP in Europe: 1980-1995 [J]. Regional Science, 2003, 82: 175-201.

［230］LeSage J, Pace R K. Introduction to Spatial Econometrics [M]. Florida: CRC Press, 2009.

［231］Limão N, Venables A J. Infrastructure, Geographical Disadvantage, Transport Costs, and Trade [J]. The World Bank Economic Review, 2001, 15 (3): 451-479.

［232］Liu X, Whalley J, Xin X. Non-Tradable Goods and the Border Effect Puzzle [J]. Economic Modelling, 2010, 27 (5): 909-914.

［233］ Lucas R E. On the Mechanics of Economic Development ［J］. Journal of Monetary Economics, 1988, 22 (1): 3-42.

［234］ Mamedov M A, Pehlivan S. Statistic Cluster Points and Turnpike Theorem in Nonconvex Problemd ［J］. Journal of Mathematical Analysis and Applications, 2001, 256: 686-693.

［235］ Martínez-Zarzoso I, Nowak-Lehmann F. Augmented Gravity Model: An Empirical Application to Mercosur-European Union Trade Flows ［J］. Journal of Applied Economics, 2003, 6 (2): 291-316.

［236］ McCallum J. National Borders Matter: Canada-Us Regional Trade Patterns ［J］. American Economic Review, 1995, 85 (3): 615-623.

［237］ Màrquez-Ramos L, Martínez-Zarzoso I. Does Heterogeneity Matter in the Context of the Gravity Model? ［J］. Economics Bulletin, 2005, 6 (17): 1-7.

［238］ Nitsch V. National Borders and International Trade: Evidence from the European Union ［J］. Canadian Journal of Economics, 2000, 33: 1091-1105.

［239］ Njinkeu D, Wilson J S, Fosso B P. Expanding Trade within Africa: The Impact of Trade Facilitation ［R］. World Bank Policy Research Working Paper, 2008.

［240］ Nordas H K, Piermartini R. Infrastructure and Trade ［J］. SSRN Electronic Journal, 2004, 27 (1): 135-159.

［241］ Parsley D C, Wei S J. Explaining the Border Effect: The Role of Exchange Rate Variability, Shipping Costs, and Geography ［J］. Journal of International Economics, 2001, 55 (1): 87-105.

［242］ Perrous F. Economic Space: Thoery and Application ［J］. Journal of Economics, 1950, 64 (1): 89-104.

［243］ Persson M. Trade Facilitation and the EU-ACP Economic Partnership Agreements ［J］. Journal of Economic Integration, 2008, 23 (3): 518-546.

［244］ Portugal-Perez A, Wilson J S. Export Performance and Trade Facilitation Reform: Hard and Soft Infrastructure ［J］. World Development, 2012, 40 (7): 1295-1307.

［245］ Poul O P. The Changing Structure of Transport Under Trade Liberalization and Globalizationand Its Impact on African Development Center for Development Research ［R］. Copenhagen, 2000.

［246］ Poyhonen P. Tentative Model for the Volume of Tradebetween Countries ［J］. Weltwirtschaftliches Archiv, 1963, 90 (1): 93-100.

［247］ Raballand G. Determinants of the Negative Impact of Being Landlocked on Trade: An Empirical Investigation through the Central Asian Case ［J］. Comparative Economic Studies, 2003, 45: 520-536.

［248］ Robson P. The Economics of International Integration (2nd Edition) ［M］. London: George Allen & Unwin, 1984.

［249］ Romer P M. Increasing Returns and Long-Run Growth ［J］. Journal of Political Economy, 1986, 94 (5): 1002-1052.

［250］ Rosenstein-Rodan P N. Problems of Industrialization of Eastern and South-Eastern Europe ［J］. The Economic Journal, 1943, 53: 202-211.

［251］ Rostow W W. The Stages of Economic Growth A Non Communist Manifesto ［M］. Cambridge: Cambridge University Press, 1960.

［252］ Shepherd B, Wilson J S. Road Infrastructure in Europe and Central Asia: Does Network Quality Affect Trade? ［R］. Policy Research Working Paper Series 4104, The World Bank, 2006.

［253］ Taffe E J, Morrill R L, Gould P R. Transport Expansion in Underdeveloped Countries, A Vomparative Analysis ［J］. Geographical Review, 1963, 53 (4): 503-529.

［254］ Talley W K, Ng M. Port Economic Cost Functions: A Service Perspective ［J］. Transportation Research Part E: Logistics and Transportation Review, 2016, 88 (4): 1-10.

［255］ Tinbergen J. International Economic Integration ［M］. Amsterdam: Elsvier, 1954.

［256］ Tinbergen J. Shaping the World Economy-Suggestions for An International Economic Policy ［M］. New York: The Twentieth Century Fund, 1962.

［257］ Tobin J. Estimation of Relationships for Limited Dependent Variables ［J］. Econometrica, 1958, 26 (1): 24-36.

［258］ Venables J, Limão N. Geographical Disadvantage: A Heckscher-Ohlin-von Thünen Model of International Specialization ［J］. Journal of International Economics, 2002, 58 (2): 239-263.

［259］ Vijil M, Wagner L. Does Aid for Trade Enhance Export Performance? Investigating the Infrastructure Channel ［J］. The World Economy, 2012, 35 (7): 838-868.

［260］ Viner J. The Customs Union Issue ［M］. New York: Carnegie Endowment for International Peace, 1950.

［261］ Wang Z, Dong S H, Li Z H, et al. Traffic Patterns in the Silk Road Economic Belt and Construction Modes for a Traffic Economic Belt across Continental Plates ［J］. Journal of Resources and Ecology, 2015, 6 (2): 79-86.

［262］ Wei S J. Intra-National Versus International Trade: How Stubborn are Nations in Global Integration ［R］. NBER Working Paper No. 5531, 1996.

［263］ Wilson J S, Mann C L, Otsuki T. Assessing the Benefits of Trade Facilitation: A Global Perspective ［J］. World Economy, 2005, 28 (6): 841-871.

［264］ Wilson J S, Mann C L, Otsuki T. Trade Facilitation and Economic Development ［J］. World Bank Economic Review, 2003, 17 (3): 367-389.

［265］ World Bank. World Development Report 1994: Infrastructure for Development ［R］. Washington: World Bank, 1994.

［266］ Wu Y. Export Performance in China's Regional Economies ［J］. Applied Economics, 2007, 39 (10): 1283-1293.

［267］ Yilmaz S. Geographic and Network Neighbors, Spillover Effects of Telecommunications Infrastructure ［J］. Journal of Regional Science, 2002, 42 (2): 339-360.